성호, 세상을 논하다

성호 이익의 비망록, 『성호사설』을 다시 읽다

성호, 세상을 논하다

성호 이익의 비망록, 『성호사설』을 다시 읽다

ⓒ 강명관, 2011

초판 1쇄 발행 2011년 6월 28일
초판 2쇄 발행 2014년 6월 12일

지은이　　　강명관
펴낸이　　　강병철

펴낸곳　　　자음과모음
출판등록　　1997년 10월 30일 제313-1997-129호
주소　　　　120-840 서울시 마포구 서교동 396-33
전화　　　　편집부 02. 324. 2347 | 경영지원부 02. 325. 6047
팩스　　　　편집부 02. 324. 2348 | 경영지원부 02. 2648. 1311
이메일　　　inmun@jamobook.com
커뮤니티　　cafe.naver.com/cafejamo
홈페이지　　www.jamo21.net

ISBN 978-89-5707-570-8 (03900)

잘못된 책은 교환해드립니다.
저자와의 협의하에 인지는 붙이지 않습니다.

성호,
세상을
논하다

성호 이익의 비망록, 『성호사설』을 다시 읽다

강명관 지음

자음과모음

일러두기

이 책은 성호星湖 이익李瀷의 『성호사설星湖僿說』을 글감으로 삼는다. 이하 책에서 이 글을 인용할 때 저자와 책명은 생략한다.

책머리에

『성호사설星湖僿說』은 늘 참고하지만 정작 마음먹고 읽은 적이 없던 책이다. 모두 3000여 꼭지의 글이 실린 이 책의 호한함에 두려움을 느낀 탓이다. 이 책에 실린 글 하나하나를 전부 읽어나가는 데는 아마 굉장한 시간과 정열이 필요할 것이다.

작년 한 해 강의를 면제받는 행운을 얻어 『성호사설』을 거칠게 훑으며 마음이 끌리는 글 수백 편을 골라내어 꼼꼼히 읽었다. 한데, 글을 읽어나갈수록 나는 성호가 살던 조선후기 사회가 아니라, 지금 세상을 다시 곱씹고 있다는 생각이 들었다. 이상한 일이었다. 세상은 달라졌고, 오늘날 한국사회에는 양반과 상것을 가르는 신분제도도, 양반만의 독점물이었던 과거제도도 사라지고 없다. 성리학도 더이상 진리가 아니다.

그러나 세상은 많이 바뀌지 않은 것 같다. 양반과 상것은 사라졌지만, 양반과 상것 사이에 놓여 있던 그 관계가 사라진 것은 아니다. 다만 모습이 바뀌었을 뿐. 과거제도와 성리학 역시 양태만 달리하여 여전히 존재하고 있다.

옛글은 흘러간 시대의 쓸데없는 글이어야 하고, 무책임한 독서의 대상이어야 마땅하다. 그저 그런 듣기 좋은 옛날 이야기였다면 하는 것이다. 하지만 오늘 나는 옛글을 읽으며 갑갑하고 슬프고 화가 치민다. 언제가 될지는 모르지만, 편안하고 즐거운 마음으로 옛글을 읽을 수 있었으면 한다.

눈을 부릅뜨고 체제를 다잡아 쓴 글이 아니니 허술한 구석이 있더라도 양해해 주시길 바란다.

2011년 2월 강명관

성호와 『성호사설』

한국 사람이라면 『성호사설』이란 책 이름은 다 안다. 한국 교육을 말할 때 비판의 대상이 되는 주입식 교육 탓에, 우리는 실학자란 말만 들어도 다산 정약용, 연암 박지원 그리고 성호 이익을 떠올리고 거기에 자동적으로 『목민심서牧民心書』와 『열하일기熱河日記』, 『성호사설』을 덧붙인다. 여기서 주입식 교육을 비판하거나 저주하고 싶지는 않다. 저자와 책 이름을 아는 것이 독서의 출발점이기 때문이다. 저자와 책 이름을 아는 것만 해도 어딘가. 하지만 독자들의 대부분은 이런저런 관계, 특히 책 읽을 시간이 없다는 고전적인 이유로 정작 이런 책들을 읽어본 일이 드물 것이다. 원래가 그렇다. 이른바 '고전'은 읽히지 않는 책을 부르는 또 다른 명칭이니 말이다. 해서 부끄러워할 필요가 없다. 다만 그 책의 중요한 골자만 알면 그만인 것이다. 『성호, 세상을 논하다』 역시 그 골자를 파악하자고 해서 쓰는 글이다. 물론 여기서 골자란 나의 관심과 방식으로 읽어낸 골자란 말이다.

  먼저 『성호사설』을 쓴 성호星湖 이익李瀷(1681~1763)에 대해서 몇 마디 하는 것이 순서겠다. 성호의 집안 여주 이씨驪州李氏는 조선후기의 알아주는 명문가다. 이익의 집안이 명문가로 도약한 것은, 그의 증조부 대부터다. 고조부 이우인李友仁은 일곱 명의 아들을 두었는데, 그중에서 이상홍李尙弘·이상의李尙毅·이상관李尙寬·이상신李尙信 등 네 사람이 청요직淸要職에 올랐고, 특히 이상의는 요직을 두루 거쳐 좌찬성까지 지냈다. 이익은 바로 이상의의 증손자다. 이후 이익의 가문은

알아주는 남인 명문가로 부상하며 정국의 중심에 선다. 하지만 가문의
성예聲譽는 이익의 대에 와서 몰락의 길을 걷는다. 당쟁 때문이었다.
이익의 집안은 숙종 초기에 벌어진 남인·서인 사이의 치열한
당쟁에서 남인이 실각하면서 관계官界에서 배제되기 시작한다.
성호의 아버지 이하진李夏鎭은 1680년 2월 자당自黨의 허목許穆과
윤휴尹鑴를 두둔하는 상소를 올렸다가 진주 목사로 좌천된다. 이어
3월에 남인이 정계에서 축출되는 정변—경신대출척庚申大黜陟—이
일어나자 이하진은 파직되고 평안도 운산으로 유배되었다가 그곳에서
숨진다(1682). 성호는 아버지의 유배지 운산에서 태어났다(1681).
경신대출척으로 서인이 정권을 잡자, 성호의 가문은 과거의 성예를
잃고 말았다.

 성호는 중형仲兄 이잠李潛에게서 글을 배웠고 벼슬을 하고자
하였다. 25세 때(1705) 증광시에 응시했지만, 회시會試에서 이름을
등록하는 절차인 녹명錄名에 문제가 있다 하여 시험을 치지 못한다.
그러나 이것이 성호가 과거를 포기하는 계기가 된 것은 아니었다.
과거를 포기하게 된 결정적인 사건은 그 이듬해인 1706년에 일어났다.
1706년 9월 17일 이잠은 성균관 진사의 신분으로 동궁(뒤의 경종)을
보호할 것, 그리고 남인을 축출하고 노론을 조정에 다시 불러들인
갑술옥사를 이면에서 조종한 김춘택金春澤 등을 죽일 것을 요청하였다.
노론 정권이 그냥 둘 리가 없었다. 이잠은 과연 모진 고문 끝에
사망한다.

 이잠의 죽음 이후 성호는 과거를 단념한다. 그의 집안 역시 그
이후 과거를 통한 출세와는 관계가 없었다. 아들 이맹휴李孟休는
1742년 과거에 합격했지만, 이잠의 조카라는 꼬리표 때문에 출세는
불가능하였고, 1751년에 죽고 말았다. 그의 집안이 눈에 뜨이는

벼슬을 한 것은, 정조 때 채제공蔡濟恭을 영수로 한 일부 남인이 정계의 한 축을 담당할 때 이가환李家煥이 등용된 것이 유일하다 하겠다. 요약하자면, 1680년 경신대출척부터 정조 즉위 때까지 거의 1세기 동안 성호의 가문은 관계에서 철저히 배제된 상태에 있었던 것이다. 성호 역시 자신이 어떤 처지에 있는지 잘 알고 있었다.

사대부로서 벼슬을 할 수 없게 된 성호가 파고든 것은 학문이었다. 그는 1727년 자기 집안의 선산과 농토가 있는 경기도 안산 첨성리瞻星里에 정착하였다. 성호는 이곳에서 1763년에 세상을 뜰 때까지 36년 동안 오직 학문에 침잠하였다. 그렇게 일구어낸 성호의 학문은 참으로 넓고 깊었다. 문학, 성리학, 예학, 경학, 경세학經世學, 자연과학 등 당시 학자들이 상상할 수 있는 거의 모든 부분에 걸친 깊은 연찬研鑽의 결과로서 그의 학문은 정말 장관이라 할 것이다.

성호의 학문은 무엇보다 자신의 가문에 깊은 영향력을 행사했다. 성호의 조부 이지안李志安은 아들 다섯을 두었는데, 그중에서도 특히 맏아들 이하진과 막내 이명진李明鎭의 자손들이 문인 학자로 뒷날 이름을 날린다. 이하진은 이해李瀣·이잠·이서李漵·이익 등 네 아들을 남겼고, 이명진은 이침李沈을 남겼다. 이익에게 이맹휴가, 이침에게서 이광휴李廣休·이용휴李用休·이병휴李秉休가 났다. 이용휴의 아들이 저 유명한 이가환이다. 이 중 이익을 필두로 하여 이맹휴·이용휴·이병휴·이가환·이삼환李森煥(이병휴의 아들)은 모두 18세기의 문인 학자로 탁월한 업적을 남긴다. 한 가문이 이렇게 많은 문인 학자와 예술가를 배출한 것도 드문 일이다. 그것은 이익이라는 학문적 거목의 영향 아래서 가능한 일이었다. 뿐만 아니라 그의 학문은 안정복安鼎福·권철신權哲身 등 제자들에게 이어졌고, 최종적으로는 정약용丁若鏞에게 이르러 집대성되었으니, 이익의 학문적 영향력이 남인 전체에 미쳤던 것이다. 아울러 그의 문하에서 18세기 말 19세기 초 조선사회를 뒤흔들었던 새로운 종교, 즉 천주교를 신앙하는 세력과 배척하는 세력이 동시에 나타났으니, 이래저래 이익의 학문이야말로 조선후기 학문사, 사상사와 불가분의 관계에 있는 것이다.

이제『성호사설』에 대해 약간의 설명을 붙인다. 먼저『성호사설』에 대한 이익 자신의 말을 인용한다.

『성호사설』이란 성호 옹의 희필戱筆이다. 성호 옹이 이 책을 쓴 것은 어떤 의도에서였는가. 아무 의도가 없다. 의도, 곧 뜻이 없는데 어찌 이런 저작이 나오게 되었는가? 옹이 그냥 한가할 적에 책을 읽던 여가에 어떤 것은 전기傳記에서, 어떤 것은 자집子集에서, 어떤 것은 시가詩歌에서, 어떤 것은 전문傳聞에서, 어떤 것은 우스갯소리에서 얻기도 하였는데, 웃고 기뻐할 만하여 남겨두어야 할 것들을 손 가는 대로 기록하다 보니 어느 사이에 큰 더미를 이루었다.
星湖僿說者, 星湖翁之戱筆也. 翁之作是說也, 何意? 直無意. 無意, 奚其有此哉? 翁乃優閒者也. 讀書之暇, 應世循俗, 或得之傳記, 得之子集, 得之詩家, 得之傳聞, 得之詼諧, 或可笑可喜, 可以存閱, 隨手亂錄, 不覺其至於多積.
(자서自序「성호사설 서星湖僿說 序」)

「성호사설 서星湖僿說 序」의 서두다. 희필, 곧 장난삼아 쓴 글이라지만, 겸손의 표현일 뿐 사실일 리 없다. 내용도 결코 가볍지 않다. 도리어 심각하다. 성호는 문학작품을 읽다가, 경전을 읽다가, 역사책을 읽다가, 그 밖의 별별 서적을 읽다가 중요한 대목을 옮기기도 하고, 깊은 사색에 잠기기도 한다. 여느 사람이면 머릿속에 잠시 머물렀다 사라질 생각들을 챙겨 메모로 남긴다. 지식인의 진지한 독서와 사색이 쌓인 메모는 세월이 흐르자 거대한 사유의 산맥을 이룬다. 어느 날 정리해 챙겨보니, 3000여 꼭지의 글이 되었다. 이것이 『성호사설』이다.

하나 궁금한 것은 성호가 읽었던 그 방대한 책의 출처다. 성호는 당시로서는 희귀한 서학에 관계된 서적을 풍부하게 읽고 비평을 남기고 있는바, 이 책은 어떻게 그의 손에 들어간 것일까? 성호의 아버지 이하진은 1680년 관계에서 축출되기 2년 전인 1678년 진향정사進香正使로 북경에 파견되었다. 그는 청나라 정부에서 사신에게 관례적으로 하사하는 은과 비단으로 수천 권의 책을 사서 귀국하였다. 이익의—당시로서는 첨단적인 지식이었던—서학에 관한 다양한 비평과 광범위한 학문은 바로 이하진이 구입해 온 서적에 기인한 것으로 짐작된다.

『성호사설』이란 책은 읽어내기가 결코 쉽지 않다. 한문으로 쓰인데다가 모두 3007편이란 거창한 분량 때문이다. 이 3007편의 글은 천지문天地門·만물문萬物門·인사문人事門·경사문經史門· 시문문詩文門 다섯 부문으로 나뉜다. 글이 다루고 있는 제재와 주제에 따라 분류한 것이다. 분류만 이루어졌을 뿐 각 편이 일정한 체계에 의해 구성되어 있지는 않다. 즉, 『성호사설』의 글 전체가 특정한 주제를 놓고 쓰여진 것은 아니다. 이 때문에 제자 안정복은 중복되는 것을 가려내고 보다 중요한 1332편을 추려 『성호사설유선星湖僿說類選』으로 편집했다. 뒷날 정약용은 『성호사설』의 비체계성을 흠으로 잡았지만, 나는 이것을 도리어 장처長處로 보고 싶다. 한 편의 정제된 저작은 수많은 부분을 배제함으로써 가능한 것이 아니던가. 이런 점에서 볼 때 『성호사설』은 저자가 하고 싶은 이야기를 마음대로 할 수 있는 장점이 있는 것이다. 이 자유로움을 충분히 활용한 『성호사설』의 내용은 실로 방대하다. 경전과 문학은 물론, 정치, 경제, 관직제도, 외교, 학문, 교육,

서양 소식, 지리, 전쟁, 무기(총포·화약), 종교, 이단(무속·서학), 풍수지리, 형벌, 도둑, 유민, 서얼, 노비 문제, 여성, 성性, 의복, 음식, 주거 등 그야말로 조선사회의 모든 국면을 망라하고 있다. 읽을수록 그 호한한 내용과 깊은 식견에 감탄하게 된다.

나는 『성호사설』을 글감으로 삼아 책을 쓴다. 다른 이유는 없다. 서양에 대해 공부한 분들은 아무래도 서양 쪽 사정을 들어 글을 쓸 터이고, 중국에 대해 공부한 분들은 중국 쪽 사정을 들어 글을 쓸 터이다. 나는 신통치 않지만 공부라고 조금 한 것이 조선 시대 한문학이다. 그래서 비교적 익숙한 조선 시대의 이런저런 사정을 꼬투리 삼아 글을 쓰는 것이다. 우리의 전통이니 뭐니 하면서 치켜세우거나 꼭 읽어야만 한다고 우길 생각도 전혀 없다.

앞에서 말한 바와 같이 『성호사설』은 그야말로 조선 시대 지식인의 학문적 상상력의 극치를 보여주는 저작이다. 하지만 이 글에서 나는 그 모두를 다루지 못한다. 다만 취하는 것은, 성호가 가장 깊이 고민했던 문제들이다. 그 문제들이란 무엇인가. 무엇보다 성호가 정치권력에서 배제된 지식인이라는 사실에 주목해보자. 어느 날 권력에서 배제되었을 때, 그리고 다시는 권력을 손에 쥐지 못하게 되었을 때 그 지식인이 무엇을 할 것인가? 권세가에 빌붙어 다시 벼슬을 바랄 것인가. 성호는 결코 그러지 않았다. 그는 권력과 떨어져서 사대부들의 권력투쟁을 관찰할 수 있었으며, 그 권력투쟁이 무엇을 의미하는지 깨닫게 되었다. 거룩한 명분으로 치장한 그 싸움이 결국 특정 세력의 권력욕의 산물에 지나지 않는다는 것을 명료하게 인식했던 것이다. 성호는 이렇게 해서, 당쟁과 과거科擧와 사대부 체제의 타락을 꿰뚫어보았다. 지배계급인 사대부의 타락은 곧 통치의 대상인 백성들의 삶이 더할 수 없이 피폐해진다는 것을 의미했다.

그는 『성호사설』 곳곳에서 사대부 체제의 타락과 피폐한 백성의 삶을 에누리 없이 증언하고 있다. 당쟁과 벌열閥閱의 성립, 일부 지배층의 토지 독점, 과거의 폐해, 금속 화폐의 보급으로 인한 농촌의 몰락, 노비와 유민의 비참한 삶 등이 그것이다. 나아가 그는 진지한 대안을 모색하였다. 참으로 부족하지만, 나는 이 부분을 읽고자 한다.

끝으로 한마디만 더! 나는 성호에게 씌워진 '실학자'란 말에 약간의 불만을 느낀다. 실학이란 말로 성호를 고정하고 싶지 않다. '성호=실학자'라는 판에 박힌 판단은, 성호에게서 읽어낼 수 있는 많은 것을 제한해버린다. 읽어낼 수 있는 것이 있다고 해도 그것은 아마 교과서적 의미에서 화석화된 '실학자 성호'일 것이다. 성호는 기본적으로 유학자다. 그는 가부장제에 의식화된 사람이며, 양반이 다스리는 세상 이외의 세상은 상상할 수 없었던 사람이다. 그는 유학자로서 조선 후기의 사회 모순을 직시했던 사람이고, 양반이 다스리는 세상이, 양반이 원래 의지했던 유학(성리학)이란 원칙에 따라 충실히 작동되기를 바랐을 뿐이다. 실학자란 명사를 떼고 선입견을 버리는 것이 아마도 성호를 풍부하게 읽을 수 있는 방법일 것이다.

차례

책머리에 5
성호와『성호사설』 7

1장. 도리를 논하다

성호의 생명사상 20
소박한 밥상 27
부는 정당한 것인가 33
지식인의 가난 39

2장. 사회를 논하다

一. 계급과 차별
    벌열사회 50

서얼, 똥구덩이 속의 사람들 56
매매되는 사람들, 노비 62
여성을 길들이는 방법 69

二. 민초와 유민

수탈은 어떻게 정당화 되는가 78
같이 망하자는 사람들 84
조선 시대의 홈리스 90
도둑을 만드는 세상 96

三. 관료와 위정자

쓸데없는 관료들의 세상 106
부패한 자가 왜 출세하는가 112
사치, 불의의 실행 119
부자 감세는 가난한 백성을 괴롭힌다 125

四. 법과 제도

아내를 내쫓는 법 134
유가 속의 법가 141
고문이 합법화된 세상 147

3장. 치국을 논하다

一. 국가론과 정치론
성호의 이상국가론 158
백성에게 물어라 164
개혁의 어려움 171
미리 군사를 기르는 방법 177

二. 경제론과 화폐
영원히 팔 수 없는 땅 186
수리, 무용한 것을 유용한 것으로 만드는 방법 192
최소한의 상업 201
성호의 유토피아, 화폐 없는 세상 207
은, 국부의 유출 213

三. 붕당과 전쟁
닭보다도 못한 정당 222
부국강병론의 귀결처 228
주전과 주화 234

        전쟁과 패망은 스스로 초래하는 것　　241
        이순신과 수군　　249

四. 외교와 이산자들
        고려의 생존술, 사대　　258
        몽고와 고려　　264
        석성의 총희와 홍순언　　270
        전쟁이 낳은 이산자의 증언　　276
        전쟁과 인간의 뒤섞임, 혼종　　282

1장.

도리를
논하다

성호의 생명사상

아주 쉬운 글부터 한 편 읽어보자. '새 새끼를 죽이고 파리를 잡다 殺鷇捕蠅'란 글이다.

나는 평생에 큰 잘못을 저지른 적이 없다. 다만 궁을 나올 때 상上(임금)의 급박한 명을 받들어, 더운 여름날 집을 짓는 공사를 벌여 옛집을 헐었는데, 기왓장 아래 오글거리던 수많은 참새 새끼가 모두 죽고 말았기에 늘 차마 해서는 안 될 짓을 했다는 생각이 머리를 떠나지 않았다. 나의 죽음은 그 앙화를 입은 것인가?
吾平生無大過. 但其出宮, 承上命敦迫, 暑月營造, 改撤舊館, 瓦間雀鷇千萬皆死, 常所不忍, 是其殃耶?
(새 새끼를 죽이고 파리를 잡다 殺鷇捕蠅 | 제9권 「인사문」)

인성군仁城君 이공李珙(1588~1628)이 참형을 받을 적에 한 말이다. 선조의 일곱 번째 아들이었던 그는 이복형인 광해군이 인목대비를 폐하고자 했던 폐모론에 동참한다. 내켜서 한 일은 아니었겠지만, 도덕적으로 옳은 일은 아니었다. 하지만 이것이 그가 죽게 된 직접적인 이유는 아니었다. 폐모론에는 종실 130명이 참여했으니, 폐모론에 참여한 사람을 다 죽이고자 했다면 종실은 거의 씨도 남지 않았을 것이다.

그의 죽음에는 다른 이유가 있었다. 인조 1년(1623) 8월의 어느 날이었다. 길을 가던 인성군은 출근하는 사헌부 감찰들을 만났다.
원래 하급관원이 인성군과 같이 높은 종친을 만나면 길을 피하는 것이
상례였으나, 사헌부는 원래 벼슬아치의 비위非違를 적발하는 끗발 있는
관청이라 가장 낮은 지위의 감찰들조차 자신보다 높은 사람을 만나도
으레 길을 피하지 않았다. 발끈한 인성군은 감찰의 처벌을 요구했고,
사헌부에서는 인조에게 처벌을 하지 말 것을 요청하면서 종친과
신하가 대립했다. 신하들은 오히려 인성군을 처벌할 것을 요구했다.
그러나 인조는 숙부를 처벌할 수가 없었고, 드디어는 반정공신으로서
막강한 힘을 가지고 있던 이귀李貴가 인성군이 종실들을 거느리고
폐모론에 동참했던 행적을 꺼냈다. 인조는 그것이 강요에 의한
것이었을 뿐 자발적인 것이 아니었다고 대신 변명한다.

하지만 이어지는 정변에서 그의 이름은 거듭 거론된다. 1624년
이괄李适의 난에서도 인성군의 이름이 거론되었다. 그는 다시 한 번 더
우여곡절을 겪은 뒤 원주로 귀양을 갔다가 1626년 풀려났다. 1628년
유효립柳孝立이 대북大北의 잔여 세력을 모아서 반란을 꾀하다가
잡혀 문초를 받았다. 그를 심문하자 "인성군을 새 왕으로 삼으려는
계획이었다"고 공초하였다. 일단 역모에 이름이 오른 종친은 실제로
아무 관련이 없더라도 죽음을 면할 수 없었다. 신하들은 줄기차게
인성군을 죽이라고 인조를 압박했다. 그가 폐모론에 동참했던 행적도
그가 죽어야만 할 중요한 이유가 된다. 신하들에게 몰린 인조는
1628년 5월 14일 인성군에게 자결을 명한다.

인성군은 죽기 직전 자기 죽음의 이유를 찾는다. 왕의 아들로
태어난 것이 죄라면 죄다. 그 외에 다른 죄를 찾을 수 없다. 그는
어처구니없는 죽음을 앞두고 스스로의 죄를 물어본다. 그때 문득 어느
여름날의 일이 생각이 난다. 그해 여름 새 집을 짓노라 지붕의 기와를

벗겼고, 의도한 바는 아니었지만 기와 아래 살던 참새 새끼가 모두 죽고 말았다. 그는 자기 죽음의 이유를 그 참새 새끼들을 모두 죽게 만든 데서 찾았다.

같은 글에 이야기 한 편이 더 실려 있다. 조선 전기의 명재상 상진尙震(1493~1564)은 외아들이 죽자 울면서 이런 말을 한다. "나는 해물害物하려는 마음을 품은 적이 없었다. 다만 평양 감사로 있을 때 백성들에게 매일 파리를 잡으라고 시켜서, 시장에서 파리를 파는 사람들도 생겨났다. 아들이 죽은 것은 그 일의 응보인가?"[1)]

두 이야기의 사실 여부를 따지는 것은 무의미하다. 하지만 미물의 생명까지 존중하는 마음은 충분히 엿볼 수 있다. 때문에 성호 역시 "이 두어 가지 일은 꼭 그래서 생긴 것은 아니겠지만, 또한 군자의 물物을 사랑하는 마음의 경계가 될 수 있으므로 같이 써둔다"라고 말하고 있는 것이다.

여기서 강조하고 싶은 것은, 미물의 생명을 존중하는 생각이 어떤 특정한 계기에서 우연히 나온 일회성 발언이 아니라는 것이다. 성호는 '살아 있는 것을 보고 잡아먹을 생각을 하다對生思食'에서 또 한 번 상진의 말을 전한다.

영의정 상진은 "어찌 차마 살아 있는 짐승을 앞에 두고서 잡아먹을 생각을 할 수 있겠는가?" 하였다. 이는 들고서 마땅히 조심하고 반성해야 할 말이다. 닭이나 개는 미물이지만, 그것들을 보며 좋으니 나쁘니 고기 맛을 평하고, 삶아야 한다, 구워야 한다는 등의 비교하는

---

1) 이익李瀷, 『성호사설星湖僿說』 제9권 「인사문人事門」, '새 새끼를 죽이고 파리를 잡다殺鷇捕蠅' 이하 주석에서 저자와 책명은 생략한다.

말을 듣고 있자면 절로 이맛살이 찌푸려진다. 힘이 닿는 것이라면 모두 죽여서 먹을 것을 생각하는 것은, 이른바 금수나 가질 수 있는 약육강식의 도이다.

尙領相震曰: "禽獸, 豈忍對生, 而思食乎?" 此語宜警省. 雖鷄狗微命, 人見之, 或評肉味, 美惡烹炙得失, 便覺皺眉. 凡力所及者, 皆思殺喫, 所謂弱之肉强之呑, 禽獸之道也.

(살아 있는 것을 보고 잡아먹을 생각을 하다對生思食 | 제7권 「인사문」)

상진의 말을 다시 듣건대, 파리의 목숨을 빼앗은 것을 자책했던 그의 마음은 결코 우연한 것이 아니었다. 생명을 존중하는 사상이 깊이 뿌리를 내리고 있었던 것이다. 한마디 덧붙이자면, 오늘날 대한민국을 지배하는 '약육강식'의 논리는 '금수의 도'일 뿐이다.

생명존중사상은 성호의 사유에서도 당연히 중추를 이룬다. 다음은 '고기 먹는 일食肉'이란 글의 일부다.

백성은 나의 동포이고 만물은 나와 동류다. 다만 초목은 지각이 없어 혈육을 가진 동물과 구별되기에 그것을 취하여 살아갈 수단으로 삼을 수 있다. 그러나 날짐승, 길짐승은 살기를 좋아하고 죽기를 싫어하는 의지를 갖는다는 점에서 사람과 동일하다. 어떻게 차마 해칠 수가 있단 말인가? 동물 중에서 사람을 해치는 동물은 이치상 마땅히 잡아 죽일 수 있다. 또 가축들은 우리 사람에 의해 길러지니, 사람에게 그 몸을 내줄 수도 있을 것이다. 하지만 저 산에서, 물에서 절로 나고 절로 자란 것들이 모두 사냥과 고기잡이의 대상이 되는 것은 또 무슨 이유인가? 어떤 사람은 이렇게 말한다. "만물은 사람을 위해 생겨난 것이다. 따라서 당연히 사람에게 잡아먹히는 것이다." 이 말에 정자程子는

이렇게 답했다. "좋다. 이는 사람의 피를 빨아먹고 산다. 그렇다면
사람이 이를 위해 생겨났다는 말이냐?" 정자의 변론이 또한 분명하다.
民吾同胞, 物吾與也. 然草木無知覺, 與血肉者有別, 可取以資活. 如禽獸貪生惡殺,
與人同情. 又胡爲忍以殘害? 就其中害人之物, 理宜擒殺. 爲人畜牧者, 卽待吾成,
遂猶有所諉. 如山上水中, 自生自長者, 都被佃漁之毒, 又曷故哉?
論者曰: "萬物皆爲人生. 故爲人所食." 程子聞之曰: "蝨咬人. 人爲蝨而生耶?"
其辨亦明矣.

(고기 먹는 일食肉 | 제12권 「인사문」)

살기를 좋아하고 죽기를 싫어하는 생명의 의지는 동물과 인간이
동일하다. 그러니 인간이 어찌 다른 생명을 먹어 그 의지를 꺾을 수
있겠는가? 인간이 먹을 수 있는 것이 있다면 그것은 원래 인간이 먹기
위해 키우는 가축일 뿐이다(물론 이때의 축산은 현대 자본주의적 축산업과
다른 것이다). 저 산과 물속에서 절로 생장한 것들이 어찌 인간에게 죽기
위해서 태어난 것이랴. 세계에 존재하는 모든 생명은 인간을 위해
만들어진 것이 아니다!

성호의 생각은 인간중심주의를 허문다. 성호는 서양에 원류를
두는 인간중심주의도 비판한다. 만물이 모두 사람을 위해 생겨났다면,
사람이 먹지 않는 벌레는 왜 생겨났느냐는 물음에, 서양 사람은 "새는
벌레를 잡아먹고 살이 찌는데, 사람이 그 새를 잡아먹으니, 이것이
곧 사람을 위해 벌레가 생겨난 까닭이다"라고 대답한다. 성호는 이를
궁색한 답이라고 비판한다.

유학자 성호는 생명존중을 말하며 불교의 '자비'가 옳은 것 같다고
말한다. 당연히 살생을 금지하는 자비심을 말한다. 성호는 대책 없는
근본주의자는 아니어서 노인의 봉양, 제사, 손님 접대, 병의 치료에

고기를 쓰지 않을 수 없다고 한다. 다만 육식은 군자로서 부득이한 일인 만큼 부득이한 마음으로 먹어야 한다는 것이다. 함부로 살생을 자행하거나 기탄없이 욕심만을 채우려 한다면 그 결과는 약자의 살을 강자가 뜯어먹는 것을 면하지 못한다는 것이다.

『성호사설』의 생명사상은 어디서 유래한 것인가. '나에게 만물이 갖추어져 있다萬物備我'를 읽어보자.

맹자孟子께서 "만물이 모두 나에게 갖추어져 있다" 하였다. 이것은 인仁의 본바탕이 지극히 큼을 형용한 말이다. 무릇 하늘과 땅 사이에 있는, 사해四海와 팔황八荒, 길짐승, 날짐승과 풀, 나무 등은 모두 다 물物인데, 인仁을 실천하는 사람은 이 모든 것을 하나로 보아 자신에게 귀속시킨다. 이런 까닭에 저 수많은 백성도 모두 나의 백성이고, 저 오랑캐들도 모두 나의 오랑캐이며, 길짐승, 날짐승과 풀, 나무도 모두 나의 길짐승, 날짐승과 풀, 나무인 것이다.

'나'란 존재는 물物의 상대다. 비록 저와 내가 서로 모습은 다르지만, 내가 저들을 나의 바깥의 것으로 여기지 않고 모두 껴안아 그것들에 대해 각각 적절하게 처우하는 방도가 있다면, 곧 만물이 내 마음 안에 갖추어져 빠지는 것이 없게 되는 것이다.

孟子曰: "萬物皆備於我." 此形容仁體之極大. 凡盈天地之間, 四海八荒, 禽獸草木, 皆物也. 仁者一視, 莫不屬已. 故兆民, 皆我民也. 蠻夷, 皆我蠻夷也. 禽獸草木, 皆我禽獸草木也. 我者, 物之對也. 雖彼我相形, 我可以包括無外, 而各有處之道, 是萬物, 皆備於我之度內, 而無闕.

(나에게 만물이 갖추어져 있다萬物備我 | 제20권「경사문」)

성호가 기대고 있는 '만물비아萬物備我'는 『맹자孟子』「진심장盡心章」에 나오는 구절이다. 원문은 다음과 같다. "맹자가 말하기를, '만물이 모두 나에게 갖추어져 있으니, 자신을 돌이켜보아 성실하면 이보다 더 큰 즐거움이 없고, 서恕를 힘써서 행하면 인仁을 구함이 이보다 더 가까울 수 없다.孟子曰: '萬物皆備於我矣. 反身而誠, 樂莫大焉. 强恕而行, 求仁莫近焉.'"

 만물이 모두 나 자신에게 갖추어져 있다는 것은 세상 만물, 곧 수많은 백성, 오랑캐, 금수, 초목이 비록 나와 유類가 다르고 모습이 다르고 성질이 다를지언정, 모두 나와 구별되지 않는, 또 차별되지 않는 동등한 가치를 지닌 존재라는 말이다. 인간 역시 그것들과의 연관 속에 있는 존재이며, 그 연관이 인간에게 생명을 부여하는 것이다. 그러니 사물과 인간, 미물의 생명과 인간의 생명을 어떻게 구분할 수 있겠는가. 사물과 인간을 구별하지 않는 것, 그것들의 생명 의지와 존재 이유를 존중하는 것이 바로 '만물비아'의 사유다. 자신과 만물이 동등한 존재임을 생각하고, 그 마음을 다른 존재에 미루어나간다면 서恕와 인仁을 실천하는 방법으로 그보다 더 크나큰 것은 없을 것이라는 말이다.

 나는 생명사상이 유가의, 그리고 성호 사상의 가장 빛나는 부분이라 생각한다. 지금 대한민국은 산과 강을 마구 허물고 파내고 있다. 그것들의 존재 이유, 그것들 속에 깃든 생명은 돌아볼 필요가 없는 타자에 불과한 것이다. 이러니, 어디 인간의 생명인들 생명으로 보이겠는가? 성호의 생명사상을 되씹어볼 이유가 여기에 있다.

소박한 밥상

작년 초 중국에 다녀왔다. 소수민족이 사는 지방을 갔더니, 음식이 맞지 않았다. 음식마다 그쪽 사람들이 좋아하는 향신료가 잔뜩 들어가 도무지 젓가락을 댈 수 없었다. 원래 '로컬 푸드 local food'는 외지인에게는 낯설기 마련이다. 큰 도시로 나와 중국식 토렴(곧, 훠궈火鍋다)으로 제법 유명하다는 식당에 들렀지만, 역시 강한 향 때문에 거의 먹지 못하고 수저로 방아만 찧었다. 그러던 중 문득 이런 생각이 들었다. '이 기름과 양념이 범벅이 된 탕국물과 남은 음식은 다 어디로 가는 거지?' 필시 그것들은 도시를 가로질러 흐르는 양쯔강을 오염시킬 것이다. 자연스럽게 한국의 사정이 겹쳐졌다. 한국에서는 가정이나 식당 어디서도 먹다 남은 음식물이 넘쳐난다. '환경오염'이란 말보다 '낭비'라는 두 음절의 말을 떠올리지 않을 수 없다. 일상화된 음식물의 폐기를 옳은 일이라 할 수 있을까? 성호의 말을 들어보자.

성호는 '씀바귀를 엿처럼 달게 먹다菫茶如飴'라는 글에서 『시경詩經』 「대아大雅」 '면綿'에 나오는 "주나라 들이 비옥하고 아름다우니, 씀바귀나물이 엿과 같이 달도다周原膴膴, 菫茶如飴"란 구절을 인용한 뒤 쓰디쓴 씀바귀나물이 엿처럼 달게 여겨졌던 이면의 사정을 풀어놓는다. 여기서 그 사정에 대한 말은 줄이자. 중국 고대사를 장황하게 늘어놓아야 하기 때문이다. 내가 우선 말하고 싶은 것은 음식에 대한 성호의 기호다.

나는 가난한 생활도 잘 견뎌낸다. 고기반찬이 상에 오르는 일은
드물지만 또한 즐거워할 뿐이고 싫어하지 않는다. 채소밭 한
이랑을 가꾸어 손수 호박을 심고 누렇게 익기를 기다렸다가 따서
갈무리해둔다. 날이 추워지면 삶아 국을 끓이고는 밥을 말아 먹는다.
그 맛이 너무나 좋아 고깃국보다 훨씬 낫다.

    콩도 황적색을 띠고 겉이 말랑한 것이 있는데, 쌀에 5분의 1
정도를 섞어 밥을 하면 역시 맛이 좋다. 쌀밥과 같이 씹어보면 다른
반찬 없이도 밥 한 사발을 다 먹게 된다. 이 때문에 호박이나 콩도
엿처럼 달다고 말할 수가 있다.

余善於居貧. 肉罕登槃, 亦樂而不厭. 治圃一畝, 手種南瓜, 待其黃熟, 收藏. 至寒節,
烹爲羹, 和飯爲澆饡, 其味絶甘, 不復知有腒臐之美也. 菽有黃赤色, 而皮軟者,
和米五分居一, 炊爲飯, 則其味亦甘. 合而嚼之, 則他饌可廢, 盂盛便盡矣.
此可謂瓜菽如飴也.
(씀바귀를 엿처럼 달게 먹다菫荼如飴 | 제25권 「경사문」)

밥상에 고기반찬이 오르는 일이 드물어도 식사가 즐겁다고 한다.
겨울에 자신이 심어 거둔 호박을 넣어 끓인 국이 고깃국보다 훨씬
맛있고, 콩을 넣어 지은 밥도 별 반찬 없이 먹을 수 있을 정도로 맛있기
때문이다.

    성호의 소박한 밥상은 먹을거리가 넘쳐나는 지금의
한국사회에서는 실감할 수 없는 이야기다. 찬거리를 구입하기 위해
아내와 대형할인점의 식품 매장에 가보면 먹을거리의 다양함과
풍부함에 기가 질릴 지경이다. 어릴 적부터 먹어왔던 식재료는
상대적으로 적고, 태반이 수백 수천 킬로미터 바다를 건너온 것들이다.
아니, 좀 더 정확하게 말하자면 태반이 아니라 대부분이다. 한국의

식량자급률은 쌀을 제외하면 5퍼센트에 불과하니 말이다. 이렇게 온갖 먹을거리를 수입해서 먹어치워도 아무 탈이 없을까?

대형할인점의 식품 매장에서 나는 끔찍한 느낌을 지우지 못한다. 채소와 과일 외에 사람들이 선호하는 대부분의 식품은 살아 있는 동물의 육신이거나 그들의 시신이다. 그것들은 오직 인간의 미각을 충족시키기 위해 잡혀온 것이다. 시신들은 토막이 나고, 으깨지고, 피를 흘리고, 미라가 되어 먹히기를 기다리고 있다. 또 어떤 것들은 좁은 수조 속에 갇혀 포개진 상태로 죽지 못하고 강제로 '살려져' 있다. 그들은 아마도 산 채로 살점을 뜯길 것이고, 오염물이 되어서야 자연으로 돌아갈 것이다.

주지하다시피 이 죽음의 잔치가 가능한 것은 자본주의가 가동시키는 식품 산업 때문이다. 자본주의사회에서 인간의 생명과 직결된, 인류의 가장 오래된 생산 활동인 농업의 성격 역시 판연히 달라졌다. 자신과 자신의 가족, 그리고 지역사회를 위해 먹을 것을 생산하던 농업은 시장에서 판매할 상품으로서의 식품을 생산하는 산업이 된 지 오래다. 그것도 석유와 전기가 없으면 존립이 불가능한 산업이 된 것이다. 한편 자본주의적 농수산업과 식품업은 인간이 먹고 소화할 수 있는 모든 것을 수백 수천 킬로미터의 바다를, 하늘을, 육지를 건너서 옮긴다. 그리고 음식 산업은 보다 많은 이윤을 얻기 위해 보다 많이 먹고 버릴 것을 권유(아니, 강요)하고 있다. 많은 사람들이 지적하는 것처럼 이런 낭비는 결국 하늘과 땅, 강과 바다를 더럽히고 급기야 자연의 자원들을 바닥내고 말 것이다. 게다가 수천 킬로미터를 건너온 음식물이 온전할 리 없다. 옮겨오는 과정에서 화학물질로 범벅이 될 것은 필연적인 일이다. 아토피는 항용 듣는 명사가 되었고, 암도 감기처럼 흔하다. 이 비극이 자본주의가 만든 음식 산업의 결과가 아니라고 말할 수 있을 것인가.
한데, 건너편에서는 '비만 탈출', '에스라인', '몸짱'을 위시한 병원과
피트니스 센터가 성업 중이다. 도무지 이해할 수 없는 희극이다.
　이런 느낌은 나만의 유별난 것이리라. 나 역시 인간이 생존하기
위해 단백질을 섭취해야 한다는 것까지 부정하지 않는다. 문제는
인간이 오로지 자신의 미각을 충족시키기 위해 온갖 생명을 죽여 필요
이상 먹어치우는 데에 있다. 이 문제를 진지하게 생각해보기는커녕
TV와 신문 등의 매스컴에서는 하루도 빠짐없이 미식美食을 찾아
먹으라고 떠들어댄다.
　어떻게 할 것인가. 다시 미식의 속성에 대한 성호의 말을 들어보자.

나는 밤에 앉아 있을 때 배고픈 줄을 몰랐다. 언젠가 손[客]이 찾아와
늘 진미를 갖추고 먹어야 한다며 맛있는 반찬을 주기에 그의 말을
따라 먹어보았다. 그 반찬을 다 먹자 이내 배가 고팠고, 계속 다른
좋은 반찬을 구해서 먹지 않을 수가 없었다. 또 저녁에 밥을 배불리
먹었는데도 아침이면 반드시 갑절이나 배가 고팠다. 이 때문에
사치스런 생활을 누리다가 검소한 생활을 하는 것이 어렵다는 것을
알았다. 이 사실을 써서 자손들에게 경계토록 한다.
余夜坐, 未嘗覺飢. 客有以貳膳常珍之義, 致一麗羞, 從而啖之. 羞盡而便飢.
不免繼以他羞. 又夕饌而飽, 則朝必倍飢. 以此知由奢入儉之難. 書此以戒子孫.
(검소한 데로 들어가기는 어렵다入儉難 | 제10권 「인사문」)

자신의 경험을 통해 성호는 미식을 향한 욕망의 속성이 끊임없이
확장되는 것이라고 지적한다. 미식은 또 다른 미식을 찾기 마련이라는
것이다. 지금의 자본주의는 그 무한히 확장되는 욕망을 따라가는 것이

인간이 가야 할 유일한 길이라고, 행복해지는 길이라고, 그리고 당신도 얼마든지 그 길로 갈 수 있다고 충고한다. 하지만 인간의 욕망은 결코 쉽사리 충족되지 않는다. 극소수의 인간만이 그 욕망을 충족시킬 수 있을 뿐이지만, 그조차 결과는 만족이 아닌 권태로움이 된다.

성호는 욕망을 자극하지 말라고, 또 다른 사람의 욕망을 자기 욕망으로 삼지 말라고 충고한다. "무릇 빈천한 사람은 많고 부귀한 사람은 적으니, 부귀한 사람의 경우를 기준으로 삼을 수 없는 법이다. 만약 나물과 맹물을, 맛있는 음식과 진귀한 음료만 못한 것이라고 해버린다면, 도리어 자신을 해치는 것이 아니냐?"[1] 성호는 부귀한 사람의 욕망을 기준으로 삼지 말라고 한다. 단순히 거친 것을 먹고 만족하라는 말이 아니다. 성호의 말에는 깊이 생각해야 할 부분이 있다. 성호가 말하는 부귀한 자들은 요즘으로 치면 자본을 소유하거나 자본을 운영할 수 있는 권력을 쥔 자들이다. 그들은 자신들의 욕망과 소유, 소비가 바람직한 생의 목적이라고 끊임없이 설파한다. 가난하고 권력이 없는 사람들이 그들의 욕망을 따라야만 그들의 부는 정당화되고 영원히 보장된다. 하지만 그들의 욕망을 모든 인간이 충족시킬 수는 없다. 욕망의 충족은 손을 뻗치면 닿을 것 같지만 영원히 닿을 수 없는 곳에 있다. 닿을 수 없는 곳에 손을 뻗치는 것보다 어리석은 것은 없다.

다시 성호의 소박한 밥상으로 돌아가 보자. 성호 자신은 가난한 생활에도 잘 지낼 수 있어 늘 나물만 먹고도 그것이 괴로운 일인 줄을 모른다. 고기를 먹어보아도 나물보다 그리 나은 줄을 모른다는 것이다. 성호가 하는 말의 요지는 이렇다. 감각은 길들이기에 따라 달라지기

---

[1] 제23권 「경사문 經史門」, '굶주림과 목마름, 사치와 교만 飢渴奢泰'

마련이라고, 따라서 먹는 것 역시 길들이기 나름이라고. 곧 욕망을 다시 길들여 소박한 밥상으로 돌아가는 것이 건강한 삶과 환경을 위한 유일한 길이다. 하지만 이 시대에 어느 누가 성호의 소박한 밥상을 부러워할 것인가!

부는 정당한 것인가

성호는 '사재의 미담思齋美談'에서 중종 때의 명신 사재思齋 김정국金正國(1485~1541)의 일화 한 토막을 전하고 있다. 어디 들어보자. 사재는 자신이 잘 알고 지내는 황씨란 사람이 돈을 모으느라 남에게 험담을 듣자 편지를 부친다.

나는 20년 동안 가난하고 검소하게 살고 있습니다. 낡은 오두막집 몇 칸, 메마른 땅 몇 마지기, 베옷 몇 벌이 있을 뿐이지만, 그래도 누우면 남는 땅이 있고, 입성에는 여벌의 옷이 있고, 밥그릇 밑에는 남은 밥이 있지요. 이 세 가지 남은 것으로 세상사 거리낄 것 없이 살고 있습니다. 천 칸의 큰 저택과 만종萬鍾의 녹봉, 백 벌의 비단옷을 마치 썩은 쥐처럼 봅니다. 살아가는 데 없을 수 없는 것은 책 한 시렁, 거문고 하나, 붓과 벼루 한 갑匣, 신발 한 켤레, 잠을 청할 베개 하나, 시원한 바람이 드는 창문 하나, 따스한 햇볕이 비치는 방 한 칸, 늙은 몸을 의지할 지팡이 하나, 봄을 찾아 나설 때 탈 나귀 한 필이니, 이것만 있으면 노년을 보내기 충분하지요.

僕二十年, 處貧約. 弊廬數椽, 薄田數頃, 葛衣數件, 而臥外有餘地, 身邊有餘衣, 杅底有餘飯. 持此三餘, 高臥一世. 雖廣廈千間, 玉粒萬鍾, 紈綺百襲, 視同腐鼠. 所不可闕者, 惟書一架, 琴一張, 筆硯一匣, 屐一雙, 迎睡一枕, 納涼一牕, 負暄一楹, 扶老一筇, 尋春一驢, 是足以送老矣.

(사재의 미담思齋美談 | 제10권 「인사문」)

이 정도면 최소한의 살림이다. 정말 말끔하다. 사실일까 하고 의심의 눈초리를 거두지 않을 수도 있겠지만, 그렇게까지 야박하게 생각할 것은 없다. 김정국은 윤리와 도덕, 자기 절제를 삶의 원리로 내세웠던 기묘사림의 일원이었으니, 그의 청빈한 삶은 거짓이 아니었을 것이다.

사재의 청빈을 미담으로 전한 성호 역시 『성호사설』 곳곳에서 자신의 군색한 살림살이에 대해 언급하고 있는 것으로 보아, 또한 넉넉한 살림이 아니었던 것으로 보인다. 하지만 성호는 자신의 처지에 만족한다. '삼락三樂'[1] 이란 글에서 성호는 세 가지 즐거움을 말한다. 첫째, 큰 전란이 없는 세상에 태어나 온전히 시골에서 평생을 마치는 것, 둘째, 너무 춥거나 덥지 않은 온화한 고장에서 태어난 것, 셋째, 보통 백성은 한 해 내내 노동해도 제대로 먹지 못하고 가혹한 세금에 시달리는데, 자신은 그래도 조상의 음덕으로 편히 지내며 굶주림을 면하고 사는 것이 세 가지 즐거움이다.

성호는 대부분 소작농이었던 당시 농민에 비하면 결코 궁핍하다고 할 수 없는 지주다. 하지만 그가 자신의 땅을 근거로 하여 적극적으로 부를 추구하지 않았던 것도 분명한 사실이다. 흉년에 땅문서를 들고 찾아온 농민에게 곡식을 건네고 그 문서를 받아서 거대한 토지를 차지해가는 것이 양반들의 축재술이었지만, 성호는 그런 짓을 하지 않았다. 왜 성호처럼 머리가 좋은 사람이 재산을 경영하지 않았던 것인가. 그의 조부 이지안과 관련된 일화를 보자.

이지안이 평안도 성천의 부사로 있을 때 당시 평안도 관찰사 김응조金應祖가 보낸 편지에 얽힌 이야기다. 성호에 의하면 이 편지는 길이가 30센티미터가 안 되고, 넓이는 30센티미터가 약간 넘는,

---

1) 제9권 「인사문」, '삼락三樂'

얇고 거친 종이에 쓴 것이다. 당시 수령이 친구에게 보내는 편지지는 그 편지지보다 배로 크고 두꺼웠으며, 그 값도 일고여덟 배는 되는 것이었다고 한다. 그런데 평안 감사의 편지지가 왜 그리 초라했던가. 평안도는 물산이 넉넉한 지방이고, 또 평안 감사는 돈자루를 거머쥐고 있는 자리인데 말이다. 성호는 말한다.

대개 이 종이란 물건은 사대부 자신이 직접 만드는 것이 아니다. 그 재물은 반드시 백성에게서 나오는 것인데도 위에서는 그런 사정을 돌보지 않는다. 백성들이 번다한 비용을 떠맡고 있는 것을, 이 종이 한 가지만 가지고도 알 수 있다. 대저 정치가 밝지 않은 것은 공정하지 못한 데서 비롯되고, 공정하지 못한 것은 청렴하지 않은 데서 비롯된다. 청렴하지 않은 것은 검소하지 않은 데서 비롯되고, 검소하지 못함은 자기 분수에 만족하지 않는 데서 비롯된다.
此物非士大夫所自作. 必財出於民, 而上不恤也. 民之煩費, 擧隅可見.
夫爲治不明由不公, 不公由不廉. 不廉由不儉, 不儉由不安分.
(학사의 짧은 편지鶴沙短簡 | 제5권 「만물문」)

양반이 소비하는 모든 것은 백성이 몸을 부려 만든 것이다. 양반의 사치는 곧 백성의 고통이다. 그러니 어떻게 함부로 쓸 수 있을 것인가. 이런 마음이 그 초라한 편지지에 담겨 있었다는 것이다. 백성의 노고를 생각한다면 다스리는 자는 검소해야 마땅하다는 것이 성호의 생각이리라. 한데, 성호가 부를 추구하지 않는 데는 보다 더 깊은 이유가 있는 것으로 보인다.
'이해와 인·부의 관계利害仁富'[2]에서 성호는 『논어論語』 「자한子罕」의 "공자는 이利를 드물게 말하였다"라는 구절을 인용한

뒤 "만약 자신을 이롭게 하면 반드시 남을 해치게 된다"는 깊이
음미해야 할 선유先儒의 말씀을 다시 끌어온다. 성호는 이 말을
인용하며 혹 지나친 말이 아닌가 의심한다. 요지는 이렇다. 농사를
지어먹고 누에를 쳐서 옷을 지어 입는 것은 자신에게 이익이 되고
남을 해치는 것이 아니다. 그런데 왜 해가 된다고 하는가? 성호는 다시
『맹자』「등문공滕文公」에 인용된 양호陽虎의 말을 끌어온다. "인仁을
실천하면 부자가 될 수 없고, 부자가 되면 인을 행할 수 없다." 인은
알기 쉽게 말해 이타적 사랑이다. 사랑을 실천하면 부자가 될 수 없고,
부자가 되면 사랑을 실천할 수 없다는 것이다. 이 말은 더욱 이해하기
어렵다. 땅을 개간해서 힘써 농사를 지으면 재물을 쌓아 부자가 되고,
공부를 열심히 하여 높은 벼슬에 오르면 후한 녹봉을 받아 부자가
된다. 이것은 당연하고 자연스러운 이치가 아닌가. 왜 이 당연하고
자연스러운 이치가 인을 실천하는 데 장애가 된다고 하는 것인가.
성호의 답은 이렇다.

이利란 천하의 모든 사람이 꼭 같이 바라는 것이다. 이利는 하나지만
노리는 사람은 수없이 많다. 내가 차지하고 양보하지 않으면, 간절히
바라지만 얻을 수 없는 사람이 필시 많을 것이다. 하늘이 이 이利라는
것을 내기는 하였지만, 애당초 나만을 위해 베푼 것은 아니다. 한데,
지금 나에게만 있고 남에게는 없다면, 그것을 두고 반드시 해로운
것이라고 해도 괜찮을 것이다.
利者, 天下之所同欲. 利一, 而窺占者十百. 我若據有不讓,
則其希覬而不能得者必多. 天之生此利也, 初非爲我設. 今在己而不在彼,

2) 제7권 「인사문」, '이해와 인·부의 관계利害仁富'

則雖謂之必害, 可矣.

(이해와 인·부의 관계利害仁富 | 제7권 「인사문」)

무언가 짚이는 것이 없는가. 지금 세상으로 문제를 옮겨보자. 자본주의사회에서 모든 인간은 이윤을 향해 질주한다. 최후의 승자, 곧 이윤을 독점하는 기업(혹은 인간)은 소수이거나 하나다. 경쟁에서 탈락한 기업과 사람은 도산한다. 삼성 반도체의 승리는 일본과 대만의 반도체 기업의 몰락을 의미한다. 마이크로소프트에서 개발한 '윈도우'의 독점적 시장지배는 다른 무수한 운영체제와 기업들의 사망을 전제로 한 것이다. 경쟁에서 탈락하는 순간 그 기업과 사람이 만들었던 모든 상품은 순식간에 무의미한 사물이 된다. 상품의 미세한 차이가 승패를 결정하기에, 무의미할 수 있는(아니, 사실상 무의미한) 미세한 차이를 만들어내기 위해 기업, 그리고 그 기업을 구성하는 인간은 자신에게 주어진 시간과 신체를 소모한다. 이익을 추구하는 시스템을 원리로 채택한 사회는, 절대다수의 인간을 결핍자, 패배자로 양산한다. 이것이 '진실로 자신을 이롭게 하면 반드시 남을 해치게 되는' 이유다. 그런데 그 이利는 과연 인간이 만들어낸 것인가. 궁극적으로는 그것은 하늘, 곧 자연의 소산물이 아니던가. 따라서 이利는 원천적으로 독점할 수 없는 것이다.

성호는 부자가 된 극소수 승자가 갖는 문제를 다시 지적한다. 성호는 재물이 부자의 노력에 의해 이루어진 것임을 일단 인정하지만, 그 재물은 원래 인간을 구제하는 수단이기도 하다고 말한다.

성호가 살던 시대는 혈연과 지연이 무엇보다 중요한 시대였다. 친척은 자신에게 보태주기를 기대하고, 이웃은 도와주기를 바라고, 길거리의 가난뱅이도 찌꺼기나마 먹여주기를 원한다. 도와주기를 바라는 사람들은 결핍자, 패배자들이다. 하지만 부자는 승부를 겨루어 이겼기 때문에 패배자를 도와줄 마음이 없다. 이것이 인仁을 부의 축적과 동시에 실천할 수 없는 이유다.

한국의 자본주의가 작동하는 방식이 그렇다. 이익을 향한 질주, 무한경쟁 외에는 다른 어떤 것도 무가치한 것으로 여긴다. 이윤은 소수 자본가의 독점물이 되고, 더 큰 경쟁의 승리를 위해 자본의 덩치를 키우는 데 다시 투자될 뿐이다. 수백억, 수천억, 수조 원의 돈을 가지고 있어도 자선과 기부에 선뜻 손이 가지 않는 것은 이 때문이다. 자본주의 시스템 속에서 인仁과 같은 덕목이 들어갈 구석이 없어지는 이유다. 성호는 이것을 한마디로 요약한다. "부자가 되려면 부끄러움을 참고, 오래된 친구와 절교하고, 의義를 등져야만 한다."

지금 세상에는 수천억, 수조 원의 재산을 가진 사람이 있다. 나는 모르겠다. 한 인간이 태어나 무슨 일을 하기에 그 많은 재산을 쌓을 수 있는지. 세계적 부호들이 자선에 나선다는 소식을 종종 듣는다. 금액도 천문학적이다. 사람들은 그것을 보고 노블레스 오블리주noblesse oblige의 표본으로 말하지만, 과연 그럴까. 그들이 쌓은 부는 아마도 중국과 베트남과 방글라데시, 그리고 다른 제3세계의 노동자에게 마땅히 지불되어야 할 것이 아니었을까? 성호의 말처럼 그들의 거대한 부는 다른 사람을 가난하게 만듦으로써 쌓인 것이다. 또 그런 규모의 부가 과연 정당한 것인지, 성호의 글을 읽고 되묻지 않을 수 없다.

지식인의 가난

"가난은 선비에게는 당연한 것이다. 선비란 벼슬이 없는 자의 칭호이니, 어떻게 가난하지 않을 수 있겠는가?"[1] 왜 그런가. 성호는 '주자의 문자전朱子文字錢'에서 그 이유를 이렇게 밝힌다.

사민四民 중 오직 선비만이 가난을 상사常事로 여긴다. 농사꾼과 장인, 장사꾼은 노동을 하여 생계를 꾸려야 하는 법이니, 굶주리고 헐벗을 경우 그 책임은 그들 자신에게 있다. 선비의 경우는 오직 책에만 마음을 쓰므로 실오라기 하나, 곡식 한 낟도 스스로 생산하지 않는다. 만약 자신이 사는 시대에 벼슬하지 못한다면 입성과 먹을 것이 나올 데가 없다.
四民之中, 惟士以貧爲常. 農及工賈用力爲生. 其飢凍, 罪在己. 士不過用心黃卷, 一縷一粒, 都非身出. 苟非得志於時, 衣食無其路也.
(주자의 문자전朱子文字錢 | 제14권 「인사문」)

사민들 중 농부와 장인, 상인은 각각 몸을 부려 먹을 것을 생산하는 노동에 종사한다. 하지만 선비는 오직 책을 읽는 사람일 뿐이다. 실오라기 한 올, 곡식 한 낟 생산하지 못한다. 그러니 먹을 것이 나올 데가 없다.

1) 제11권 「인사문」, '가난이란 선비의 상사다貧者士常'

선비는 무엇이고, 벼슬은 무엇인가. 옛말을 그대로 옮기자면, "讀書曰士, 從政曰大夫"다. 곧 책을 읽는 사람이 선비고, 벼슬에 종사하는 사람이 대부다. 대부가 됨으로써 그는 정신노동이겠지만 비로소 일이란 것을 하게 되며, 그 대가로 녹봉을 받아 구복을 채울 수 있다. 하지만 성호의 시대에는 극소수만 관료가 되었을 뿐 대부분의 양반은 관직에서 배제된 상태에 있었다. 보통의 선비에게 녹봉이 있을 수 없었던 것이다.

선비의 가난은 관료의 예비군을 사족士族으로 제한한 데서 나온 것이다. 사족은 관료가 되기 위한 자신들만의 에토스ethos를 갖추어 비사족非士族과 자신을 구분했던바, 그 에토스를 갖추는 데 상당한 재력이 필요하였다. 그 재력이란 당연히 토지와 노비다. 성호가 살았던 조선후기가 되면 인구가 증가하고 따라서 사족도 증가한다. 이것은 상대적으로 사족이 차지할 토지와 노비가 부족해진다는 것을 의미했다. 자연히 경제적 능력을 갖추지 못한 사족이 증가할 수밖에 없었다. 궁핍은 선비의 존재 근거인 독서, 곧 학문하는 행위 자체를 위협한다. 이제 사족이면서도 사족으로서의 에토스를 전혀 갖추지 못한 부류들이 나타난다. 우리가 '몰락 양반'이라 부르는 사람들이 바로 그들이다.

사족의 가난은 성호의 시대에 심각한 사회문제로 대두한다. 성호 역시 이 현상을 심각하게 생각했다. '학문을 위한 생계대책爲學治生'에서 성호는 궁핍이 낳은 현상들을 이렇게 지적하고 있다.

내가 지금 세상의 훌륭한 선비들을 보니, 어떤 이는 오직 문학에만 뜻을 두고 집안일을 팽개쳐버린 나머지 수습할 수 없는 지경까지 이르기도 한다. 그래서 조상을 받들지도, 부모를 봉양하지도 못하고,

아내와 자식이 헐벗고 굶주리게 되면, 그가 가졌던 뜻도 따라서
변하니, 아무리 후회해도 미칠 수가 없다.
余見今世善士, 或一意文學, 荒棄家務, 至無可收拾. 不能奉先養親, 妻子凍餒,
志隨而遷變, 雖悔無及也.

(학문을 위한 생계대책爲學治生 | 제7권 「인사문」)

가난에도 불구하고 어떤 선비들은 오로지 문학, 곧 공부에만 전념한다.
집안 살림살이는 수습할 수 없는 지경까지 허물어진다. 결국 조상의
제사를 지내지 못하고, 부모와 처자식은 헐벗고 굶주리게 된다. 각별히
주목할 부분은 바로 그다음의 '뜻도 따라서 변하니, 후회해도 미칠
수가 없다'는 말이다. 부모와 처자가 굶주리게 되면, 자신이 원래
지키고자 했던 학문에 대한 굳은 뜻을 바꾸지 않을 수 없다. 게다가
가난 때문에 친구에게 버림을 받고, 아내와 첩에게 괄시를 당하고,
남에게 천대를 받는다. 이에 마음도 저절로 옹졸해진다.[2] 그렇지
않은가? 주머니가 비면 자신감이 없어지고 처참한 생각이 든다. 이제
그는 마음을 달리 먹는다. 권세가를 찾아다니고 비루한 일을 하여
가난에서 벗어나고자 한다. 그가 가졌던 문학 혹은 학문에 대한 순수한
초발심은 사라지고 만다. 후회하지만 어쩔 수가 없다. 성호가 말하는
궁핍으로 인한 지식인의 변절에는 일방적으로 비난할 수 없는 나름의
불가피성이 있다. 하지만 성호는 선비의 삶의 본질적 국면은 가난이기
때문에 가난을 저주하며 부를 축적할 욕망을 품지 말라고 요구한다.
그 욕망을 품는 순간 그는 이미 선비가 아니라는 것이다. 나는 성호의
말에 한편 동의하면서 한편 불만이다.

2) 제11권 「인사문」, '가난이란 선비의 상사다貧者士常'

부모와 처자의 허기를 학문을 향한 굳은 의지로 해결해줄 수는 없는 법이다. 그 학문을 향한 의지가 과연 인간의 생명, 부모와 아내, 자식의 생명보다 소중한 것이라고 확언할 수 있겠는가. 대책을 세워야 할 것이 아닌가. 하지만 성호는 '학문을 위한 생계대책'에서 농사도 장사도 그 어떤 것도 가난한 선비의 생계대책이 되지 않는다고 말한다. 그가 내린 결론은 이렇다. "원래 재산이 없는 사람은 앉아서 굶을 뿐이고, 땅뙈기가 조금이라도 있는 사람은 아끼고 검소하게 사는 것이 상책이다. 변변치 못한 어려운 살림을 견디지 못하거나 남의 비웃음을 두려워하면 끝내 아무것도 이루지 못한다." 나는 『성호사설』을 읽으면서 이 대목에서 가장 답답하였다. 그래, 굶을 뿐이라면, 굶어서 죽게 된다면 어떻게 하란 말인가. 그냥 죽을 뿐인가?

근리한 방법이 없는 것도 아니다. 성호는 원나라 때의 학자인 허형許衡의 견해를 인용한다. 허형은 생활이 어려우면 학문을 하는 데 방해가 된다며 먼저 생업을 마련하는 것이 급선무라고 주장한다. 선비가 할 생업이란 당연히 농사가 되어야 하고, 상업은 유가가 천시했던 말리末利이기는 하지만, '의리를 잃지 않게' 한다면 나쁠 것이 없다는 것이다.[3] 곧 윤리적인 방법으로 생산활동을 하면서 학문을 할 수 있다는 말이다. 융통성이 있는 견해가 아닌가. 허형의 말을 두고 "천고에 뛰어난 견해"라는 『원사元史』의 평가가 있으니, 나 역시 당연히 동의한다. 하지만 성호는 왕양명王陽明이 그 견해를 비판한 예를 들며, 왕양명의 비판에 동의한다. 왜인가?

학문을 하는 것은 완전히 의리義理에 관계된 일이요, 생계를 꾸리는

---

3) 제7권 「인사문」, '학문을 위한 생계대책爲學治生'

것은 이해利害에 관계되는 일이다. 이해는 사람들이 각기 스스로
얻으려는 것이기에 굳이 권장할 필요까지는 없다. 학문을 하는 것은
비록 생계에 의지하는 것이지만, 만약 생계를 꾸리는 것을 먼저 해야
할 일로 삼는다면 옳지 않은 것이다.

爲學者, 十分義理中物; 治生者, 利害上事. 利害者, 人各自得, 不待于獎勸.
爲學雖賴於治生, 而若以爲先務, 則不可.

(학문을 위한 생계대책爲學治生 | 제7권 「인사문」)

성호는 학문은 살림에 의지하지만, 살림을 급선무로 여긴다면
필연적으로 이익을 추구하는 의도가 학문을 집어삼킬 것이라고
주장한다. 답답한 주장이지만, 그의 말을 긍정적인 쪽으로 해석해보자.
학문을 안정적으로 하기 위해 벌인 사업이 잘되면 그쪽으로 마음이
쏠린다. 결국 노골적으로 부를 추구하게 된다.

언젠가 이런 말을 들었다. 대학을 나와 유학을 준비하는 청년이
있었다. 그는 유학 자금을 벌기 위해 학원에서 강의를 하게 되었는데,
실력이 썩 좋았던지 수강생들이 몰려들었다. 청년은 한 달에 수억 원을
벌게 되자 '유학을 다녀온들 무슨 더 큰 좋은 일이 있겠는가?' 하고
유학을 포기하고 학원 사업에 전념했다고 한다. 성호의 주장에 꼭
들어맞는 경우일 것이다.

하지만 성호의 주장은 이해는 할 수 있을지언정, 그 엄격한
태도는 곧이곧대로 받아들이기 어렵다. 공자의 제자 자공子貢은
뛰어난 장사 수완으로 재산을 축적했고, 그의 재력은 아마도 공자의
사상이 전해지는 데 상당한 역할을 했을 것이다. 공문십철孔門十哲의
한 사람인 자공이 상업에 종사했다는 것을 그 누구도 비난하지
않는다. 18~19세기 중국의 저명한 고증학자 중 상당수는 상인 집안

출신이었으니, 그들의 뛰어난 학문적 업적은 풍부한 재력을 바탕으로
가능했던 것이다.

성호가 궁핍한 지식인의 생계대책으로 내놓은 것은 주자가 제시한
대책이다. 앞에서 인용한 '주자의 문자전'에는 주자가 임택지林擇之에게
보낸 편지가 실려 있는데, 그 요지를 인용하면 이러하다.

군색함이 이루 다 말할 수가 없을 정도라 온갖 일에 절약을 해도
아침저녁 끼니를 이을 수가 없을 지경이거늘, 흠부欽夫(장식張栻의
자-지은이)는 책을 인쇄하는 일을 자못 마땅찮게 여겨 되레 "따로
소소한 생계대책을 마련하는 것이 해롭지 않겠다"고 한다. 이것은 정말
이해하지 못할 말이다. 달리 생계대책을 꾸리는 것은 도리어 더 비루한
일이 될 것 같다.

艱窘不可言, 百事節省, 尙無以給朝暮. 欽夫頗以刊書爲不然, 却云: "別爲小小生計,
却無害." 此殊不可曉. 別營生計, 顧恐益猥下耳.

(주자의 문자전朱子文字錢 | 제14권 「인사문」)

성호는 주자의 아이디어를 따라 농사를 짓거나 돌아다니며 장사를
하지 못할 것 같으면, 차라리 주자처럼 책을 찍어 팔아 생계를
해결하는 것이 한 가지 방법이 될 것이라고 주장한다. 출판업은 학문과
관계있는 비교적 점잖은 일이라는 점에서 성호는 주자의 생각에
동의했을 것이다. 하지만 조선 시대의 인쇄, 출판은 국가가 독점하고
있었고 민간의 출판업은 극히 미미하였다. 18세기 말이나 되어서야
조악한 형태의 상업적 출판물, 곧 방각본坊刻本이 출현했으니, 거기에는
아마도 성호가 말한 몰락양반들이 관계했을 수도 있다. 하지만 절대
다수의 양반은 출판업과 상관이 없었다. 성호의 출판업 역시 실현

가능성 없는 아이디어였을 뿐이다.

　성호의 주장을 따르자면, 지식인들은 아무런 생계대책이 없어도 굶주림을 참고 독서에만 열중해야 할 것이다. 그 개결介潔한 삶의 자세는 물론 본받아야 할 것이지만, 그런 자세가 현실적 문제를 해결할 수는 없다. 박제가朴齊家는 그래서 유의유식遊衣遊食하는 양반들을 상업에 종사하게 해야 한다고 했지만, 그 역시 실현되지 않았다.

　몇 해 전 대학에서 박사학위가 없는 오래된 강사들을 해고한다고 했다가 그만둔 해프닝이 있었다. 내 주위에도 해당되는 사람이 있었다. 공부한 결과가 이거냐며 자학적인 말을 내뱉는 그의 참담한 표정은 차마 바로 볼 수가 없었다. 비정규직 교수의 노동력을 착취하는 대학과 나라가 반성하고 책임을 져야 할 터인데도 교묘한 논리로 세월을 보내며 대책 마련을 외면한다. 이런 상황이 암암리에 당연시되는 것은 왠가? 지식인은 궁핍을 참고 학문에만 몰두해야 한다는 중세적 생각이 우리 사회에 여전히 남아 있는 것은 아닌가? 이런 까닭에 지식인의 개결한 자세를 말하는 성호에게 일부 찬동하면서도 완전히 동의할 수 없는 것이다.

# 2장.

사회를 논하다

一.

계급과 차별

벌열사회

서얼, 똥구덩이 속의 사람들

매매되는 사람들, 노비

여성을 길들이는 방법

벌열사회

조선사회가 신분사회라는 것은 다 아는 사실이다. 하지만 원래부터 신분 간의 구분이 엄격했던 것은 아니었다. 천민은 일단 제외되지만, 양인良人 이상이면 과거를 보아 벼슬길에 오를 수 있었으니, 양반과 양인의 본질적 차이는 없다고 할 수 있다. 말하자면 『경국대전經國大典』에 양반을 무어라 규정해놓은 것도, 양인은 과거를 칠 수 없다고 규정해놓은 것도 아니었다. 그러던 것이 양반 중에서 서얼을 차별하기 시작하고, 양인의 대다수를 차지하는 농민과 상민이 차차 벼슬길에서 제외되면서 양반 사족과 구분되고 말았다.

성호는 그런 사정을 '상·구·반 세 성씨尙丘潘三姓'[1]란 글에서 소상히 밝히고 있다. 따라 읽어보자. 성호는 "벌열閥閱을 숭상하는 풍습은 국초에는 그리 심하지 않았다. 아래에 있는 여러 신하들이 풍속을 그렇게 만들었을 뿐만이 아니라, 임금도 그렇게 인도했기 때문이다"라고 지적한다. 즉 임금과 신하 모두 벌열을 숭상하지 않는 풍습을 노력해서 만들었다는 것이다. 성호는 그 구체적인 예로 먼저 상진의 경우를 든다. 상진은 중종 14년(1519)년에 과거에 합격한 이래 순조롭게 승진을 거듭하여 우의정과 좌의정을 지내고 1558년 영의정이 된다. 영의정까지 올랐으니, 조선 시대 벼슬아치로서는 더 이상 나아갈 수 없는 지위에까지 올랐던 것이다. 대개 조선조의

---

1) 제10권 「인사문」, '상·구·반 세 성씨尙丘潘三姓'

명재상을 꼽으라면 황희와 상진을 꼽는다. 상진은 목천木川 상씨다. 한데, 목천 상씨는 상진 외에는 고위관료를 거의 배출하지 못했다. 그의 집안은 중종 때도 그리 유명한 가문이 아니었다(지금도 상씨는 희성稀姓이다). 성호는 이것을 두고 "영상 상진이 선음先蔭에 기대지 않고 신하로서 가장 높은 벼슬까지 올랐다는 것은 누구나 듣고 아는 일이다"라고 말하고 있다. 선음은 선조의 음덕이니, 그는 가문의 배경 없이 출세를 했던 것이다.

같은 글에서 성호는 구종직丘從直(1404~1477)의 경우를 더 든다. 구종직은 과거에 합격한 뒤 우연히 미행微行 중인 성종의 눈에 띄어 발탁된다. 전공이 무엇이냐는 성종의 물음에 그는 『춘추春秋』라고 대답했고, 성종은 『춘추』에 대해 연달아 물었다. 구종직의 답변은 막힘이 없었다. 구종직의 학문에 경탄한 성종은 구종직을 홍문관 수찬으로 발령을 냈다. 홍문관 수찬 벼슬은 조선 시대 벼슬 중 가장 명예로운 벼슬이고, 이 자리를 거쳐야 관료로서 출세할 수 있었다. 삼사三司(사헌부·사간원·홍문관)에서 그의 출신이 미천하다고 반대하자, 성종은 삼사 관원과 구종직을 함께 불러 『춘추』를 시험한다. 결과야 불문가지다. 삼사의 관원은 침묵했고, 구종직은 펄펄 날았다. 이후 구종직은 출세가도를 달려 좌찬성까지 지낸다. 구종직 이후 평해平海 구씨는 별달리 현달한 사람이 없었고, 목천 상씨처럼 지금까지도 희성이다.

더욱 주목할 만한 사람은 반석평潘碩枰(?~1540)이다. 성호에 의하면 그는 재상집의 종이었다. 재주를 아낀 재상이 공부를 시키고 아들 없는 부잣집의 양자로 넣어 미천한 출신을 묻어버린다. 반석평은 기대를 저버리지 않고 중종 2년(1507)에 과거에 합격한다. 사간원에서 그의 출신 성분을 헤집었지만, 그것이 관료로 출세하는 데 장애물이 된 것은 아니었다. 반석평은 청백리로 유명했고 좌찬성까지 올랐다.

이런 사례들은 대개 임진왜란 이전이다. 성호는 '족성을 숭상하지 않음不尙族姓'에서 임진왜란 이후 집안 배경을 고려하지 않던 사회 분위기가 확연히 달라졌다고 말한다.

중고 이전에는 족성族姓을 숭상하지 않았다. 각각 재능과 학문으로 출세하였기에 미천한 출신 중에도 현달한 사람이 있었다. 근래에는 대관臺官들이 탄핵하고 공격하는 사람으로 말하자면, 문벌과 지체가 한미한 것을 최상의 제목으로 삼을 뿐이고, 사람의 재능과 도덕성이 어떠한지는 따지지 않는다. 모를 일이다. 맑은 조정의 빛나는 벼슬자리는 죄다 벌열가閥閱家 자제들을 위해 마련된 것이란 말인가?
中古以前, 不尙族姓. 各以才學, 進有起身, 微賤而遭達立顯者矣. 近時, 臺官所彈擊, 不過以門地寒微爲最上題目, 而不論才德之如何. 未知, 淸朝顯窠, 悉爲閥閱子弟而設者耶?
(족성을 숭상하지 않음不尙族姓 | 제12권 「인사문」)

'대관臺官'이란 사헌부 관리들이다. 대관이 오로지 문벌과 지체의 한미함을 최상의 제목으로 삼을 뿐이라는 말은, 어떤 사람이 관직에 추천되면 사헌부의 관리들이 그 사람의 집안 배경이 보잘것없다면서 비판하여 벼슬길을 막는 것을 최고의 임무로 삼는다는 뜻이다.

나는 이 장면에서 희한한 소문을 떠올린다. 왜, 그런 말이 있지 않은가. 중하위권 대학이나 지방대학 출신이 대기업에 입사 서류를 내면 인사 담당자가 보지도 않고 서류를 쓰레기통으로 던져버린다는 소문 말이다. 나는 그것이 근거 없는 소문이기를 바란다. 하지만 특정한 대학을 제외한 서울 소재의 대학은 '잡대'로, 지방대학은

'지잡대'로 부르는 저열한 언어 관행이 있는 한 그것은 소문이 아닐 가능성이 높다.

말이 옆으로 샜다. 중요한 것은 사헌부 관리들이 왜 끼어드는가 하는 것이다. 조선 시대에는 5품 이하의 관원을 임명할 때, 해당 인물이 자신의 내외內外 4조祖와 아내의 4조의 이름, 문벌, 이력 등을 적은 문서를 사헌부와 사간원에 제출한다. 사헌부와 사간원에서는 제출된 서류에서 해당 인물과 그 집안의 하자 유무를 조사한다. 이 과정을 서경署經이라 하는데, 범죄 등 결격 사유가 있는지 조사하는 것이 원칙이다. 예컨대 조상 중에 뇌물을 받아 벼슬에서 떨려난 사람이 없는지 조사하는 것이 원래 서경의 목적이었다. 하지만 조선후기가 되면 해당 인물의 능력은 제쳐놓고, 오직 집안이 시원치 않다면서 관직 임명을 거부하는 일들이 벌어진다. 성호는 이렇게 비판한다.

다만 문벌만 보고 재능과 도덕성은 살피지 않으니, 이런 법은 빨리 없애버려야 마땅하다. 열두 사람(본인, 어머니, 처의 4조 열두 사람을 말한다.-지은이) 중에 조그만 흠이 있다 해도, 어찌 문벌을 가지고 저 유능함을 덮어버릴 수 있단 말인가.
只取門戶, 而才德不與焉, 此宜亟去也. 雖或十二人中, 微有玷釁, 又豈可以此掩其賢.
(상·구·반 세 성씨尙丘潘三姓 | 제10권 「인사문」)

성호는 이렇게 비판했지만, 현실은 바뀌지 않았다. "우리나라 풍속은 벌열만을 전적으로 숭상하여 사환가仕宦家의 자제가 아니면 아무리 학문이 정자程子·주자朱子 같고, 무예가 곽자의郭子儀·이광필李光弼과 같다 해도 사람들이 천시해버리고 만다"[2]라고 한 것처럼 일단 문벌, 곧 집안 배경이 없으면 학문이 아무리 탁월하고 무예가 아무리 뛰어나도

버림을 받을 뿐이었다. 성호는 『성호사설』 곳곳에서 이 문벌주의를
비판한다. 그리고 한탄하고, 절망한다.

지금 우리나라 풍속은 종족의 부류를 구별하여 노비와 천민은 백
세대가 지나도 영화를 누릴 길이 없고, 높은 벼슬아치 집안의 사람은
바보 천치도 무리를 지어 벼슬길에 오르니, 아아, 애달픈 일이다.
今東俗, 品別族類, 奴隸下賤, 百世而無榮達, 卿相之家, 駿頑者彙進, 噫惜哉.

(조명造命 | 제3권 「천지문」)

성호처럼 비판적 생각을 하는 사람들이 절대 적지 않았다. 하지만
시간이 갈수록 문제는 더욱 악화되었다. 성호는 주로 18세기 전반을
살았다(성호는 1681년에 태어나 1763년에 세상을 떴다). 성호가 세상을 떠난
뒤인 18세기 후반이 되면 벌열의 권력 독점은 더욱 가속화되어 불과
십수 개 가문이 국가의 요직을 독점했고, 이들 가문에 끈을 대고 있는
자들만이 기름진 지방관직으로 나아갈 수 있었다.
  이는 곧 국가권력의 사유화, 공적 시스템의 붕괴로 이어졌다.
성호는 아버지 이하진의 말을 끌어온다. "세상에 세 가지 서로
관계되지 않는 것이 있다. 과거는 원래 문장의 아름다움 여부에
관계되는 것이지만, 아름다움 여부는 정작 시험 결과와 아무 관계가
없다. 벼슬자리는 재능과 도덕성의 우열에 관계되는 것이지만, 그
우열은 정작 벼슬을 하는가 못하는가와 아무 관계가 없다. 재판은
사리가 옳고 그른가에 따라 판결이 나는 것이지만, 정작 그 옳고
그름은 재판의 결과와 아무 관계가 없다."[3] 문장의 우수함은 합격

2) 제15권 「인사문」, '유극량劉克良'

여부와는 상관이 없고, 인물의 능력과 도덕성이 관료가 되는 길이 아니며, 합리적 판단은 판결과는 관계가 없는 세상이 된 것이다. 곧 공적 시스템이 사유화된 권력에 의해 말살된 것이다.

조선후기의 벌열은 결국 국가를 사유화했다. 그들의 이익에 따라 국가가 운영되었지만, 그들을 제어할 어떤 장치도 없었다. 성호처럼 소외된 양반들은 벌열의 권력 독점에 대해서는 비판적이었지만, 그들이라고 해서 벌열 체제를 끝장낼 다른 상상력이 있었던 것은 아니었다. 그렇게 소수 벌열이 지배하는 나라는 간신히 숨을 이어갔다. 그리고 급기야 19세기 말 '세계' 앞에 노출되자 별다른 저항도 못하고 일제의 식민지가 되어 숨을 거두고 말았던 것이다.

지금 대한민국은 과거의 벌열사회와 무엇이 다를까? '대한민국의 주권은 국민에게 있고, 모든 권력은 국민으로부터 나온다'는 헌법 제1조는 환상일 뿐이다. 대한민국은 귀족사회가 된 지 오래다. 기득권을 쥔 소수가 돈과 권력과 정보를 독점하고, 그들끼리의 혼인을 통해 폐쇄성을 유지한다. 벌열 집단이 된 것이다. 벌열은 곧 귀족이다. 정권이 바뀌든 말든 국가권력은 그들의 소유물이다. 이 점에 대한 치열한 반성과 새로운 생각, 그리고 실천이 없으면, 우리는 계속 벌열사회, 귀족사회를 살게 될 것이다.

---

3) 제12권 「인사문」, '족성을 숭상하지 않음 不尙族姓'

서얼, 똥구덩이 속의 사람들

이 글을 읽는 분은 여성이신가, 남성이신가. 혹 여성이라면, 여성이라는 이유로 차별을 받은 적은 없으신가? 성차별이 근본적으로 부당한 것은 누구도 지금의 성으로 태어나기를 선택하지 않았기 때문이다. 태어나기 전 자신이 여성으로 태어나기를 스스로 결정하여 태어난 사람이 있을까? 피부색 역시 마찬가지다. 자신의 피부색을 결정하고 태어난 사람이 있을까? 세상의 차별받는 사람들의 대부분은 차별받을 이유가 없다. 그들은 스스로 차별받을 어떤 근거도 만들지 않았다. 이제부터 말하려 하는 조선 시대의 서얼庶孼 역시 자신이 스스로 선택하지 않았음에도 불구하고 영원히 '반쪽 인간'으로 차별받았던 사람들이다.

성호는 '서얼의 벼슬길을 막는 문제庶孼防限'[1]라는 글에서 이무李袤(1600~1684)의 상소를 길게 인용한다. 상소의 내용은 서얼의 벼슬길을 제한하지 말라는 것이다. 이무는 왕이 다스리는 모든 인간은 왕의 신하이며, 왕에게 충성을 바치고자 하는 마음은 정실의 적자와 첩실의 서자가 다르지 않다는 논리를 전제하고, 그 구체적인 증거로 서얼로서 역사에 이름을 남긴 유명한 관리와 훌륭한 장수, 학자와 현인을 열거한다. 이 증거로 그는 다시 '서얼은 외가가 바르지 않기 때문에 선은 적고 악이 많다'라는 속설을 반박한다. 이어 이무는

---

1) 제8권 「인사문」, '서얼의 벼슬길을 막는 문제庶孼防限'

서얼을 사람 취급 하지 않으며 자신을 성취할 길을 열어주지 않고
차별하기에 서얼 중에는 과연 인격이 삐뚤어진 사람이 많은데,
이것이야말로 사람을 "똥구덩이에 밀어 넣고 더럽다고 침을 뱉는
격"이라 말한다.

　서얼제도에 대한 통렬한 비판이다. 양반 남성이 양민의 여성을
첩으로 취해 자식을 낳으면 그 자식은 서자庶子가 된다. 만약 천민
여성을 취해 자식을 낳으면 얼자孼子가 된다. 아울러 '서얼'이다. 조선
시대 신분제도는 자식이 어머니의 신분을 따르도록 규정해놓았다.
영의정 아버지가 어느 날 관청의 예쁜 계집종을 보고 마음이 동해
관계를 가진 결과 생긴 아들은 자동적으로 관청의 노비가 된다.
아버지가 영의정이라 해도 소용이 없는 것이다. 관청의 노비 신세를
벗겨주려면 다른 노비 하나를 사서 그 자리에 넣고 빼내야 한다.
아버지가 양민 여성과 관계해서 낳은 자식은 당연히 양민이다. 그가
공부를 열심히 한다면 과거에 합격해 벼슬길에 나설 수 있다. 하지만
그가 오를 수 있는 관직에는 한계가 있었다. 『경국대전』 「이전吏典」
'한품서용限品敍用' 조條를 보자.

2품 이상의 문관·무관의 양인 출신의 첩(良妾)에게서 난 자손은
정3품까지로 제한하고, 천인 출신의 첩(賤妾)에게서 난 자손은
정5품까지로 제한한다.
　6품 이상인 자의 경우 양인 출신의 첩에게서 난 자손은
정4품까지로 제한하고, 천인 출신의 첩에게서 난 자손은 정6품까지로
제한한다.
　7품 이하부터 관직이 없는 자의 경우는, 양인 출신의 첩에게서
난 자손은 정5품까지로 제한하고, 천인 출신의 첩에게서 난

자손과 천인으로서 양인이 된 사람은 정7품까지로 제한하며, 양인
출신의 첩에게서 난 자식이 다시 천인 출신의 첩에게서 본 자손은
정8품까지로 제한한다.

뒤로 갈수록 말이 복잡해지지만 이치는 간단하다. 어머니가 양인
출신이냐 천인 출신이냐에 따라, 그리고 아버지의 벼슬의 높낮이에
따라 자동적으로 자식의 벼슬길에 제한을 두겠다는 것이다. 앞서
언급한 바대로 아버지가 영의정이고 어머니가 관청의 계집종이었다
치자. 그 자식은 아무리 세상을 놀라게 할 능력이 있어도 정5품 벼슬을
하면 끝이다. 공평해 보이는가? 이 아들이 세상에 대해 분노하는 것은
당연한 일이다.

성호는 이무의 상소에 대해 이렇게 말한다. "이 상소는 명백하고
절실하여 눈물을 흘리게 한다. 만약 인간이 인간일 수 있는 본성을
가진 사람이라면 누가 이 상소의 말을 그르게 여기겠는가? 그런데도
아직까지 시행하지 않는 것은 무엇 때문인가?" 성호의 개탄처럼
이무의 말은 흰 종이 위에 얹힌 힘없는 문자의 나열로 끝나고 말았다.

성호는 서얼들이 이 제한을 풀기 위해 움직였던 역사를 개괄하고
있다. 간단히 정리해보자. 선조 초기에 신유申濡 등 1600여 명의
서얼은 상소를 올려 억울함을 호소한다. 선조는 "해바라기가 해를
향하는 것은 곁가지라고 해서 다르지 않다"는 말로 답하며 서얼에게
길을 조금 터주었다. 봉상시와 교서관에 서얼을 위한 자리 너덧을
마련했던 것이다. 1625년 인조는 대신과 2품 이상을 불러 서얼에게
벼슬길을 틔워주는 방법에 대해 논의하라고 명한다. 논란 끝에
비변사에서 서얼 허통許通을 결정하지만, 그 구체적인 내용은 당시
『인조실록仁祖實錄』에도 보이지 않는다. 다만 '11년 10월 15일'조의

『인조실록』에 이 법이 사문화되었음을 지적하는 이조吏曹의 계사가 실려 있다. 이 계사에 의하면, 원래 1625년 서얼 허통을 발의한 사람은 이원익李元翼이며, 그때 논란 끝에 결정된 사항은 다음과 같았다. "양인 출신의 첩에게서 난 사람은 손자 대에 가서 과거에 응시할 수 있게 하고, 천인 출신의 첩에게서 난 사람은 증손자 대에 가서 과거에 응시할 수 있게 하되, 요직要職은 허락하고 청직淸職은 허락하지 않는다." 요직은 무엇이고, 청직은 무엇인가. 이조의 계사에 의하면, 요직은 호조·형조·공조의 3낭관과 각사各司 등의 관직이다. 청직은 홍문관·사헌부·사간원 등의 삼사三司, 세자시강원 등의 벼슬을 말한다. 청직은 왕을 가까이 접할 수 있는 벼슬이다. 또 청직을 거쳐야 고위관료로 출세할 수 있었다. 어쨌거나 이 법은 9년 동안 한 번도 시행되지 않는 사문화된 법이었고, 여전히 봉상시나 교서관의 서너 자리만 과거에 합격한 서얼의 몫이었다. 이조에서는 이것을 다시 지적하여 서얼에게 약속했던 자리를 주자고 했고 왕은 또 동의했지만, 실천되지 않은 것은 꼭 같았다.

다만 선조와 인조 때의 개혁 시도는 서얼들의 억울함을 호소할 때 드는 좋은 근거가 되었다. 예컨대 이무는 "어떤 사람은 조종祖宗의 옛 제도란 구실을 댑니다. 하지만 200년 동안 막았던 것을 선조조에 와서 허통許通했고, 인조조에 와서 호조·형조·공조에 허통했으니, 이 또한 잘못된 일입니까?"라며, 선조와 인조 때의 효과 없는 허통일망정 서얼 허통의 중요한 근거로 인용했다.

성호는 숙종 21년(1695) 영남 사람 남극정南極井 등 988인이 상소하여 억울함을 호소하였으나 승정원에 의해 저지되었다고 하는데, 이 사실은 『숙종실록』에는 나오지 않는다(다른 문헌에도 나오지 않는다). 이듬해인 22년(1696)에 이조판서 최석정崔錫鼎이 인조 때 고친 법이 여전히 사문화되어 있음을 지적하고 그 법을 실행할 것을 요구했지만 역시 소용이 없었다. 이후 식자들은 서얼 차별이 합리성이 전혀 없는, 각박하기 짝이 없는 제도라고 끊임없이 지적했고 정조의 경우 여러 차례 서얼 차별을 금지하려 했으나 차별은 끝끝내 철폐되지 않았다. 서얼을 차별하는 습관은 20세기 후반까지 잔존했으니, 악법은 한번 만들어지고 나면, 그 악법을 통해 이익을 보는 집단이 있는 이상 쉽게 철폐되지 않는다는 사실을 거듭 확인하게 된다.

　　서얼 차별 문제를 보면 사대부 체제가 얼마나 위선적인지를 알 수 있다. 서얼 문제는 기본적으로 양반-남성의 성욕 문제에서 출발한다. 양반들은 정처正妻에 대해서는 그 여성이 오직 자신에게만 성적性的으로 종속되는 존재일 것을 요구했다. 그 요구는 자신의 사후에도 성적 종속성이 실천되기를 바랄 정도로 강렬했으니, 이른바 수절이란 남성의 성적 욕망이 만들어내고 여성에게 강요된 윤리다. 자신의 생전과 사후를 막론하고 남성은 여성에게 신체의 일부나 전부를 희생하여 성적 종속성을 천명할 것을 요구했으니 그것을 실천한 여성이 다름 아닌 열녀다.

　　양반-남성은 일단 자신의 유전자를 전달할 장치로서 정처를 확보하고, '첩妾'을 제도적으로 존치시킴으로써 잉여의 성욕을 풀고자 했다. 뿐만 아니라 국가의 소유물인 노비 여성을 기생으로 존치시켜 성욕을 충족했다(기생을 차지하여 첩으로 삼기도 했다). 그런가 하면 자신이 소유한 계집종을 건드리기도 했다. 그렇게 해서 태어난 자식은 사회에서 버림받는 천덕꾸러기가 되고 만다! 이게 무슨 짓거리란 말인가. 아비가 잉여 성욕을 충족시키기 위해 벌인 성행위가 천대받는 인간을 쏟아내다니, 그 자식은 무슨 죄가 있단 말인가.

　　서얼 문제는 지금 이 시대의 문제는 아니다. 하지만 조선

양반사회의 적장자를 우대하는 가부장제는 정통성에 대한 집착을
낳았던바, 그 집착은 지금도 형태를 달리해가면서 면면히 이어진다.
예컨대 학벌의 정통성이 그것이다. 이것을 들여다보면 우리는
여전히 적자와 서얼을 차별하는 세상에 살고 있음을 절감하게 된다.
대학입시란 것이 적자와 서얼을 가려내는 국가적 작업이라는 것을
모르는 사람이 있다면 그 사람은 아마 별세계의 사람일 것이다. 아니
그런가.

매매되는 사람들, 노비

20대 후반에 『경국대전』을 처음 보았을 때다. 상속에 관한 조문이 있었는데, 그 예로 든 것이 노비였다. 즉 아들에게는 노비 몇을 주고 딸에게는 몇을 준다는 식이었다. 재산 상속이라면 토지나 가옥을 생각하던 나에게 조선 시대 상속이 토지가 아니라 노비로 이루어졌다는 사실은 큰 충격이었다. 그것은 사람이 사람을 재산으로 알고 나누어준다는 얘기가 아닌가.

우리에게도 잘 알려진 소설 『톰 아저씨의 오두막집 Uncle Tom's Cabin』은 노예제를 제재로 삼고 있다. 남북전쟁이 노예해방을 위한 링컨의 휴머니즘에서 비롯되었다는 주장은 코미디에 가깝지만, 『톰 아저씨의 오두막집』과 링컨, 흑인 노예 등의 어휘 조합이 한국인에게 노예제를 비판적으로 인식하게 만든 것은 사실이다. 물론 나는 선량하고 관대한 백인 주인, 착한 기독교인 흑인 노예란 설정을 시답잖게 생각한다. 한데 『톰 아저씨의 오두막집』을 보고 노예제가 천하에 둘도 없는 악법이라며 동정을 표해 마지않는 사람도 조선사회가 노예제 위에 서 있었다는 사실에는 쉽게 동의하지 않는다.

조선의 노예제는 오래된 것이다. 고조선의 '팔조금법八條禁法'에도 도둑질한 자는 노비로 삼는다고 되어 있으니 정말 오래된 전통이다. 어떤 사람은 조선의 노비는 노예와 달랐다. 하지만, 노비와 노예는 결코 다르지 않았다. 노비란 말이 쓰일 곳에 노예란 말이 대신 쓰인 문헌도 있기 때문이다.

> 노비제란 당연히 천하에 둘도 없는 악법이다. 성호는 노비제도를 통렬하게 비판한다.

우리나라 노비법은 천하 고금에 없는 것이다. 한번 노비가 되면 백세 동안 고통을 받으니 그도 너무나 가련한데, 게다가 어미의 신역을 따르도록 법까지 만들어두었음에랴! 그런즉 어미의 어미, 그리고 그 어미의 어미의 어미로부터 미루어 저 십 대十代, 백 대百代를 거슬러 올라가면 어느 시대 어떤 사람으로부터 시작되었는지는 알 수 없지만, 그는 저 아득한 후세의 외손이 하늘과 땅에 가득 차는 무한한 고뇌를 걸머지고 벗어날 길이 없게 만들어버린 것이다.

만약 이 지경에 빠지게 되면 안회顔回와 백기伯奇도 효성스러운 사람이 될 수 없을 것이고, 관중管仲과 안영晏嬰도 자신의 지혜를 베풀 곳이 없을 것이며, 맹분孟賁과 하육夏育도 그들의 용맹을 펼칠 데가 없어서, 마침내 둔하고 천한 하등의 인간이 되고 말 것이다. 더구나 주인집에서 상전을 받들며 일을 하는 자는, 모질게 부리고 지치도록 일을 시켜 살아갈 방도가 없게 하니, 천하에 궁한 백성으로 노비보다 더한 자는 없을 것이다.

我國奴婢之法, 天下古今之所無有也. 一爲臧獲, 百世受苦, 猶爲可傷,
況法必從母役, 則母之母與夫其母之母, 推至于十世百世之遠,
不知爲何世何人, 而使其杳杳綿綿之外裔, 任受窮天極地無限苦惱,
而不得脫. 苟入於此, 顔·奇無以措其行, 管·晏無以施其智, 賁·育無以用其勇,
卒爲駑賤之下等而已也. 又況其仰役于家中者, 其虐使勞困, 將無以爲生,
天下之窮民, 莫有如此者也.

(노비奴婢 | 제12권 「인사문」)

한번 노비가 되면 영원히 노비가 된다. 노비는 어머니의 신분을 따른다. 어머니가 노비면 그 사람의 아버지가 어떤 사람이건 그 자식은 영원히 노비가 된다. 인간은 스스로 원해서 태어나는 것이 아니다. 즉 태어나고 싶다고 스스로 결정한 뒤 태어나는 사람은 없다. 인간의 생물학적 탄생이란, 개체의 입장에서는 난데없이 세상에 내던져지는 것과 같다. 나는 노비로 살고 싶지 않지만, 난데없이 노비로 세상에 내던져진 것이다. 내가 안회와 백기 같은 효성을 가진 사람이라 하더라도, 관중과 안연 같은 빼어난 지혜가 있다고 하더라도, 맹분과 하육 같은 용맹을 뽐낸다 하더라도, 나는 상전의 턱짓에 몸을 움직여야 하는 살덩이에 지나지 않는 것이다. 끔찍하구나!

노비는 어떻게 사는가. 성호는 '노비를 제사 지내는 글祭奴文'에서 노비의 삶을 이렇게 그린다.

우리나라의 종과 주인의 관계는, 임금과 신하의 관계와 같다. 임금은 신하에게 벼슬을 주어 귀하게 만들어주고, 녹봉을 주어서 그를 먹여 살린다. 은혜가 이미 크다. 은혜를 갚으려 생각하지 않는 자는 죄를 짓는 것이다.

하지만 주인이 노비를 대하는 방식은 이렇다. 노비는 추위와 굶주림을 면하지 못하고, 고달픈 일은 그에게만 떨어진다. 주인이 화가 나면 노비에게는 형벌만 있을 뿐이다. 반면 주인에게 기쁜 일이 있어도 상을 내리는 법은 없다. 작은 잘못에도 불충한 놈이라고 꾸짖는다. 무엇 때문인가?

신하가 되려는 사람은 벼슬을 간절히 사모하는 마음에 어깨를 비비고 길을 뚫고 나아가 구차하게 영리榮利를 도모한다. 하지만 노비는 그와는 달리 도망을 가려 해도 갈 곳이 없다. 하는 수 없이 상전에게 매여 있을 뿐이다.

　　신하가 윗사람을 섬기는 일이란 윗사람을 위해 바삐 쏘다니거나 계획을 세우는 것에 지나지 않지만, 종이 주인을 섬기는 것은 진흙 구덩이와 벌건 숯불 속을 들락거려야 하는 일이다. 매를 맞고 욕을 듣는 것이 다반사니, 사실 주인은 노비의 원수인 것이다.

我國奴主之分, 與君臣之義比而同之. 然君之於臣, 爵位而貴之, 祿俸而養之, 恩已大矣. 其不思報效者, 罪也. 主之於奴, 寒餓不免, 苦役偏重. 怒有刑而喜無賞, 少有愆違 責之以不忠, 何也? 人之爲臣, 心實願慕, 側肩鑽進, 苟睹榮利. 奴則不如是, 逃遁無地, 不得已而仰屬也. 臣之事上, 不過驅馳籌畫, 而奴之事主, 出沒塗炭, 箠辱爲茶飯, 其實仇讐也.

(노비를 제사 지내는 글 祭奴文 | 제12권 「인사문」)

신하가 임금에게 자발적인 충성을 바치지 않는다면 그것은 신하의 잘못이다. 왜냐? 그는 충성의 대가로 벼슬과 녹봉을 받기 때문이다. 하지만 주인은 노비를 잘 먹이고 잘 입히지 않는다. 온갖 노역으로 부리고 화가 나면 형벌을 가한다. 기쁠 때가 있어도 노비에게 상을 내리지 않는다. 조그만 잘못에도 충성을 다 바치지 않는다고 꾸짖는다. 임금의 신하가 되려고 나아가는 자들은 길에 가득하여 어깨를 비비고 나아갈 정도다. 하지만 노비는 도망갈 곳이 없어 하는 수 없이 매여 있다. 신하는 임금의 명령을 받아 말을 타고 어디를 바삐 다니거나, 머리를 써서 계획을 세울 뿐이다. 하지만 노비의 일은 아주 다르다. 진흙 구덩이에 뒹굴고 벌건 숯불 속에 뛰어드는 궂은일, 난처한 일을 대신해야 한다. 그러면서도 매를 맞고 욕을 듣는 것이 일상이다. 이것이 노비의 생활이다. 하여, 성호는 단정한다. 노비에게 주인은 사실 '원수'다.

'지고의 노비문서를 불태움焚地庫隸籍'[1)]에서 성호는 노비의 불만이 역사의 고비에 어떻게 분출됐는가를 증언한다. 지고地庫는 조선이 한양을 도읍으로 정한 뒤 고려 시대의 사초史草을 옮겨 간직한 곳이다. 고려 시대의 사초가 지금 남아 있다면 더할 수 없이 귀중한 사료가 되었을 것이다. 하지만 이것을 노비들이 불태운다. 성호의 말을 더 들어보자. "임진왜란 때의 일이다. 왜적이 한양 도성에 들어오기 전에 난민들이 지른 불에 여러 궁궐과 관청이 모두 잿더미가 되었다. 이때 가장 먼저 태운 것이 장례원掌隸院이었다. 장례원은 노비문서를 보관한 곳이다." 노비들이 가장 먼저 불태운 것은 노비문서를 관장하는 관청인 장례원이었다는 사실은 노비의 불만이 평소 내연內燃하고 있었음을 입증하고도 남는다. 여기에 성호는 한마디를 덧붙인다. "고려 때의 노예군奴隸軍들이 공모하여 먼저 노비문서를 불태웠으니, 이것은 예나 지금이나 꼭 같은 성격의 일이다." 이 사건은 어떤 사건을 가리키는지 불분명하지만, 동일한 사건이 고려 때 있었다. 곧 만적萬積의 난이다. 만적은 "주인을 죽이고 천인賤人의 문서를 불살라버리면 우리도 공경公卿과 장상將相이 될 것"이라면서 난을 일으켰으니(1198), 노비문서야말로 노비들에게 원한의 대상이었던 것이다.

성호는 어느 날 남의 집에서 잠을 청하던 중 벽 너머에서 들려오는 노비들의 대화를 듣는다. 자신들이 겪은 원통한 사연들이었는데, 들어보니 모두 까닭이 있었다. 그럼에도 사람들은 주인의 말만 듣고 완악한 노비라고 지목한다는 것이다. 성호의 생각은 이렇다. "송사란 반드시 양쪽 말을 들어본 뒤에야 옳고 그름을 결정할 수 있는 법이다. 왜 노비의 말이 도리어 옳을 수도 있다고 생각해보지 않는 것인가?"[2)]

---

1) 제13권「인사문」, '지고의 노비문서를 불태움焚地庫隸籍'

이처럼 성호는 노비제도에 비판적이었고, 노비들에게 동정적이었다. 예컨대 그는 자기 고장에 살았던 '관쓸'이란 노비의 무덤을 지나다가 제문을 지어 위로하기도 하는 등 노비의 고통에 깊이 공감했다.

성호는 노비제가 폐기되기를 바랐다. 하지만 그것은 조선사회를 완전히 재구성할 혁명이 아니고서는 불가능한 일이었다. 성호의 개혁안은 노비의 매매를 금지하자는 것이었다. '백성에게 노비의 매매를 금하자禁民賣奴'[3]에서 그는 노비법을 없애지 못한다면 매매를 허락하지 말자고 말한다. 매매가 금지되면 첫째, 노비가 남아도는 집안이 생길 것이고 그러면 노비를 부려먹는 데도 한계가 있을 테니 노비도 한가할 때가 있을 것이라는 말이다. 둘째, 노비의 매매를 금하면 백성을 노비로 속여 팔아먹는 일이 사라진다. 즉 새로운 노비의 공급이 줄어든다는 것이다. 셋째, 노비를 매매하더라도 일정한 기간만 부리도록 하고 자손까지 노비로 삼지 않게 한다. 이 방법은 결국 노비를 없앨 것이다. 이것이 성호의 생각이었다.

성호는 '당장과 이장黨長里長'[4]에서 조선이란 나라가 허약한 것도 노비 때문이고, 백성이 가난한 것도 노비 때문이라고 지적하고 있다. 노비가 된 사람이 무슨 흥이 나서 농사를 열심히 짓겠는가. 노비가 사회와 나라의 발전을 위해 적극적으로 나설 일이 무어 있겠는가? 노비가 우글거리는 사회는 저주받은 사회이고 발전 가능성이 없는 사회다.

노비는 주체 없는 인간이다. 노비는 자신의 신체와 시간을 스스로

---

2) 제12권 「인사문」, '노비奴婢'
3) 제12권 「인사문」, '백성에게 노비의 매매를 금하자禁民賣奴'
4) 제7권 「인사문」, '당장과 이장黨長里長'

처분하지 못한다. 노비의 신체와 시간은 주인의 소유물이다. 지금은 노비가 없는 시대다. 한데 여러분은 자신의 신체와 시간을 얼마나 마음대로 처분할 수 있는가. 자신의 의사와 상관없이 신체를 어딘가에 구금당하거나 또 시간을 약탈당하고 있지는 않은가. 그것이 혹 이 시대의 가장 거룩한 명사인 군대와 학교와 직장은 아닌지 모르겠다.

여성을 길들이는 방법

성리학이라 하면 보수적이고 실학이라고 하면 진보적이란 것이
한국인의 일반적인 생각이다. 나면서부터 그런 생각을 갖고 태어난
것은 아닐 터이니 당연히 학교 교육, 특히 국사 교육이 그렇게 만든
것이다. 실학자들이 내뱉은 한마디 한마디는 예외 없이 금과옥조로
해석되어야 한다는 강박이 연구자들의 뇌리에 각인되어 있다.
말하자면 박지원의 사유를 비판하거나 정약용의 생각에 토를 다는
것은 일종의 금기 사항에 속한다. 웃기는 일이 아닌가. 학문은 진리를
찾아가기 위해 하는 것이지 어떤 의도에 의해 만들어진, 이른바 정설을
되풀이하여 확인하는 것이 아니다.

  실학자 역시 얼마든지 보수적, 아니 수구적일 수 있다. 아마
여성의 입장에서 '실학자'의 실학을 검토한다면 우리가 현재 알고 있는
것과는 전혀 다른 모습을 보게 될 것이다. 그 예로 성호의 여성관을
검토해보자.

  조선 시대 여성에 대한 성리학의 정의는 『소학小學』에 근거를 둔다.
우리가 아는 조선 시대의 여성상, 그리고 지금까지 남성이 바라는
여성의 모습은 바로 『소학』이 만들어낸 것이다. 조선 건국 이후 거의
200년 이상이 지난 뒤, 곧 임병양란을 거친 뒤에야 우리가 아는 조선
시대 여성의 모습이 비로소 출현한다. 오직 집안에만 있으면서 상냥한
말씨, 다소곳한 태도로 남편을 섬기고(곧 남편의 명령에 절대 복종하고),
시부모를 효성을 다해 섬기고, 자식에게 한없이 자애로운 여성. 남편이

바람을 피워도 질투하지 않고 남편이 젊어서 죽건 늙어서 죽건 결코 다시 결혼하지 않는 여성. 밥과 빨래 등 가사노동도 솜씨 있게 해내되 도무지 가족을 위해 쉴 줄 모르는 그런 여성! 이런 여성을 발명한 것은 다름 아닌 『소학』이다.

    노비에 대해서 한없는 동정을 표했던 성호. 그렇다면 그는 여성에 대해서는 어떻게 생각했을까. 그는 '부인에게는 바깥일이 없다婦人無外事'에서 이렇게 말하고 있다.

여자는 안에서 자리를 바로잡고, 남자는 밖에서 자리를 바로잡는다. 남녀가 자기 자리를 바로잡는 것이 천지의 대의이다. 사가私家의 도道는 나라 정치에도 통한다. 그러므로 부인에게는 바깥일이 없다는 것이다. 부인의 처지임에도 바깥일에 간섭을 하면 반드시 집안이 망한다. 하물며 나라의 일이겠는가?
女正位乎內, 男正位乎外. 男女正, 天地之大義也. 家人之道, 通乎邦政.
故曰婦人無外事也. 婦人而外事, 則家必亡. 況國事乎?
(부인에게는 바깥일이 없다婦人無外事 | 제13권 「인사문」)

여성이 위치할 곳은 오직 집안이다. 그것은 천지의 대의, 곧 진리다. 여성이 집안 바깥의 일에 간섭을 하면 집안이 망한다. 나라의 일에 간섭을 하면 당연히 나라도 망하게 되어 있다. 여성에게는 정치적 권리가 존재하지 않는다는 말이다. 어떤가?
    성호는 '부녀자에 대한 가르침婦女之敎'[1]에서 자기 가문에서는 신부를 맞이하면 효도와 공경은 가르칠 필요가 없는 당연한 것으로

---

1) 제16권 「인사문」, '부녀자에 대한 가르침婦女之敎'

치고 다음 세 가지를 가르친다고 한다. 뭔가? 근면, 검소, 남녀 분별이다. 그 이유는 이러하다. 근면하면 궁핍하지 않고, 검소하면 절약할 것이다. 그리고 옛날에 자식을 가르칠 때 일곱 살이 되면 '남녀가 자리를 같이하지 않는다'고 하였기에, 여성들이 엄격히 지킬 것은 이 세 가지에 지나지 않는다는 것이다. 성호의 말은 모두 『소학』에 근거를 둔 것으로 근면, 검소와 같은 덕목들은 예나 지금이나 필요한 것들이다. 하지만 '남녀칠세부동석'과 같은 덕목을 여성 교육에 중요한 요소로 꼽는 것은 뭔가 석연치 않다.

같은 글에서 성호는 또 여성에게는 공부를 가르쳐서는 안 된다고 말한다.

글을 읽고 뜻을 풀이하는 것은 남자의 일이다. 부인은 아침과 저녁, 여름과 겨울, 때에 맞추어 준비해야 할 물건을 준비하고, 제사를 지내고, 손님을 맞아야 한다. 어느 겨를에 책을 읽을 수 있겠는가. 나는 고금의 역사에 통달하고 예의에 대해 말하는 부인을 많이 보았으나, 그들이 그것을 꼭 실천하는 것도 아니었고 도리어 폐해만 한없이 많았다.

우리나라 풍속은 중국과 같지 않다. 무릇 문자의 공부란 힘을 쏟지 않으면 불가능한 법이다. 애당초 부인에게 맡길 수 있는 일이 아닌 것이다. 『소학』과 『내훈內訓』 등의 책도 모두 남자의 임무에 속한다. 부인은 조용히 궁리하여 그 책에 실린 말을 알아듣고 일에 따라 실천하거나 가르침을 받을 뿐이다. 규방의 부인이 만약 누에치고 길쌈하는 일을 소홀히 하고 먼저 책을 집어든다면 이 어찌 옳은 일이랴?

讀書講義, 是丈夫事. 婦人有朝夕寒暑之供, 鬼神賓客之奉, 奚暇對卷諷誦哉?

多見婦女通古今說禮義者, 未必躬行而弊害無窮. 東俗與中土不侔. 凡文字之功,
非致力不能, 初非可責也. 其小學·內訓之屬, 都是丈夫之任, 宜嘿究而知其說,
隨事敎誨而已. 若令閨人綏於蠶織而先務執卷, 則奚可哉?

(부녀자에 대한 가르침婦女之敎 | 제16권「인사문」)

    여성은 왜 공부를 해서는 안 되는 것인가. 다른 이유가 없다. 책을 읽고
책의 내용을 궁리하는 것은 원래 남성의 일이기 때문이다. 여성의
일은 왜인지, 언제부터인지는 밝히지 않지만 옷을 짓고 빨래를 하고
음식을 마련하는 것으로 정해져 있다. 그런 노동으로 제사를 준비하고
손님에게 주안상을 대령해야 한다.
    성호는 여성이 공부해서는 안 되는 궁색한 이유로써 과거에
역사와 예의에 통달한 여성이 있기는 했지만 실천을 못하고 폐단만
낳았다고 말하지만 구체적인 예는 밝히지 않는다. 또 조선은 중국과
달라 책을 읽고 공부를 하려면 한문을 익혀야 하는 법인데, 이는
원래부터 여자가 뜻을 둘 일이 아니라고 한다. 여성성女性性을 규정한
『소학』과 『내훈』 등의 책도 여성이 직접 익혀서는 안 된다. 여성은 그저
남성이 가르쳐주는 대로 알아듣기만 하면 되는 것이다. 왜냐? 여성의
일은 누에 치고 길쌈하는 것이기 때문이다. 그런 일을 하면서 책을
손에 들고 공부하는 일을 같이할 수는 없다.
    성호는 여성에 관한 한 성리학의 교리를 한 치도 벗어나지 않는다.
'처녀와 과부室女寡婦'[2])에서 성호는, 성性에 관해 아무것도 아는 것이
없는 어린 나이에 남자와 여자를 너무 일찍 분리하는 것이 아니냐는,
남녀칠세부동석의 교리에 대한 비판을 의식해서 "하지만 남자와

---

2)   제15권「인사문」, '처녀와 과부室女寡婦'

여자가 계속 같이 지내면서 서로 허물이 없어지다 보면 서로 성적으로
끌리는 일이 절로 생기게 된다"고 해명한다. 그래, 그럴 수도 있겠다.
한데 남녀칠세부동석의 교리는 남성과 여성을 분리하는 것이 아니라,
사실 여성을 남성에게서 분리하는 것이다. 이것은 남성의 아내가
될 여성, 좁혀 말하자면 나의 아내가 될 여성을 다른 남성으로부터
분리하려는 의도가 내포되어 있는 것이다. 나의 아내로서의 여성은
어려서부터 모든 남성과 격리되어 성장한 순수한 여성이어야
마땅하다. 좀 더 덧붙이자면, 나의 아내가 될 사람은 현실에서는 물론
꿈속에서도, 상상으로도 남성과 접촉한 일이 없어야 마땅한 것이다.
하지만 남성은 꿈속과 상상에서는 물론이고 현실에서도 기생이나 첩,
계집종과 기회만 닿으면 얼마든지 성적 접촉을 가질 수 있었다.

성호는 같은 글에서 또 이렇게 말한다.

또 과부의 아들은 두드러진 행실이 없으면 어울려 친구가 되지 않았다.
이것은 또한 너무 지나치게 피하고 꺼리는 것처럼 보인다. 하지만 보통
사람의 집에서 부녀자들에 대한 비방의 소리는 반드시 과부와 처녀
쪽에서 나온다. 이것은 모두 과부와 처녀에게 짝이 없기 때문이다. 그
비방이란 것이 반드시 허물로 삼을 만한 구체적인 사실이 있는 것도
아니다. 남자와 여자가 조금이라도 친하게 지내는 것을 보면 사람들이
곧 의심을 하는 것이다. 일단 의심을 받게 되면, 누가 자신의 결백을
증명할 수 있겠는가?

又寡婦之子, 非有見焉, 不與爲友. 此亦猶疑夫避嫌之過. 然人家帷薄有謗者,
必在寡婦與室女. 此皆無配之身故也. 其謗也, 不必有實迹可罪. 而稍見親昵人,
輒置疑. 疑之所歸, 誰得以白之.

(처녀와 과부室女寡婦 | 제15권 「인사문」)

과부의 아들과는 친구가 되지 말라는 발언 역시 『소학』에 나오는 것이다. 이는 너무 지나친 것이 아니냐는 지적이 많았다. 사실 매우 부당한 요구다. 서얼 차별에 반대했던 성호, 노비제도를 비판했던 성호라면 여기에 대해서도 비판하는 것이 마땅할 것이다. 하지만 그는 과부와 처녀는 언제나 성적 의심의 대상이 되기에 약간의 근거 없는 소문도 치명적이라면서 조심에 조심을 다할 것을 요구한다. 이는 냉정히 말해 우스꽝스런 변명에 불과하다.

이런 성호니 여성의 수절은 당연히 찬미의 대상이다. 그는 '우리나라의 아름다운 풍속東國美俗'[3]에서 중국도 따라오지 못할 조선의 아름다운 풍속은 "미천한 여자도 절개를 지키고 개가하지 않는 것"인바, 그것은 "국법이 개가한 자손의 자손에게는 청직淸職의 길을 허락하지 않기 때문"이라 말한다. 서얼의 차별에 대해 분노하던 성호는 어디로 갔는가?

실학자 성호에게 이런 모습이라니, 섭섭하신가. 아무리 생각이 트이고 진보적인 성호라 할지라도 그가 조선의 남자였던 이상 남성 중심주의에서 한 치도 벗어나지 않았던 사정을 여기서 짐작할 수 있다.

---

3) 제15권 「인사문」, '우리나라의 아름다운 풍속東國美俗'

二.

민초와 유민

수탈은 어떻게 정당화 되는가

같이 망하자는 사람들

조선 시대의 홈리스

도둑을 만드는 세상

수탈은 어떻게 정당화 되는가

조선 시대 문헌을 읽어보면 백성의 가난에 대한 자료가 흘러넘친다. 그런 자료를 볼 때마다 '왜 백성은 늘 가난한 것인가'라는 의문을 갖게 된다. 조선 시대의 백성이란 곧 농민이고 농민은 먹을 것을 생산하는 사람이다. 먹을 것을 생산하는 사람이 굶주리다니, 희한한 일이 아닌가.

    농민이 농사의 결과물을 온전히 자신의 것으로 한다면 가난할 리 없다. 설령 흉년이 든다 하더라도 미리 저축이 있으면 굶주림을 면할 수 있는 법이다. 그런데 농민은 왜 농사의 결과물을 자신의 것으로 할 수 없는 것인가? 성호의 말을 들어보자.

사람들은, "산과 하천이 많아 경작할 만한 땅이 적다"고 한다. 하지만 이 역시 그렇지 않다. 만약 높고 가파른 곳을 깎아 없애고, 하천을 좁게 만들어 땅을 늘린다면, 가난한 사람을 부자로 만들 수 있을까? 잘못은 땅에 있는 것이 아니다. 잘못은 명백히 사람이 만들어낸 제도에 있다. 문제는 백성이 생산한 재화를 위에 있는 사람이 마구 써버리는 데 있는 것이다.

人謂: "山水多, 而可耕之地少." 此亦不然. 假令剗去險阻, 縮水爲界, 則能變貧爲富乎? 非地也. 過在人謀, 明矣. 然則此不過貨出於民上流在上也.

(백성의 가난民貧 | 제16권 「인사문」)

답은 이처럼 명료하다. 땅이 부족한 것이 아니다. 백성의 가난은 잘못된 제도에 있다. 좀 더 구체적으로 말하면, 윗자리에서 하는 일 없이 농민이 생산한 생산물을 마구 써버리는 지배층이 있기에 백성이 가난한 것이다. 농사를 짓지 않는 지배층이 농민의 생산물을 가져다 먹으려면 무언가 그것에 합당한 대가를 치러야 할 것이 아닌가. 그런데 희한하게도 그 대가가 없다. 대가 없이 남의 물건을 취하는 것은 절도거나 약탈이다. 남의 소유물을 빼앗는 것은 인류의 역사가 시작되고부터 금지 사항이었다. 한편 남이 자신의 소유물을 빼앗으면 분노하고 싸우는 것이 인간의 상정이다. 짐승들도 다르지 않다. 사냥해서 잡은 먹이를 순순히 딴 짐승에게 내어주던가? 하지만 농민은 자신의 생산물을 빼앗기고도 늘 침묵했다. 왜인가? 법과 제도가 절도와 약탈을 거룩한 언어로 분식粉飾해, 그것을 농민들에게 일방적으로 주입했기 때문이다. '백성을 가까이 하라近民'를 읽어본다.

임금은 지극히 존귀하고 백성은 지극히 낮다. 하지만 양쪽은 모두 먹는 것에 의지하여 산다. 다만 먹는 것은 백성에게서 나오고, '공貢'은 임금이 먹는 것이 된다. 남은 것을 위에 바치는 것을 '공'이라 하고, 나는 굶주리건만 위에서 되레 강제로 취해가는 것은 '탈奪'이라 한다. '탈'은 백성의 소원이 아니다.

君至尊也, 民至卑也. 兩皆賴食而生. 食出於民, 貢爲君食. 以其有餘分, 獻之上, 則謂之貢; 吾且飢餒, 而上反强取, 謂之奪. 奪非民之所願也.

(백성을 가까이 하라近民 | 제17권 「인사문」)

성호는 백성의 생산물을 왕에게 헌상하는 것, 곧 '공貢'을 당연시하고 있지만, 나는 거부감을 느낀다. 하지만 성호는 왕정 이외의 국체國體를 상상할 수 없었던 시대를 살았으니 일단 넘어가자. 그나마 성호는 백성이 먹고 난 뒤 남은 것을 임금에게 바칠 뿐이라고 말한다.
백성의 의식주가 먼저인 것이다. 백성이 굶주리는데 위에서 강제로
취해간다면 그것은 약탈이 된다. 여기서 성호가 '임금'이라고 말하지
않고, '위에서 강제로 취해간다면'이라 쓴 것이 비상한 흥미를 끈다.
그는 어쩌면 '임금'이라 쓰고 싶었을지 모른다.

성호는 '간사한 사람이 재물을 바닥내다 奸人罄財'[1)]에서 이 문제를
다시 꺼낸다. 그는 취렴지신聚斂之臣이 재물을 긁어 들일 때 두 가지
방법을 쓴다고 한다. 취렴지신은 국가를 위해 재물, 요즘으로 치면
'세금'을 긁어 들이는 신하다(취렴聚斂은 '긁어 들인다'는 뜻이다).

성호에 의하면 취렴지신은 국가의 이익을 위한다는 구실로
백성으로부터 재물을 긁어 들이는데, 대개 두 가지 방법을 쓴다고
한다. 첫째는 협박해서 빼앗는 것, 곧 겁탈이다. 둘째는 연법緣法이다.
연법은 '법에 의한다', '법에 근거한다'는 뜻이다. 성호는 연법이
겁탈보다 훨씬 심각한 것이라 말한다.

겁탈의 해는 그래도 얕다. 하지만 연법의 화는 아주 깊다. 겁탈은
한때에 그치고 말지만, 연법은 그 포학暴虐함이 한이 없다. 연법은
이로운 것 같아 보이지만 실제로는 해를 끼치고, 처음에는 유리한
것 같지만 끝내는 해를 끼치고야 만다. 재물을 거두어들이는 데에
아무런 흔적도 없다. 몰래 불어나고 가만히 증가하지만, 당하는 사람은
눈치도 채지 못한다. 이것이야말로 더할 수 없이 큰 도적이고, 크나큰
간악奸惡으로 천백 년에 걸쳐 그 해독을 받지만 어떻게 해결해볼
방법이 없다.

1)   제13권 「인사문」, '간사한 사람이 재물을 바닥내다 奸人罄財'

劫奪之害, 猶淺; 緣法之禍, 更深. 劫奪者, 止於一時; 緣法者, 虐流無窮也.
有似利而實害者, 有始利而終害者. 斂之無迹, 陰滋暗增, 如羚羊掛角, 甘鼠吃肌,
人自不覺. 此最鉅盜, 大奸, 千百世受其痛毒, 難以捄藥也.

(간사한 사람이 재물을 바닥내다 奸人罄財 | 제13권 「인사문」)

폭력으로 수탈하는 것은 무섭기는 하지만 영원히 지속되지는 않는다.
강도를 매일 만나는 것은 아니기 때문이다. 하지만 연법, 곧 법과
제도에 의해 정당화된 수탈은 지속적이다. 그것은 겉으로 호사스런
언어로 치장하고 있어 얼핏 보기에 이로운 것처럼 보이지만 본질은
해롭다. 처음에는 그럴싸한 명분으로 이익을 베풀 것처럼 출발하지만
결과적으로는 해악을 끼친다. 겁탈은 주먹과 칼날이 보이지만,
연법에 의한 수탈은 소리도 형체도 없다. 하지만 점차 빼앗기는 양이
불어난다. 당하는 사람은 어느 날 모든 것을 빼앗기고 나락에 떨어져
있는 자신을 발견하고 저항하려 하지만, 어떻게 할 방도가 없다.

성호는 연법에 의한 수탈의 예로 환곡을 든다. 환곡은 춘궁기에
굶주린 농민에게 곡식을 빌려주고 가을에 돌려받는 제도다.
성호는 "환곡은 애초에 백성을 위해 만든 제도이고, 꾸어주고 받고
하는 사이에 이문을 보려는 것이 아니었다"[2)] 라고 말한다. 봄에
식량이 바닥나 굶주릴 때 나라에서 곡식을 빌려주고 가을 추수 때
돌려받겠다니 얼마나 선량한 배려인가. 한데, 곡식을 주고받을 때
축이 난다고 해서 미리 1할을 모곡耗穀이란 이름으로 뗀다. 사실상
10퍼센트의 이자다. 그럴 법한 생각이라며 동의할 사람이 적지 않을
것이다. 하지만 환곡제도의 해악성은 모곡에서 시작된다. 환곡제도는

2) 제16권 「인사문」, '백성의 가난民貧'

국가가 시행하는 사업이었다. 당연히 시행에 비용이 들어간다. 하지만 그 비용을 농민이 부담해야 하는 것은 아니다. 농민은 이미 전세田稅를 납부했다. 그 전세를 가지고 국가는 행정기구를 움직이고, 환곡제를 운영해야 한다. 따라서 환곡제를 운용하면서 축이 난다는 구실로 10퍼센트를 받는 것은 이미 국가가 가난한 농민을 수탈하려는 수작에 불과한 것이다.

제도에 내장된 해악성은 시간이 가며 저절로 증식한다. 성호의 말을 계속 들어보자. 성호에 의하면, 조선의 관습은 15두가 1석이다. 봄에 1석을 빌리면 1할을 모곡으로 떼고 13두를 준다. 가을에 갚을 때는 1할의 이자를 덧붙여 16두 5승을 낸다. 13두를 받고 16두 5승을 내는 것이다. 이것만이 아니다. 여기에 되질을 할 때 마당에 떨어지는 것을 보충해야 한다면서 얼마를 더 내라 하고, 또 운반할 때 비용이 든다며 얼마를 더 내라고 한다. 이렇게 덧붙은 별별 명목으로 19세기가 되면 1석을 봄에 빌려 먹고 가을에 50퍼센트에 해당하는 7, 8두를 이자로 내야 했다. 이뿐만이 아니다. 환곡을 빌려줄 때는 작은 됫박을 쓰고, 받을 때는 큰 됫박을 쓴다. 국가는 또 환곡에 부가된 이자를 재정에 투입했다. 이 지경이 되고 보니, 환곡제도가 잘못인 것을 알지만 고칠 수가 없다. 이 불량하기 짝이 없는 법으로 국가와 아전, 관료들이 이득을 보기 때문이다.

환곡은 수탈의 일례에 불과하다. 조선 시대 농민의 대부분은, 토지를 넉넉히 가진 자작농이 아닌 소작농이었다. 소작농의 생산물은 이렇게 처리된다.

옛날 지주는 그래도 전세와 종자는 자신이 냈는데 지금 삼남三南(경상·전라·충청) 지방에서는 그것을 모두 소작인에게 내게 한다. 어떤 자는 볏짚까지 빼앗고 뇌물마저 받아먹는다.

舊時田主, 猶出公賦及種穀. 今三南之地, 皆令耕者需之.

又或奪其藁徵其賂者有之.

(백성의 가난民貧 | 제16권 「인사문」)

땅을 빌려서 농사를 지은 결과 쌀 10가마니를 수확했다 하면, 5가마니를 지주에게 땅값으로 바쳐야 한다. 지주는 자신의 토지에 대한 세금으로 나라에 수확의 10분의 1, 곧 1가마니를 바쳐야 하지만, 이것조차 소작인에게 떠넘긴다. 5가마니에서 1가마니를 빼면 4가마니가 남는다. 이것을 소작인이 모두 먹는 것도 아니다. 여기서 종자를 빼야 한다. 종자는 원래 지주가 부담하는 것이지만 소작인에게 미루는 것이다. 종자 1가마니를 빼면 3가마니가 된다. 여기에 환곡으로 빌려 먹은 것을 뺀다. 지주가 내년에 땅을 빌려주지 않겠다고 하면 뇌물까지 내어야 한다. 농민이 어찌 가난하지 않을 수 있겠는가.

　같은 노동을 하고도 남보다 훨씬 적은 급료를 받는 이들이 도처에 널려 있다. 비정규직, 시간강사, 여성 노동자, 외국인 노동자, 청소년의 아르바이트 등의 경우가 그렇다. 많은 사람들이 이 상황을 비정상적이라 하지만, 천만의 말씀이다. 대한민국의 자본주의는 이 상황을 '정상'으로 전제하기에 작동한다. 이 모든 차별과 불평등, 노동력의 수탈이 법과 제도로 정당화되어 있다. 그렇다면 그 법과 제도는 누가, 무엇 때문에 만드는 것인가? 이 물음에 대한 답을 굳이 찾을 필요가 있을까? 물음을 던지는 내가 어리석다.

같이 망하자는 사람들

유가儒家를 자기 세계관으로 삼는 사람, 곧 유자儒者는 기본적으로
정치를 지향한다. '讀書曰士 從政曰大夫.' 곧 글을 읽으면 선비, 정치에
종사하면 대부라는 말이 있듯, 유자는 독서를 통해 지식을 쌓고 그것을
바탕으로 삼아 정치에 종사한다. 그것이 유가가 이상적으로 생각하는
삶이다. 그 정치는 당연히 민民을 대상으로 하고, 궁극적으로 민民의
행복을 목적으로 한다. 민民, 곧 민중을 행복하게 만드는 방법이란
무엇인가. 별스런 것이 아니다. 성호는 "만약 백성을 이끌어 생업을
경영하게 하되, 그들의 노력을 해치지 않는다면 그들은 윗사람이
도와주는 것을 기다리지 않고도 스스로 살길을 여는 지혜를 갖게 될
것이다"[1]라고 말했다. 좀 더 상론해보자.

'백성의 숫자가 불어나면 그다음에는 부유하게 만들어주어라'고
하는 것이 성인의 가르침인데, 부유하게 해준다는 것은 재물을 직접
나누어준다는 것이 아니다. 백성이 스스로 재물을 쌓고 모으게 만들고,
나라가 탐학하게 굴어 백성에게 해를 끼치는 일이 없게 하는 것이다.
　말하자면 하늘에 밝은 해가 있으면, 백성이 어둡게 지내는 것을
걱정할 것이 없다. 백성이 알아서 창을 내어 밝은 빛을 취할 것이다.
땅에 재물이 있다면 백성이 가난한 것을 걱정할 필요가 없다. 백성이

---

[1]　제11권 「인사문」, '청렴과 탐오廉貪'

알아서 나무를 하고 풀을 베어 스스로 부유하게 될 것이다.

한漢나라 조정에서는 오직 복식卜式만이 이 방법을 깨쳐 염소를 칠 때 "그 무리에 해를 끼치는 놈을 제거합니다" 하였고, 가뭄이 들자 "백성에게 해를 끼치는 신하를 삶아 죽여야 합니다" 하였다. 이렇게 한다면, 백성이 어찌 부유하지 않을 수가 있겠는가?

既庶而富之, 聖人之訓也. 富之者, 非擧財而與之. 使民自蓄聚, 而國不虐害也. 如天有明, 不憂民晦. 民能穿戶鑿牖, 自取照焉. 地有財, 不憂民貧. 民能伐木芟草, 自取富焉. 漢廷惟卜式得此義, 牧羊則曰: "去其敗群." 天旱則曰: "烹害民之臣." 如是, 豈有不富哉?

(백성의 가난民貧 | 제16권 「인사문」)

염유冉有가 공자에게 물었다. "백성의 수가 불어났다면 이제 또 무엇을 해야 할까요?"

"그들을 부유하게 해주어야지."

"그럼 부유하게 만들었다면 다시 또 무엇을 할까요?"

"그제는 그들을 가르쳐야지."

성호는 여기서 부유하게 만드는 방법을 파고들었다. 어떻게 부유하게 만들 것인가. 그들에게 재물을 나누어줄 것인가? 아니다. 착취를 멈추어야 한다. 백성은 알아서 일하고 재산을 모을 것이다. 밝은 빛이 있으면 창문을 내어 그 빛을 집으로 끌어들이는 것처럼, 백성은 알아서 농토를 갈고 길쌈을 하여 부유해질 것이다.

나는 『성호사설』의 이 부분이 가장 좋다. 통치자의 간섭과 강제가 없는 백성들의 자율적인 사회! 이 자율적인 백성들의 사회는 필연적으로 백성에게 행복을 가져다줄 것이다. 이보다 더 좋은 사회가 있을 것인가.

하지만 성호의 희망이 이루어진 날은 조선왕조 500년 동안 단 하루도 없었다. 그럴 수밖에 없었던 것이, 사대부 체제 자체가 농민의 수탈을 전제로 하여 성립한 체제였기 때문이다. 이야기가 약간 빗나가지만 『조선왕조실록朝鮮王朝實錄』이나 『일성록日省錄』을 읽으면서 실소할 때가 종종 있다. 왕과 조정의 중신들이 백성의 구제책이라면서 이런저런 조치를 하고는 대단한 일처럼 여기는 경우가 있는데, 정말 웃기는 이야기다. 조정을 구성하는 왕과 양반 관료와 지주들이 백성을 착취하지 않았다면 구제니 뭐니 할 것도 없건만, 온갖 방법으로 백성을 착취하고는 다시 구제를 한다니 희극이 아니고 무엇인가.

백성, 곧 농민에 대한 수탈이 극도로 심해지면 어떻게 되는가. 생산을 맡은 사람이 자신이 노동한 결과물을 갖지 못할 때, 또 그것에 대한 해결책 없이 모순이 영속화해버렸을 때 농민은 '이 나라, 이 세상이 망해버렸으면' 하는 생각을 하게 된다. 성호는 '같이 망하자偕亡'란 글에서 이 문제를 다룬다.

"백성이 오직 나라의 근본이니 근본이 든든해야 나라가 편안하다" 하였으니, 이 말은 비단 군자만이 힘써야 할 것이 아니고, 소인도 또한 이치가 마땅히 그런 줄을 안다. 그러므로 「탕서湯誓」는 하夏나라 백성의 말을 이렇게 옮기고 있다. "하나라 왕이 백성의 힘을 깡그리 끊고, 하나라 고을을 박할剝割하니 백성들이 게을러 화합하지 않고서 '저 해가 언제나 없어질까? 나는 너와 함께 망해버렸으면 좋겠구나'라고 하였다."

'백성들의 힘을 깡그리 끊는다'는 것은 백성들이 농사를 지을 때 힘써 농사를 짓지 못하게 한다는 뜻이고, '하나라 고을을 박할한다'는

것은 원래 정해진 세금 외에 백성의 재물을 빼앗아 부모처자를 양육할
도리가 없게 만든다는 뜻이다. 있는 힘을 다 짜내도 먹고살 수가 없게
되면 백성은 자기 생업에 게을러지고, 원망하고 성을 낼 뿐 화합하지
않는다.

"民惟邦本, 本固邦寧." 此不但君子所勉, 小人亦知理所宜然. 故湯誓述夏民之言曰:
"夏王, 率遏衆力, 率割夏邑, 有衆率怠不協, 曰:'是日曷喪? 予及汝偕亡.'"
遏衆力謂奪其農時, 使不得力作也. 割夏邑謂割取常賦之外, 無以養其父母妻子也.
盡力而不得食, 則民又怠於常業, 怨怒而不協也.

(같이 망하자偕亡 | 제26권 「경사문」)

성호는 『서경書經』을 인용해 이 글을 끝고 나간다. "백성이 오직 나라의
근본이니 근본이 든든해야 나라가 편안하다"는 만고불변의 진리는
『서경』「오자지가五子之歌」의 한 구절이다. 두 번째 인용은 「탕서」의
'하나라 왕이······' 이하의 구절이다. 이 구절의 화자는 은殷나라
탕왕이다. 그는 폭정을 일삼는 하나라 걸왕桀王을 쳐부수기 위해
박亳이란 곳에 군사를 모아놓고 자신이 일으킨 전쟁을 정당화하는
연설을 하는데, 위에서 인용한 구절은 그 연설의 일부다. 그 구절을
해석하면 이렇다. "하나라 왕은 백성들이 농사를 지을 수 없게 만들고,
정해진 세금 외에 별별 명목으로 백성을 착취하였다. 백성들은 이제
일할 의욕을 잃고 마냥 놀며 이런 소리를 하였다. '저 해가 언제나
없어질까? 나는 너와 함께 망해버렸으면 좋겠구나.'" 여기서 해는 폭군
걸왕이다. 백성들은 가렴주구에 시달린 나머지 해와 함께 사라지고
싶다고 말한다.

성호는 이 부분을 의미심장하게 인용한다. '백성들의 힘을 깡그리
끊는다'는 문장은 백성들이 농사를 지을 때 힘써 농사를 짓지 못하게

한다는 뜻으로, '하나라 고을을 박할한다'는 것은, 원래 정해진 세금 외에 백성의 재물을 빼앗아 부모처자를 양육할 도리가 없게 만든다는 뜻으로 해석한다. 더 풀어보면 농사를 지을 시기에 궁궐을 짓거나 전쟁 따위에 끌고 나가고, 정해진 세금 외에 온갖 명목의 세금을 거두어 살길을 막아버리자, 백성은 노동 의욕을 잃고 오직 나라가 망하기만을 바란다는 뜻이다.

　백성은 요즘으로 치면 국민이다. 먹고사는 문제가 절박한 국민의 수가 늘어나면 국민의 통합이란 것이 희미해진다. 한국사회는 지금 급격히 진행되는 양극화를 겪고 있다. 이를 방치하면, 국민은 극소수의 부자와 절대다수의 빈자로 나뉠 것이다. 계층 간 이동성이 극히 낮아져 부와 가난이 대물림되고, 부자와 빈자는 일상에서 거의 만나지 않게 된다. 생활수준과 문화, 교육 등이 분리되고 심지어 언어까지 달라질 것이다. 이중 국가가 되는 것이다. 이중 국가가 되면, 가난한 자들은 나라가 망한다 해도 아무런 생각이 없다. 이런 상태가 되면 국가권력은 내셔널리즘을 동원하여 양자를 통합하려 할 것이다. 김연아와 같은 영웅적 아이콘들과 월드컵 같은 스포츠가 그런 구실을 떠맡겠지만, 그것이 기만적 술책임을 깨닫는 데는 오랜 시간이 걸리지 않을 것이다.

　듣기 이상할지 모르지만, 일제가 조선을 집어삼키려 들었던 그 무렵 뜻밖에도 일본 사람을 환영한 조선 사람들이 있었다. 무슨 신념이 앞서서가 아니었다. 어느 날 상놈 하나가 일본인의 통역이 되어 일을 해보니, 상것인지 천민인지 묻지 않고 일한 대로 꼬박꼬박 임금을 준다. 근대적 합리성이 부분적으로 작동했던 것이다. 양반들에게 멸시를 받아가며 살던 사람들로서는 뜻밖이다. 급기야 일본인을 찬미하고 친일하는 것이야말로 자신과 나라를 구제하는 유일한 수단이라고 믿게 된다. 예컨대 채만식의 『태평천하』의 주인공 윤직원

영감은 양반들의 가렴주구가 없고, 화적 떼가 없는 일제 식민시기를 공명한 정사가 펼쳐지는 '태평한 천하'로 알았던 것이다. 사회 통합에 실패한 국가의 국민이 어떤 의식을 갖는지 알 만하지 않은가.

성호는 '같이 망하자'에서 『서경』의 「중훼지고仲虺之誥」의 일부를 인용한다. 「중훼지고」의 말은 이러하다. "우리 임금을 기다렸더니, 우리 임금 오셨으니, 이제 우리는 살아나려나 보다." 중훼는 탕왕의 신하다. 탕왕이 걸왕을 치고 돌아오는 길에 신하 중훼는, 학정에 시달리던 사람들이 탕왕을 반기며 이런 말을 했다고 그에게 전한다.

성호는 이 글을 인용해 "백성이 망하려다가 다행하게도 되살아난 것이다. 우연히 이런 생각이 나기에 적어두는 것이다"라고 하였다. 나 역시 그렇다. 양극화와 이중 국가 문제를 지금 심각히 고민하지 않으면, 앞으로 타국의 침략을 호기로 여겨 「중훼지고」의 말을 되풀이하는 사람들이 나올지 모른다. 두려운 일이 아닌가.

조선 시대의 홈리스

사라지는 말도 있고, 새로 생기는 말도 있다. 인터넷과 관계된 새 낱말이 무수히 생겨나지만, 어느결에 슬그머니 사라진, 혹은 사라지고 있는 묵은 낱말도 있다. '거지'란 말도 그중 하나다. 이 말은 한국어 안에서 아직 시민권은 가지고 있지만 얼마 안 가 사라지고 말 어휘다. 거지를 다른 말로 하면 '유민流民'이다. 이번에는 『성호사설』에서 유민에 관한 글을 뽑아 읽어보자.

성호는 '거지丐者'란 글에서 자신이 만난 유민의 모습을 이렇게 그린다.

30년 전의 일이다. 나는 어느 날 저물녘에 한양 거리를 지나고 있었다. 날은 몹시도 추웠다. 낡은 옷을 걸친 눈이 먼 거지 하나가 고픈 배를 움켜쥐고 있었다. 들어갈 집이 없는 신세라, 남의 집 문밖에 앉아 소리 내어 울며 하늘에 호소하였다.

"제발 죽여줍서. 제발 죽여줍서."

그는 정말 죽고 싶은 것이었지만, 죽을 수도 없는 상황이었다. 나는 지금도 그 사람을 잊을 수 없다. 생각하면 눈물이 왈칵 쏟아지려 한다.

余三十年前. 暮過京裡. 甚寒. 有盲而丐者, 衣弊腹飢. 不得寓於舍, 坐人之門外, 哭且訴天曰: "願死. 願死." 其意眞欲死, 不得也. 余至今不能忘. 思之, 幾於隕涕.

(거지丐者 | 제12권 「인사문」)

혹한에 갈 곳 없는 거지가 자신을 죽여 달란다. 눈까지 멀었으니, 사는 것이 오죽 참혹하랴.

성호는 '유민을 다시 불러모으는 방법流民還集'[1]에서 유민의 실태를 여럿 보여주고 있다. 간단히 살펴보자.

어느 날 성호가 문을 나서니 어린아이 거지, 어른 거지 서넛이 모여 있었다. 성호가 말을 건넸다.

"이제 봄 농사철인데, 너희들은 왜 살던 곳에 돌아가 농사를 지으려고 하지 않고, 아직도 타향에서 걸식을 하고 있느냐?"

거지들이 빤히 보며 대답을 한다.

"어떻게 농사를 지을 방도가 있어야지요. 종자도, 끼닛거리도 없으니, 돌아가 봐야 무슨 뾰족한 수가 있겠습니까?"

답을 하며, 거지들은 성호를 세상 물정 모르는 사람으로 취급한다.

같은 글에서 성호는 자신이 듣고 본 유민 이야기 몇 가지를 전하고 있다. 들어보자. 강원도 쪽에서 온 유민들에게 임금이 의복과 쌀을 주어 근신近臣이 인솔해 고향으로 돌려보낸다. 하지만 성문을 나서자 그중 한 사람이 무어라 외치자 나머지 사람들은 뿔뿔이 흩어져버린다. 걸식하는 것이 고향에 돌아가는 것보다 낫기 때문이었다. 고향으로 돌아가 봐야 먹고살 도리가 없는 것이다.

성호는 다른 이야기도 전한다. 온 고을이 텅 비는 경우가 적지 않아, 특별히 심한 고을을 골라 근신에게 돈을 주어 유민들을 불러모으게 했는데, 막상 가보니 사람이라고는 아무도 없어 그냥 돌아왔다는 이야기다.

또 다른 이야기에서는 한 떠돌이 얘기를 전한다. 전염병에 걸린

---

1) 제14권 「인사문」, '유민을 다시 불러모으는 방법流民還集'

떠돌이 한 사람이 길가에 누워서 마을로는 들어오지 않고 있었다. 열은 내렸지만, 먹을 것이 없던 떠돌이는 거적으로 자신의 몸을 싸고 새끼로 허리 아래를 묶은 뒤 죽는다. 죽고 난 뒤 남은 육신이 개에게 뜯어먹힐까 걱정이 되었던 것이다. 성호는 그 이야기를 듣고 불쌍한 마음에 차마 밥을 먹지 못한다.

유민은 거주지와 농토, 그리고 당장의 식량을 잃고 떠도는 백성이다. 유민은 어쩌다 발생하는 것이 아니라 해마다 대규모로 발생했다. 유민이 발생하면 조정에서는 늘 흉년 탓을 했다. 하지만 성호에 의하면 그것도 사실이 아니다. 흉년이라고는 하지만 "도시에서는 쌀값이 너무나 헐하니, 여전히 쌓아둔 곡식이 많다는 사실을 알 수 있고, 흉년을 탓하는 것이 잘못된 것이라는 점을 더욱 분명히 깨달았다"는 것이다. 유민이 발생하면 조정에서는 물론 대책을 세웠다. 죽을 쑤어 공급하는 죽소粥所를 차리고, 양식을 대어주는 등의 방법으로 유민을 살리고 안집安集시키려 했다. 하지만 그 대책이란 것이 유민의 발생을 원천적으로 막을 수 없었음은 물론이다. 성호 또한 그런 대책에 냉담했다. 같은 글에서 그는 "맹자가 논한 왕도王道는 보민保民한 구절에 지나지 않는다. 이른바 보민이란 곧 좋아하는 바를 주고 모이게 하며, 싫어하는 바를 베풀지 않는 것일 뿐이다. 집집마다 찾아다니며 날마다 더 보태주는 것이 아니다"라고 말한다.

문제는 농민이 게을러서, 노동 의욕이 없어서, 사회 전체의 곡물 생산량이 부족해서 거주지를 떠난 것이 아니라는 사실이다. 같은 글에서 성호는 이렇게 말한다.

사람은 각자 슬기로움과 힘이 있다. 밭을 갈아 밥을 먹고, 우물을 파서 물을 마시면서 자기 삶을 넉넉히 살아나갈 방도를 마련하는 것이다. 비록 2, 3년 홍수가 나고 가뭄이 든다 하더라도 본디 먼 앞날을 생각하고 먹을 것을 쌓아놓았기 때문에 그것에 의지해 살아갈 방도가 있는 것이다. 어떻게 살던 곳을 떠나 골짜기에 뒹구는 시신이 되기까지야 하겠는가?

人各有智力. 耕而食, 鑿而飮, 謀生有餘矣. 雖有三二年水旱之災, 渠自有長慮厚蓄, 必將有以自賴. 何至於流離塡壑?

(유민을 다시 불러모으는 방법流民還集 | 제14권「인사문」)

부모 형제를 버리고, 살던 고향을 떠나서 정처 없이 타향을 떠돌고자 하는 사람이 있을까? 또 스스로 굶어 죽고자 하는 사람이 있을까? 생명체로서 사람은 당연히 살기를 도모한다. 홍수와 가뭄이 주기적으로 찾아오고 흉년이 들 줄은 누구나 안다. 간섭하지 않고 농민을 그냥 두면, 스스로 장기적인 대비책을 세운다. 식량을 모아 만일의 사태에 대비한다. 살던 곳을 떠나 떠돌다 골짜기에 시신이 되어 뒹굴 까닭이 없는 것이다. 유민의 발생 원인은 다른 데 있는 것이 분명하다. 성호는 그 원인을 이렇게 밝히고 있다.

내가 시골에서 의식衣食이 넉넉한 사람을 보았더니, 때를 잃지 않고 농사를 지었고, 이득을 보기 위한 계획이 아주 치밀하여 흉년도 그를 해칠 수 없었다. 이른바 "백성의 목숨은 부지런함에 매였고, 부지런하면 의식이 부족하지 않다"는 경우였다. 이치가 이런데도 죽음을 면하지 못하는 것은, 모두 학정虐政에 시달린 나머지 살 수가 없게 되었기 때문이다.

余見鄕里衣食足者, 農不失時, 計周于利, 凶年不能殺. 所謂: "民生在勤, 勤則不匱也." 其不免於死亡者, 皆困於虐政, 勢不能存也.

〈유민을 다시 불러모으는 방법流民還集 | 제14권 「인사문」〉

백성을 학대하고 착취하는 학정이 유민을 발생시키는 원인이라는 것이다. 성호는 학정이 없다면, 몇 해의 재해만으로 온 고을이 텅텅 비는 일은 없을 것이라 말한다. 그는 유민을 다시 불러모으기 위해서는 포학한 정치부터 없애야 할 것이며 관례화된 수탈을 엄격히 처벌해야 한다고 주장한다.

몇 해 전 일본 도쿄에 며칠 머물렀다. 숙소에 들어 잠을 청하는데, 동료들이 호텔 꼭대기 층 전망이 좋다며 전화로 부른다. 하루 종일 쏘다닌 탓에 너무 지쳐 술은 생각하지도 못하고, 주스 한 잔을 청하고 창가에 앉았다. 검은 빌딩 숲 사이로 고가도로가 거미줄처럼 나 있고, 그 위를 자동차가 개똥벌레처럼 날아다니는 모습이 공상과학영화의 한 장면 같았다. 그 풍경 너머로 아까 낮에 보았던, 도쿄 도청 옆 빌딩 한구석의 종이상자에서 잠을 청하는 사내의 모습이 불쑥 떠올랐다. 세계에서 두 번째 가는 부국富國의 수도에서, 첨단의 근대문명이 이룩한 이 거대도시에서, 집과 일자리를 잃고 종이상자 속에서 잠을 청하는 사람이라니! 그는 현대판 유민이었다.

대한민국에도 이 같은 유민이 있다. 도시의 큰 기차역, 지하철 등에서 대낮에도 소주를 마시며 취해 뒹구는 홈리스들 말이다. 그들은 쫓겨난 사람들이다. 국가와 정부는 대한민국이 세계에서 유래가 없을 정도로 빠른 시간 안에 경제적 발전을 이룩했으며, 이제 국민소득 2만 달러 시대를 맞이했다고 떠든다. 이 풍요로운 세상에 집도 절도 없는 사람이 이토록 많다니, 정말 이상한 일이 아닌가. 조선 시대가 과거가 된 지 오래니, 성호가 말한 양반이 백성을 착취하는 포학한 정사도 이제는 없어졌다고 할 수 있을 것이다. 하지만 과연 그럴까? 사람을 오직 이윤을 낳는 도구로 보고 경쟁과 생산성이란 어휘 아래 노동력만 있는 대로 빨아낸 다음 가차 없이 뱉어버리는 것이 포학한 정사가 아니라면 무엇인가. 신자유주의라는 학정이 지배하는 오늘날의 세상이 이 시대의 유민을 낳은 것은 아닌가.

도둑을 만드는 세상

성호는 '도둑을 잡고 벼슬을 받다捕盜受職'란 글에서 이렇게 말한다.

요즘 인구가 날이 갈수록 불어나 백성들은 경작할 땅이 부족하건만, 널찍한 들판이 텅 빈 채 버려져 있는 것은 무엇 때문인가. 이것은 도둑들이 백성의 재산을 빼앗기에 백성이 그 땅에 흩어져 살 수가 없기 때문이다.
今之生齒日繁, 民闕耕土, 而閒曠郊野, 往往空棄, 何哉. 此盜賊劫掠,
民不能散處也.
(도둑을 잡고 벼슬을 받다捕盜受職 | 제8권 「인사문」)

인구가 불어나 농토가 부족하다. 널찍한 들판이 있으면 일구어 곡식을 심고 가꾸어야 마땅하다. 하지만 텅텅 비어 있다. 왜인가. 도둑들이 횡행하여 백성이 살 수가 없기 때문이다. 조선의 르네상스라고 불리는 영조, 정조 시대에 횡행하는 도둑 때문에 농토를 비워야 할 정도였다니 뜻밖의 일이 아닌가. 어떤 사람들은 그 시대를 '영·정조 르네상스'라 호명하며 천재의 시대, 태평한 세상, 나아가 민족의 문화가 꽃핀 시기로 말하지만, 그건 자신이 보고 싶은 면만 본 것일 뿐이다. 나의 견해는 어떠하냐고? 나는 『실록實錄』과 『승정원일기承政院日記』, 『일성록』 등의 사료에서 그야말로 혼란한 세상, 붕괴 직전의 사회를 보았다. '국사 교육'에 세뇌된 사람들은 받아들이기 어렵겠지만, 아마도 그것이 그 시기 조선사회의 본모습에 가까울 것이다. 각설하자.

성호는 '임꺽정林巨正'[1]에서 홍길동과 임꺽정, 장길산을 조선 시대의 가장 큰 도둑으로 꼽는다. 끝내 잡히지 않은 장길산에 대해 말하며 성호는 이렇게 글을 맺는다. "나라 안에 몸을 감추고 도둑질을 한 것은 새장 속의 새나 물동이 속의 물고기에 지나지 않는 것인데, 온 나라가 근심하고 부지런을 떨었지만 끝내 잡지 못했으니, 우리나라 사람들이 꾀가 없는 것이 자고로 이와 같다. 이러니 어떻게 외국의 침략을 막고 이웃나라에 위엄을 보이겠는가? 슬픈 일이다." 도둑 하나를 잡지 못하는 조정이었으니, 어찌 외국의 침략을 막을 것인가? 조선 조정의 관료들은 백성들을 때려잡고 쥐어짜는 데는 귀신이었다. 하지만 임진왜란과 병자호란, 구한말에 관계된 자료를 읽다가 조정 관료들이 중국과 일본에 대처하는 장면을 만나면 그들의 무능과 비루함을 절감하게 된다. 분노와 한숨이 절로 반복된다.

그건 그렇고, '조용한 아침의 나라'에서 좀도둑도 아니고, 떼도둑이 웬 말인가?

절도를 금하지 않는 사회는 없다.『구약성경』의 십계명의 여덟 번째 계명이 '도둑질하지 말라'이고, 고조선의 '팔조금법'도 '남의 물건을 훔친 자는 노비로 삼는다'고 못 박고 있다. 남의 소유물 또는 생산물을 훔치는 것을 방치하면 얼마 안 가 생산 자체가 이루어지지 않는다. 곧 사회의 생산 시스템 자체가 붕괴하는 것이다. 이런 까닭에 절도는 인간사회의 가장 기본적인 금기며, 당연히 강력한 처벌이 따른다. 그럼에도 불구하고 절도 없는 시기는 없었다. 도리어 도둑을 영웅처럼 여긴 시기도 있다. 홍길동과 장길산, 임꺽정 등이 그 예다.

1) 제14권「인사문」, '임꺽정林巨正'

하지만 문인의 붓끝에서 의적으로 그려진 그들이 과연 백성의 편에 섰던 것일까? 결코 아닐 것이다. 무명의 수많은 도둑들이 탐관오리만을 털었을 것인가. 역시 아닐 것이다. 하지만 그들 중 몇몇이 아직까지 의적으로 기억되고 있는 것은, 그들의 행악行惡보다 그 행악을 징치하려 했던 지배체제가 더 증오스러웠기 때문일 것이다.

조선 시대 백성의 대부분은 농민이다. 농사를 지어 먹고살 수 있다면 굳이 도둑으로 나설 이유가 없다. 성호의 말을 들어보자. '굶주림과 추위가 도둑을 만드는 법이다飢寒作盜'에서 그는 이렇게 말하고 있다.

어리석은 백성이 굶주림과 추위에 몰린 나머지 도둑이 되어 살길을 찾으니, 그것은 '이蝨'와 같은 신세라고 할 것이다. 이蝨는 옷의 솔기에 숨어 살면서 사람을 물지 않으면 살아갈 방도가 없다. 살아 있는 몸뚱이를 갖고 있으니, 죽음을 면할 방도를 찾는 것도 이상한 일이 아니다. 이蝨의 처지에서 차라리 죽을지언정 사람을 물지 않겠다고 하는 것이 가능하겠는가? 이蝨가 사람을 물어 살갗을 다치게 하면 사람이 모를 리가 없다. 사람 또한 부득이 이蝨를 태워 죽이게 된다. 이蝨는 사람을 깨물지 않으면 굶어 죽고, 깨물면 또 불에 타 죽고 만다. 어리석은 백성이 도둑이 되어 살길을 찾으니, 부득이 잡아 죽여야 할 것이다. 하지만 그 실정을 보면 또한 동정할 만하다. 증자曾子는 "만약 그 실정을 알게 된다면 불쌍히 여겨야 할 것이다. 기뻐하지 말라" 하였다.

愚民, 迫於飢寒, 作盜而求生, 其猶蝨乎. 蝨處衣縫, 非咬人, 將無以爲生. 旣有形軀, 求所以免死, 無怪也. 在蝨, 寧死而不咬人, 可乎? 咬而傷膚, 人未有不覺之理, 人亦不得已而烘殺. 不咬飢死, 咬又烘死矣. 愚民, 作盜求生, 雖不得已而禽殺.

然情有可恕. 曾子曰: "如得其情, 哀矜而勿喜."
(굶주림과 추위가 도둑을 만드는 법이다飢寒作盜 | 제12권 「인사문」)

이蝨는 사람을 물어 피를 빨지 않으면 굶어 죽을 것이고, 물어 피를 빨면 사람 손에 죽는다. 도둑질도 그와 같다. 도둑질은 죽을 수밖에 없게 된 백성이 하는 수 없이 택하는 길이다. 도둑질은 나쁜 짓이지만, 그 사정은 이해해야 하지 않을까. 이것이 양심이 있는 지배계급의 생각이었다. 도둑질이 늘어나는 것은 결국 자신들의 통치행위가 불량하다는 것을 의미하기 때문이다. 증자의 말은 그래서 나온 것이다. 내친 김에 증자의 말을 좀 더 더듬어보자.

증자의 말은 『논어』「자장子張」에 나온다. 당시 노魯나라의 권력자 맹씨孟氏가 증자의 제자인 양부陽膚를 사사士師로 삼았다. 양부는 증자를 찾아가, 사사의 직무인 옥사獄事를 어떻게 처리해야 할지를 물었다. 증자는 이렇게 대답했다. "윗사람이 도리를 잃어 백성이 흩어진 지 오래다. 그런 사정을 안다면 불쌍히 여겨야지 기뻐할 것이 아니로구나." 지배층이 도둑을 발생시킨 원인을 제공한 것이니 그 범죄는 불가피함이 있다. 그러니 불쌍히 여겨야지 도둑을 잡았다고 기뻐하지 말라는 말이다.

성호는 이 문제를 '도둑을 걱정한다患盜'란 글에서 재론한다. 이 글은 『논어』「안연顏淵」의 다음 문장을 인용하면서 시작한다.

계강자季康子가 도둑이 생기는 것을 걱정하여 공자에게 대책을 물었다. 공자는 "만약 그대가 바라지 않는다면 상을 준다 해도 도둑질을 하지 않을 것이다" 하였다.
季康子患盜, 問於孔子. 孔子對曰: "苟子之不欲, 雖賞之, 不竊."

(도둑을 걱정한다患盜 | 제18권 「경사문」)

여기서 문제가 되는 것은 공자의 대답 중 '苟子之不欲'이란 부분이다. 주자朱子는 이 부분에서 '不欲'을 '不貪欲'으로 해석했다. '그대가 탐욕스럽지 않다면' 혹은 '욕심이 없다면'이란 뜻이다. 하지만 성호는 '욕欲'을 원한다, 바란다는 뜻으로 이해한다. 따라서 이 문장은 "그대가 백성들이 도둑질하는 것을 바라지 않는다면, 그들에게 상을 준다 해도 도둑질을 하지 않을 것이다"라는 뜻이 된다. 그는 이 말을 더 알아듣기 쉽게 푼다. "만약 당신이 백성들이 도둑이 되는 것을 바라지 않는다면 어찌 그 방법이 없겠는가? 도둑이 생기는 원인을 없애버리면 상을 준다 해도 도둑질을 하지 않을 것이다." 주자보다 성호 쪽의 해설이 더 설득력이 있다.

공자는 도둑의 발생을 계강자 개인과 관련해 논했지만, 성호는 이 문제를 위정자 일반으로 확대한다.

대저 도둑질은 먹고 입을 것이 부족하기에 하게 되는 법이니, 굶주림과 추위에 내몰리면 올바른 도리를 돌아볼 겨를이 없는 것이다. 위에서 다스리는 사람이 아무리 깨끗하고 욕심이 없는 사람이라 하더라도 만약 백성에게 생업을 마련해주지 못하여, 입고 먹을 것이 모자란 나머지 온갖 고생을 갖추갖추 겪는다면, 어찌 도둑질을 하지 않을 수 있겠는가?

夫盜竊, 出於不足, 飢凍切已, 理義有不暇恤也. 爲人上者, 雖湛然無欲, 而若不能制民之産, 闕衣乏食, 困若備至, 寧有不盜之理?

(도둑을 걱정한다患盜 | 제18권 「경사문」)

몸이 얼고 굶주리면 윤리와 도덕, 법을 생각할 겨를이 없다. 인간의 가장 근원적인 욕망, 곧 생명체로서 자기 존재를 존속시키려는 존재욕은 윤리와 도덕, 법을 순식간에 뛰어넘고 만다. 그리하여 굶주림은 범죄를 정당화한다. 정치하는 사람이 욕심 없는 깨끗한 사람이라고 해서, 인격적이고 도덕적 존재라고 해서 그의 임무가 끝나는 것은 아니다. 정치를 하는 자라면 백성에게 생업, 요즘으로 치면 안정된 직업을 마련해주어야 한다. 그것에 실패해서 의식주가 부족하여 곤궁에 시달린다면 백성들은 남의 것에 손을 댈 수밖에 없다. 다만 국가의 폭력이 무섭기 때문에 쉽게 실행에 옮기지 못할 뿐이다. 성호는 자신이 살고 있는 조선후기의 백성들이 "그래도 감히 제멋대로 도둑질에 뛰어들지 못하는 것은, 오직 위엄을 두려워하기 때문"이라고 말한다. 여기서 말하는 '위엄'이 바로 국가가 독점하는 폭력이다. 위정자의 실정은 백성들을 도둑으로 만들고 다시 그 백성은 국가권력에 의해 처단된다. 역사는 이 이해 불가능한 순환을 끊임없이 반복했고, 하고 있다.

 도둑은 어떻게 해야 사라질 것인가. 성호는, 그 방법이 『논어』 「자로子路」에 나오는 "백성을 번성하게 한 뒤에는 부유하게 만들어주고, 부유해진 뒤에는 가르친다"라는 말을 실천하는 것에 불과하다고 단언한다. 그렇게 되면 백성이 도둑의 길로 나설 리가 없다는 것이다. 하지만 근본적인 대책일수록 실천은 불가능하다. 성호의 생각은 결코 실천되지 않았다.

 성호는 위에서 인용한 글 외에도 도둑에 관한 글을 여럿 남기고 있다. 도둑 잡는 방법을 논한 '치도治盜'[2]도 두 편이나 있다. 그는

---

[2] 제7권 「인사문」, '치도治盜 1', 제10권 「인사문」, '치도治盜 2'

후주後周의 두엄竇儼의 도둑 잡는 방법, 예컨대 도둑 내부에 고발자가 있으면 고발한 자에게 고발당한 자의 재산의 절반을 상으로 주는 등의 여러 방법을 인용하고 실천해볼 것을 바랐다.[3] 이 또한 시행되지는 않았다.

나는 증자와 공자, 그리고 성호의 생각에 기본적으로 동의한다. 하지만 만족스럽지는 않다. 도둑이 된 자를 불쌍히 여겨야 한다는 말에는 이미 처벌이 전제되어 있다. 동정이 수반되기는 하지만, 처벌을 피할 수는 없다. 백성으로 하여금 도둑이 되게 하는 그 체제와 그 권력자들은 왜 치죄의 대상이 되지 않는단 말인가. 참으로 궁금하다.

---

3) 제7권 「인사문」, '치도治盜 1'

三.

관료와 위정자

쓸데없는 관료들의 세상

부패한 자가 왜 출세하는가

사치, 불의의 실행

부자 감세는
가난한 백성을 괴롭힌다

쓸데없는 관료들의 세상

성호는 '쓸데없는 관리를 없애야 한다罷冗官'[1]란 제목의 글에서 필요 이상의 관료가 늘어나는 현상에 대해 논하고 있다. 성호는 한漢나라 때는 벼슬에 맞게 사람을 뽑았으므로 자리는 부족한데 사람이 넘치는 문제가 없었지만 과거제도가 생기고부터 쓸데없는 관료가 늘어났다고 말한다. 과거제도는 관직의 수는 고려하지 않고 정기적, 비정기적으로 관료 후보자를 뽑았기에 결국 관료의 자리 수를 늘리지 않을 수 없었던 것이다. 쓸데없이 관료의 수를 늘린 것은 과거만이 아니었다. 스스로는 고위관직을 지냈지만, 아들은 멍청해서 과거에 합격하지 못한 자가 있다고 하자. 그럴 경우에 대비해 문음門蔭이란 길이 열려 있었다. 조상이 높은 벼슬을 지내면 그것을 국가에 공이 있는 것으로 여겨, 과거에 합격하지 않은 자식도 벼슬을 할 수 있도록 따로 뒷문을 열어놓은 것이다.

문이 한번 열리자 문제가 폭발한다. 송 대에 이르자, 포대기에 싸인 젖비린내 나는 아이까지 관복을 입는 희극이 벌어진다. 당연히 유능한 인재는 재야에서 썩는다. 관료가 늘어난다 해서 재정이 따라 늘어나는 것은 아니다. 성호는 "말 먹이는 사람이 꿀과 콩이 축이 나는 것을 염려해 마구간 지기를 두었더니 말이 더욱 수척해졌다"는 말을 인용하고 있는바, 재정 부족을 해결하기 위해 일할 관료를 더 두면

---

1) 제14권 「인사문」, '쓸데없는 관리를 없애야 한다罷冗官'

결국 재정 부족이 더 심화된다는 것이다.

성호는 쓸데없는 관료가 늘어나는 현상에 대한 비판을 위해 중국의 역사를 인용했지만 정작 그가 겨누고 있는 것은 조선 쪽이었다.

우리나라는 본디 땅은 좁고 관리는 많다고 알려져 있다. 땅이 좁으면 재물이 넉넉하게 나지 않고, 관리가 많으면 토색질이 풍조를 이룬다. 백성은 더욱 빈곤해지기 마련이다. 그 이유는 무엇인가?

당나라, 송나라처럼 넓은 땅이 있지도 않은데 사람을 위해 벼슬자리를 늘리는 오류를 저지르기 때문이다. 한양과 지방의 벼슬자리는 이미 문과 무과 합격자의 수를 채우지 못한다. 여기에 유품流品으로 벼슬길에 들어가는 길도 너무나 넓게 트여 있어, 권귀權貴의 자제들은 광인과 바보를 가릴 것도 없이 벼슬이 없는 자가 없다. 그들과 혼인을 맺거나 벗이 되어 사귀는 자, 그리고 빌붙어 알랑거리는 자도 벼슬에 오르지 않는 경우가 없다. 일단 사모紗帽만 쓰면 수령 자리는 곧 제 것인 양 여긴다. 그래도 혹 승진이 미뤄질까 애가 타서 임기가 끝나기도 전에 지름길로 벼락 승진을 하려고 몸부림을 친다. 문신 음관蔭官들은 일거에 한몫을 챙기려는 오직 한 생각만 굴리는 자가 수천 명이다. 무신 쪽은 이 수에 들지도 않는다. 300곳이 조금 넘는 고을로 이 한없이 많은 사람들의 탐욕을 채우기란 실로 어렵다.

東國, 素稱地狹官多. 地狹則財寶不興, 官多則冒奪成風, 而民益困. 其故何也?
無唐宋之幅員, 而有爲人擇官之失. 內外官窠, 旣不能賠補文武出身之數.
而流品入仕之路, 又太濫, 權貴子弟, 無論狂惑愚獸, 一無無官. 其姻婭交遊,
扳緣傅會者, 無不登仕. 一著紗帽, 便以守宰爲已有, 猶患淹滯, 不待滿秩,
捷徑躐階. 文臣蔭仕, 念念心心, 惟圖一麾而肥己者, 數千餘人. 武臣不在此數.

以三百餘邑之窠, 待此無限人之貪饕, 難矣.
(쓸데없는 관리를 없애야 한다罷冗官 | 제14권「인사문」)

관직을 향해 너나없이 몰려드는 이유는 지극히 단순하다. 백성의
거죽을 벗기고 뼈를 바르는 가렴주구, 곧 토색질을 통해 일거에
벼락부자가 되기를 원하기 때문이다. 그런데 어쩔 것인가. 조선은
중국과 달리 땅은 좁고 재물이 넉넉하지 않다. 조선의 지방
수령직(예컨대 군수나 현감)은 300자리가 조금 넘는다. 이 자리는 수많은
관료 후보자들의 탐욕을 채우기에는 너무나 부족하다. 성호의 지적은
조선이란 관료국가의 본질적 속성을 여지없이 드러내고 있다.
 '서리 무리의 명칭胥徒名號'에서 성호는 이 점을 더욱 신랄하게
파고든다.

천하의 벼슬자리를 차지하려고 비루하게 구는 자들은 너나없이 사리를
채우려는 자들이다. 오직 공정하고 청렴한 한마음으로 민생을 후하게
만들려고 하는 사람이 몇이나 되겠는가?
天下之規規然圖得官府者, 箇箇是求利於己. 其一意公廉, 惟民是厚者,
能有幾人哉.
(서리 무리의 명칭胥徒名號 | 제14권「인사문」)

성호는 관직을 구하는 사람이 모두 사리사욕을 충족시키려는
자들이라고 말한다. 지나친 말인가? 결코 아니다. 조선 시대 관료의
봉급은 입에 겨우 풀칠을 할 정도였다. 그럼에도 관직에 목을 매다시피
하는 것은 이미 관례가 되어 아무도 비난하지 않는 '부정적 수입'이
넉넉했기 때문이었다. 과거에 응시하는 자들 역시 그것을 잘 알고

있었다. 만약 백성의 후생에 관심이 있고, 또 그것을 실천하는 관료가
있었다면 아마도 예외일 것이다.

 따지고 보면, 조선이란 국가의 관료조직은 본질적으로 거대한
착취기관이다. 생각해보라. 백성들 중 그 누가 그들을 왕으로, 관료로
섬긴다고 동의해주었단 말인가. 『실록』을 읽어보면 조정에서는
당쟁으로 날과 밤을 지새운다. 예컨대 1, 2차 예송禮訟이 논에서 김을
매는 백성들에게 무슨 중요한 의미가 있을 것인가. 왕과 왕비가 상복을
3년을 입을지, 1년을 입을지, 9개월을 입을지를 두고 관료들끼리
목숨을 걸고 치고받았지만 그 자체가 무엇이 중요한가? 그 역시
권력을 독점하기 위한 더러운 싸움일 뿐이었다. 하기야 조정 일각에는
백성들을 위한 통치와 행정이 있었고 그것은 선량한 언어로 이루어져
있었지만, 그 '말씀'들이 그대로 실행되는 경우란 실로 드물었다.
만약 그 선량한 말이 그대로 실행되었으면 유민과 도적이 나타날 리
없고 '황구첨정黃口簽丁'이나 '백골징포白骨徵布' 같은 어휘도 사라졌을
것이다.

 문제는 관료제 자체에 있었다. 성호는 백성과 가장 가까운 자들은
수령과 아전, 예속隸屬이라고 하면서 그들의 속성을 이렇게 밝힌다.

그들의 뱃속에 가득 찬 것은 백성의 가죽을 벗기고 살을 발라내려는
마음이다. 그나마 힘이 부족해서 잠시 쉬고 있을 뿐이다. 만약 힘이
넉넉하다면 단연코 그렇게 할 것이다. 그러니 그들의 수를 늘릴
필요가 있으랴? 지금 도성 각 관청의 쓸데없이 자리만 차지하고
있는 자들은 언급하지 않는다 하더라도, 정원조차 정해져 있지 않은
수많은 서리들은 한갓 무익한 존재가 되어 있을 뿐인데, 윗자리에 있는
사람들은 제 기분대로 불러대고 부려먹고 올려주고 내쫓고 하는 것이

무상하다. 저들 역시 소속 관청의 업무에는 마음을 쓸 겨를이 없고
오직 기회를 타고 틈을 엿보아 백성을 괴롭힐 궁리만 한다. 이렇게
하지 않으면 저들 역시 살아갈 도리가 없기 때문이다.
多是滿胸, 剝割之心, 而猶有力不贍, 少休. 贍則斷爲也. 其可使之多其人耶?
今之京中各司, 冗員倖位, 且置不言, 胥徒之繁無定額, 徒作無益, 呼使隨其喜怒,
陞黜無常. 渠亦不暇留心於曹務, 而惟乘勢投隙, 爲厲民之計. 不如此,
渠亦無以爲生也.

(서리 무리의 명칭胥徒名號 | 제14권「인사문」)

관료들의 뱃속에 가득 찬 것이 백성의 가죽을 벗기고 살을
발라내려는 마음이라니, 너무 과한 표현이 아닌가. 하지만 조선
시대 사정을 조금이라도 안다면 결코 과하다고 말하지 못할 것이다.
『영조실록英祖實錄』을 보면 영조 1년(1725) 7월 10일 경연에서 참찬관
유복명이 『경국대전』에 47명으로 정한 형조 서리가 140명으로 불어나
재판을 조작하고 체포를 구실로 삼아 백성의 고혈을 빨고 있다며 그
수를 『경국대전』의 정원 대로 줄일 것을 왕에게 요청한다. 이러한
관리들의 폐단은 영조 때만 국한된 것은 아니었다. 거의 만성적인
일이었고 아무리 고치려 해도 고칠 수가 없었다.

성호는 대책을 낸다. 그는 무엇보다 강하고 무거운 권력을 쥔
자리를 줄이는 것이 가장 중요하다고 말한다. 아울러 유사한 성격의
관청이나 지방행정단위를 통합하고, 결원이 나도 필요하지 않은 경우
보충하지 않음으로써 쓸데없는 관리를 줄이라고 주장한다. 하지만
어떻게 되었던가. 조선조 말까지 성호의 아이디어는 결코 채택되지
않았다.

성호의 글을 읽으며 내가 경험한 대한민국의 관료들을

떠올려본다. 관료들은 기본적으로 보수적이다. 일부를 제외하면 그들은 윗자리로 올라가면 올라갈수록 보수성이 짙어지고(아니, 수구적이 되고), 국민 대중과 사회를 위해서가 아니라 보신과 승진, 그리고 관료조직 자체를 비호하는 데 골몰한다. 정권이 바뀔 때마다 작은 정부를 외치지만 어느새 관료조직은 커져 있다. 제도와 규정을 만들어 사람을 통제하려 하거나, 상대방이 약하다 싶으면 군림하려 한다. 강하고 무거운 권력을 지닌 기관이 한둘이 아니다. 그런 기관에 있는 자들은 자신이 대리하고 있을 뿐인 그 권력을 마치 자기들의 권력인 것으로 여긴다. 보통의 시민을 우습게 알고, 그 권력으로 사적 욕망을 채운다. 무능하기 짝이 없지만, 그 무능이 드러나는 법은 거의 없다. 관료를 감시할 기구가 없기 때문이다. 국회와 지방의회가 있다고 하지만 그곳을 채우고 있는 자들 역시 대부분 관료와 한패다. 그러니 관료가 세운 정책이 실패로 돌아가 수많은 사람들이 피해를 입어도 아무도 아무런 책임을 지지 않는다. 이 해괴한 문제를 푸는 첫걸음은 관료에 대한 환상을 버리고, 관료제의 모순을 직시하는 데서부터 시작될 것이다.

부패한 자가 왜 출세하는가

『성호사설』곳곳에서 성호는 백성의 궁핍한 삶에 대해 언급하면서, 관리들이 탐학貪虐을 멈출 것을 호소한다. 읽기 너무나 고통스럽다. 하지만 어쩔 수가 없는 일이다. 원래 인간사회의 현실은 직시할수록 고통스럽기 마련이 아닌가. 사대부가 벼슬을 하기 위해 익혔던 사서삼경은 사대부가 도덕적 존재일 것을 끊임없이 설파하고 있었다. 그럼에도 불구하고 탐학은 왜 그치지 않았던 것인가. 성호의 말을 들어보자.

성호는 '사적관私覿官'[1]이란 글에서 재미있는 이야기 하나를 옮기고 있다. 당나라의 문호 한유韓愈가 지은 위단韋丹이란 인물의 묘지墓誌에 적힌 이야기다. 그 내용은 대략 이렇다. 위단이란 사람은 신라에 사신으로 파견된 적이 있었다. 당시 관습에 의하면, 조정에서는 외국에 사신으로 파견되는 사람에게 주현관州縣官, 곧 지방 열 곳의 수령 자리를 주며 그 자리를 팔아서 사신단의 비용에 쓰라고 했던 모양이다. 매관매직을 해서 번 돈으로 사신 행차에 들어가는 비용을 충당하다니 정말 우스꽝스런 일이다. 하지만 그 관행에 대해 시비를 거는 사람은 없었다. 오직 위단만이 문제를 지적하는 상소를 올렸고, 황제는 나라에서 필요한 비용을 대주라고 명한다. 성호가 이 이야기를 꺼낸 것은 비슷한 일이 당시 조선에서도 있었기 때문이다.

---

1) 제8권 「인사문」, '사적관私覿官'

조선은 청나라에 1년에 한두 차례 사신단을 파견했었다. 사신단은 한양과 북경을 왕래하는 동안 막대한 비용을 지출했는데, 조정에서는 그 비용을 지급하지 않았다. 사신단은 자신들이 지나가는 고을에 그 비용을 요구하였다. 이것을 '구청求請'이라 불렀다. 고을 수령들은 이 돈을 어디서 마련했겠는가? 당연히 백성을 쥐어짠다. 성호는 구청의 폐단에 대해 좀 더 밝히고 있다.

이 폐단이 언제 시작되었는지는 알 수 없지만, 결코 국초國初의 제도는 아니다. 이런 제도가 있는데도 어떻게 수령들의 사적인 뇌물을 금지할 수 있을 것인가. 사적으로 요구하고 사적으로 주는 것이 필경 어디서 나오겠는가? 백성에게서 나오기 마련이다. 이것이 이른바 세외방원稅外方圓(상세常稅 외에 바치는 재물-지은이)인데, 날마다 불어나고 달마다 늘어나 다른 경우도 모두 이것을 보고 따라 한다. 그래서 한양의 관청에 일이 있으면, 반드시 지방 고을에 공적으로 징수하는 것을 관례로 삼으니, 만약 크게 개혁을 하지 않으면 앞으로 나라를 망칠 단서가 반드시 여기에 있을 것이다.

不知此弊起於何時, 而斷非國初定制. 如是而其能禁守宰之私賄耶. 私求而私輿, 畢竟何出? 出於民也. 是卽所謂稅外方圓, 而日增月益, 他皆觀效. 凡京司有事, 必公徵于外郡, 以爲例, 苟不變而通之, 方來亡國之端, 未必不由此起也.

(사적관私覿官 | 제8권 「인사문」)

구청의 관례를 본받아 한양의 관청에서도 무언가 일이 있으면 지방 고을에 공공연히 비용을 요구한다. 원래 법에 정해진 세금으로 경작하는 땅에 매기는 전세田稅가 있었지만, 어떤 일로 인해 임시로 걷던 물자가 세월이 가면서 정식 세금이 된다. 한 가지 전례가 또 다른 예를 만든다. 이런 식으로 국가가 법 밖의 세금을 수령들에게 거두어들이면, 그 결과는 뻔하다. 수령들이 백성을 착취하고 조정의 권세가에게 뇌물을 바치는 것을 막을 도리가 없다. 이런 식으로 사대부 체제는 전세 외에 환곡이니 군포니 하는 명목으로 세금 아닌 세금을 거두어들였고, 거기에 구청 따위의 오만가지 명목을 덧붙여 백성을 쥐어짰다. 수입이 들어오는 길은 수십 수백 가지로 나뉘어 있고, 따라서 복잡하기 짝이 없다. 복잡하고 다양한 세원들은 일일이 관리가 안 된다. 당연히 부패의 소굴이 된다. 아전은 그것을 요령껏 빼먹고, 또 자신과 결탁한 양반에게 상납한다. 성호의 말처럼 사대부 체제는 백성을 한없이 착취하다가 멸망의 길로 들어서고 만다.

이제 그 부패의 사례를 한번 보도록 하자. 그 좋다는 평안 감사의 경우다. 성호는 '감영창고營庫'에서 감사의 재정을 전횡하는 권력을 이렇게 고발한다.

지금의 감사監司는 재물을 제 마음대로 쓰고 있지만 조정에서는 까마득히 모른다. 재물은 하늘에서 떨어지는 것이 아니고 반드시 백성에게서 나오는 것인데도, 백성을 쥐어짜는 무리가 욕심을 채우고 자신을 살찌우니, 백성이 어떻게 곤궁하지 않을 수 있으랴?
지금 제도에, 감사가 있으면 반드시 판관判官이 있다. 그러나 감사와 판관은 각각 창고를 갖는다. 판관은 감사를 공봉供奉하지만 [감사의] '감영창고'에 대해서는 간여할 수 없다. 감영창고는 국가의 내탕고內帑庫와 같은 것이다. 내탕고란 것도 옳지 못한 것이거늘, 하물며 감영창고야 말해 무엇하겠는가!
지금 마땅히 법을 세워 감사가 비록 재부財賦를 총괄은 하더라도 반드시 판관이 관장하게 하여 사사로이 쓰지 못하게 해야 할 것이다.

또 판관이 지위가 낮으면 관장官長의 불법을 바로잡을 방법이 없을
것이니, 판관의 품계를 고려의 안렴부사按廉副使처럼 좀 더 높여야 할
것이다. 그러면 백성도 좀 편안해질 수 있을 것이다.

今之監司, 費財隨意, 朝廷不知也. 財非天降, 必由於民, 掊克之徒, 充欲肥己,
民安得不困? 今制有監司, 必有判官. 然監司·判官, 各有府庫, 判官雖供奉監司,
而至營庫, 則不得干. 營庫者, 如國之內帑. 內帑尙不可, 況營庫乎! 今宜立法,
監司雖摠其財賦, 而必使判官掌之, 無得私用. 又判官位卑, 則官長之不法,
無以規正, 宜增其品秩, 如高麗之按廉副使, 則民力亦可以少抒矣.

(감영창고營庫 | 제8권 「인사문」)

감사 아래에 판관이 있다. 감사와 판관은 각각 창고를 갖는다. 판관은
감사를 받들어 행정 사무를 보지만, 감사의 창고만은 간여할 수가
없다. 임금에게는 내탕고란 금고가 있는데, 임금 개인의 용돈 창고다.
내탕고는 신하들이 전혀 손을 댈 수 없는 개인 금고다. 식견 있는
사람들은 국가를 소유하고 있는 왕이 내탕고를 가지는 것이 말이
되냐고 비판했지만 역대 임금들은 들은 척도 하지 않았다. 감사의 창고
역시 감사가 마음대로 집행하는 내탕고로서, 어떤 권력도 손댈 수가
없었다. 보통 관리는 감사로 있을 때 한몫 단단히 챙긴다고 보면 됐다.
예컨대 정조 즉위년에 평양 감사로 있던 조엄, 황해 감사였던 홍술해,
전라 감사였던 원의손은 각기 60만 냥, 12만 냥, 10만 냥을 횡령하여
유배되었다. 당시 쌀 한 가마니 값이 2냥에서 4냥 정도였다고 하니,
실로 엄청난 액수다. 이런 부패에도 불구하고 그들의 가문이 결딴이 난
것은 아니었다. 오히려 영예를 얻기도 했는데 예로, 위 부패 3인방 중
조엄의 가문은 뒷날 왕비 신정왕후神貞王后(1808~1890, 익종의 비, 헌종의
어머니)를 내면서 풍양 조씨 세도가문이 된다.

성호는 백성을 부유하게 하자는 계책을 제시하지 않은 사람이 없는데도 그 계책은 한 번도 시행된 적이 없다면서 이렇게 말한다.

나라는 백성에 기대고 백성은 재물에 의지하는 법이다. 재물이 바닥나면 백성이 쇠약해지고, 백성이 쇠약해지면 나라가 망하게 된다. 이것은 알기 어려운 말이 아니다. 지금 위로는 고관대작부터 아래로는 벼슬하지 않은 유생까지 누군들 백성의 살림을 넉넉하게 만들어주자고 말하지 않으랴마는, 한 가지 정사政事도 단행되는 경우를 보지 못하였다. 살림을 넉넉하게 만드는 방도는 탐오貪汚를 금하는 데 달려 있다. 탐오는 그냥 얻는 것이 아니라, 백성의 가죽을 벗겨 제 이익을 챙기는 것이다.

國賴於民, 民靠於財. 財竭則民敗, 民敗則國破, 非難喩也. 上自紳珮, 至章甫儒士, 誰不道優民裕財, 然未見有一政之斷行也. 裕財繫乎禁貪. 貪非徒得, 卽剝民而益己也.

(청렴과 탐오廉貪 | 제11권 「인사문」)

조선 시대 양반들이 남긴 문집을 보라. 위로 고관대작부터 아래로 벼슬 없는 유생까지 글줄깨나 쓰는 사람이면 누구나 백성의 살림을 넉넉하게 만들어주자고 말한다. 하지만 단 한 가지도 제대로 시행된 적이 없다. 성호는 좋은 계책이 없어서 백성이 가난한 것이 아니라고 한다. 문제는 백성을 착취해 사복을 채우는 탐오가 먼저 금지되지 않은 데 있다는 것이다.

 왜 탐오는 금지되지 않는가. 탐오를 해도 아무런 처벌이나 제재를 받지 않기 때문이다. '청렴과 탐오廉貪'를 계속 읽어본다.

이제 내가 본 바를 적어보겠다. 우리 마을에 높은 벼슬을 지내고 청백리로 뽑힌 분이 있었다. 그분은 청렴했기에 가난했고, 가난했기에 자손이 살던 곳을 떠나 떠돌게 되었다. 게다가 사사로운 이익의 길을 뚫지 못해 백여 년이 지나도록 박한 녹봉을 받는 기회도 가질 수 없었고, 거의 모두가 굶주려 도랑에 나뒹구는 신세가 되고 말았다.

今以所覩記. 余里中有官高而與於淸白之選者. 惟其廉故貧, 貧故子孫流離. 又無綢繆私遝, 迄百有餘年之間, 不得廁于寸祿之典, 而塡邱壑殆盡矣.

(청렴과 탐오廉貪 | 제11권 「인사문」)

청백리는 후손을 위해 재산을 모을 수 없다. 가난을 물려받은 후손은 그 선조를 본받아 사사로운 일을 도모하지 않는다. 가세는 이루 말할 수 없을 정도로 기운다. 백여 년이 지나도록 미관말직도 얻지 못하고, 거의 다 굶어 죽는 신세가 된다. 하지만 탐관오리들은 어떤가.

같은 시기에 백성의 살가죽을 벗기고 기름을 짜내어 좋은 전답과 집을 마련하고, 기세를 돋우고 이름을 날리며 벗들과 사귈 때 팔뚝을 뽐내어 세상 의론의 중심에 서고 높은 벼슬에 올라 후한 녹봉을 받는 자와 저 청백리를 비교해본다면, 그 차이는 하늘과 땅 사이보다 더 크다.

   하기야 지금 세상에 탐관오리를 다스리는 법 또한 엄하기는 하다. 자손까지 벼슬길을 막아버리니 말이다. 하지만 이것은 다만 법일 뿐이다. 어디 저 대소 관원을 한번 보라. 누구를 막론하고 집은 높고 밝으며 노비는 피둥피둥 살이 쪄 있다. 하지만 한 사람도 법에 걸려 죽었다는 말을 들어본 적이 없는 것은 어째서인가? 온 세상 사람에게 얼음물을 마시고 소태나무를 씹으며 살라고 한다면 말이 안 되겠지만, 아무리 생각해도 법의 그물을 벗어난 자가 지나치게 많은 것 같다.

視當時掊克浚膏, 多聚美田宅, 增氣養譽, 交遊攘臂而議於世, 登膴仕食厚祿者, 其利害之相去, 不啻天與壤也. 今世贓吏之法, 亦嚴矣. 子孫至於禁錮. 然是徒法也. 試看大僚細官. 莫不屋宇高明, 臧獲肥澤. 未聞有一人罹憲而終者, 何哉? 若曰擧一世而氷蘗, 則不成說, 意者漏網之衆乎.

(청렴과 탐오廉貪 | 제11권「인사문」)

아무리 탐오해도 처벌을 받지 않는다. 이것이 탐관오리가 그치지 않은 이유다. 성호는 청렴한 관리를 선발해 일정한 토지를 지급하고 그 후손들을 등용하여 벼슬이 끊이지 않게 하자는 안을 내놓는다. 별로 신통한 대책도 아니지만 이것도 시행되지 않았음은 두말할 필요가 없다.

그래, 어떠한가? 세월이 흘러 조선 시대는 옛이야기가 되었지만, 부정직하고 부패한 자가 출세하고 양심을 지키고 올곧게 사는 사람이 궁핍한 것은 지금도 꼭 같지 않은가. 부패를 만들어내는 사회구조를 개혁하지 않으면, 부패한 인간들을 척결하지 않으면, 한국사회는 가망이 없다. 부패로 패망한 조선이 그 선례를 보여주고 있지 않은가.

사치, 불의의 실행

성호는 『성호사설』 곳곳에서 사치에 대해 비판한다. 지나친 것이 아닌가 하는 생각이 들 정도로 발언이 잦고 그 어조가 강하다. 그만큼 사치 문제를 절실히 생각했다는 뜻이기도 하다. 그렇다면 사치는 도대체 누가 주도하는 것인가? 먼저 '부귀한 생활을 부러워하다慕效富貴'라는 글의 서두를 보자.

선비가 벼슬을 하지 않으면, 한양이나 도성 가까이에서 살 수가 없다. 한양은 지체가 높고 부유한 사람들이 모여 사는 곳이다. 무릇 결혼이나 상례喪禮의 복식이며 음식이 사치스럽지 않은 것이 없다. 이 때문에 선비들도 보고서 부러워 본받지만, 재력이 바닥나는 상황을 면하지 못하고, 아주 거덜이 난 뒤에야 본받는 것을 그만두게 된다. 오직 영남지방만 부지런하고 검소한 풍속을 가지고 있을 뿐이다. 부지런하면 재산이 바닥나지 않고, 검소하면 절약하게 된다. 그래서 가산을 길이 전해줄 수 있으니 어찌 낙향樂鄕이 아니랴.
士不做官, 則京輦近圻不可以爲生. 京輦者, 貴富之所聚. 凡昏喪服飾飮食, 莫不奢靡, 故士亦相觀而慕效, 不免財殫力竭, 蕩産乃休也. 惟嶺南之俗, 勤而儉. 勤則不匱, 儉則撙節, 猶可以傳久也. 豈不爲樂鄕耶.
(부귀한 생활을 부러워하다慕效富貴 | 제10권 「인사문」)

관직을 얻지 못하면 한양이나 경기 일대에 살 수 없다. 성호의 시대가 되면 치열한 당쟁의 결과 영남지방의 남인이 마지막으로 정치권력에서 배제된다. 오직 한양과 경기도, 그리고 충청도의 일부 양반만이 벼슬을 할 수 있었다. 이마저 18세기 끝자락으로 가면 벼슬이 가능한 사람은 한양 사람으로 국한되고 만다. 바로 이 한양의 양반, 곧 경화사족京華士族은 좋게 말해 아주 세련된 문화를 형성했다. 북경에서 수입한 상품을 소비하는 주축이 바로 이들이었다. 『홍재전서弘齋全書』에서 정조는 서울의 경화세족의 생활상을 이렇게 말한다.

근래 사대부들 사이에는 괴상한 풍습이 있으니, 반드시 우리나라의 틀을 벗어나 멀리 중국인이 하는 것을 배우려는 것이다. 서적은 말할 것도 없고, 날마다 쓰는 생활도구까지도 모두 중국제를 사용하고, 이것을 다투어 고상한 풍치로 삼는다. 예컨대 먹이나 병풍, 붓걸이, 의자, 탁자, 청동으로 만든 솥이며, 술잔, 술그릇 등 온갖 기이하고 교묘한 물건을 좌우에 펼쳐놓고, 차를 마시고 향을 사르며 애써 고아한 분위기를 연출하니, 일일이 다 말하기 어려울 정도다.

近來士夫間, 習尙甚怪, 必欲脫却我國規模, 遠學唐人所爲.
書冊姑無論, 至於尋常器皿什物, 亦皆用唐産, 以此競爲高致.
如墨屛·筆架·交椅·卓子·鼎彝·樽榼等種種奇巧之物, 布列左右, 啜茶燃香,
强作疎雅態者, 不可殫述.
(훈어訓語 2 | 「일득록日得錄」15)

서적과 집기, 골동품 등 모두 북경 수입품이다. 어떤가. 요즘 서울의 부호들이 수입품으로 집을 칠갑하는 것이나, 수천 수억 하는 명품으로 몸을 치장하는 것을 떠올리면 쉽게 이해가 될 것이다.

문제는 경화세족의 사치가 그들만의 문제에 그치는 것이 아니라는 점이다. 성호는 '사치하는 풍속侈俗'[1]에서 이렇게 말한다. "세상이 문벌을 숭상하여 경상卿相의 자식은 반드시 경상이 되고, 부귀하고 교만한 집안에서 태어난 사람은 죽을 때까지 부귀하고 교만하게 살다가 죽는다. 갈수록 더욱더 사치스럽게 살지만 자신은 그런 줄을 모른다." 이들은 영구 집권층이고, 사치는 생활 그 자체다. 삶이 갈수록 더 사치스러워져도 그것이 사치인 줄을 모른다. 이들 문벌가의 사치는 당연히 모방의 대상이 된다. "땅뙈기도 녹봉도 없는 집안도 그들과 벗이 되고 혼인을 하면서, 죽을지언정 질박하고 검소한 삶을 꺼리고 애써 그들의 사치를 따라잡으려고 한다. 그렇게 하지 않으면 남들이 비웃는다는 것이다." 좀 구체적으로 보면 이렇다. "수레나 말, 의복, 집, 음식에서 남만 못한 것을 아주 큰 수치로 안다. 가난한 선비가 집에서 채소만 먹다가 남을 대하면 떡 벌어지게 차려놓고 먹는다든가, 곤궁한 아낙이 평소 때 묻은 옷을 입고 있다가 손님이 오면 화려하게 단장을 한다." 씁쓸하다. 요즘 수입이 보잘것없는 사람이 몇 달을 허리띠를 졸라맨 끝에 명품을 구입하는 꼴을 보는 것과 다름이 없다.

원래 사치는 귀족의 몫이다. 귀족의 소비는 자신의 사회적 위상을 과시하기 위한 현시적 소비다. 하지만 가난뱅이의 사치는 모방적 소비다. 자신의 경제적 능력을 초과하는 모방적 소비는 경제적 몰락으로 귀결된다. 가난한 백성들은 빚을 내고 전지田地와 집을 팔고, 굶주리다 죽거나 유민이 되거나 도둑이 되기 마련이다. 하지만 양반의 경우는 그 코스가 사뭇 다르다. 양반은 '불의'란 엉뚱한 길로 나아간다.

같은 글에 실린 성호의 지적을 들어보자. "사치에는 반드시

1) 제7권 「인사문」, '사치하는 풍속侈俗'

재물이 있어야 한다. 재물이 부족하면 별별 수단으로 재물을 구하되, 불의不義의 수단도 돌아보지 않는다." 사치하는 삶을 유지하기 위해, 필요한 재물을 구하기 위해 수단과 방법을 가리지 않는다는 말이다. 불의란 구체적으로 무엇인가? 다시 정조의 말을 참고하자.

사치하는 풍습이 요즘처럼 성한 적이 없었다. 더할 수 없이 가난한 자라 할지라도 집안의 온갖 살림살이며, 옷이며, 음식을 모두 나름대로 꼴을 갖추려고 한다. 저들 밭을 갈지도 베를 짜지도 않는 사람의 재물이 어디서 나오는 것이란 말인가. 이 때문에 천 가지, 백 가지 방법으로 반드시 이利가 나오는 굴을 뚫으려 한다. 수령이 되면 오직 자기 이익을 챙길 생각을 하여, 간악한 짓을 하고 죄과를 범하며 하지 못하는 짓거리가 없다. 정말 걱정스럽다.
侈風之盛, 莫如近日. 雖至貧至殘之類, 居處凡百, 衣著飮食, 皆欲成樣. 彼不耕不織之人, 財物從何生也? 是以千方百計, 必欲穿得一箇利窟, 爲守令則惟思益己, 作姦犯科, 無所不至, 良可悶也.
(훈어訓語 2 | 「일득록日得錄」 15)

밭을 갈지도, 베를 짜지도 않는 양반의 사치스런 삶은 어떻게 가능한가. 정조는 문제의 본질을 정확히 꿰뚫는다. 그것은 밭을 가는 사람과 베를 짜는 사람의 생산물을 빼앗기 때문에 가능하다. 양반은 백방으로 재화가 흘러나오는 구멍을 뚫는다. 수령 자리가 바로 그런 구멍이다. 이것이 조선 양반의 우아한, 아니 사치스런 삶이 가능했던 원리다.
　같은 글에서 정조는 "지금 사람은 지금 사람의 옷을 입어야 한다"라는 옛사람의 말을 절실히 새겨들어야 한다고 말한다. 또한 사치하는 자들에게 조선에서 태어났으면 마땅히 조선의 본색을 지켜야 하는 법이니 죽을힘을 다해 중국인을 본받는 것, 곧 중국의 상품으로 사치하는 것은 결코 온당치 않다고 지적한다. 사회 상층부가 생산하는 계층인 농민을 쥐어짜서 수입 사치품을 소비하는 생활을 즐기고, 이것을 또 중간층이 모방하는 국가와 사회가 온전할 리 없다. 정조는 사치의 폐단은 장차 말할 수 없는 결과를 낳을 것이고, 또 어떻게 해결할 수도 없을 것이라 개탄했던바 조선은 정조의 탄식이 있고 난 뒤 1세기를 무기력하게 뭉개고 지내다가 식민지가 되고 말았다.

성호는 과거를 회고한다. 옛날에는 "높은 벼슬아치일지라도 거개 가난하고 천한 처지에서 나왔고, 임금도 임금이 되기 전에는 평민의 신분으로 험한 일을 두루 겪어 그 간난艱難함을 알았다." 이런 이유로 지나치게 사치하는 일은 없었다는 것이다. 하지만 귀족 가문에서 태어난 저 어린아이들은 가난하고 천한 삶, 험한 일을 겪어 알 리가 없다! 생각해보라. 조선초기 왕들은 창업의 고통을 알았다. 과거는 그래도 공정하게 시행되었고, 가난한 집안에서도 합격자가 나왔다. 그때 사회와 나라는 그나마 건강했다. 하지만 조선에 벌열, 곧 영구집권층이 생기면서 사치가 번졌고, 조선은 몰락의 길을 걷기 시작한다. 성호가 지나치다 할 정도로 많은 언어를 소비해가며 사치를 비판했던 것은, 이러한 지배층의 사치가 백성을 수탈하고, 백성이 가난해지면 국가와 사회를 몰락하게 만드는 요인이 되기 때문이었다.

현시적 소비인 사치는 인간성의 어떤 본질적 국면이기도 하지만, 그것은 특정한 사회적 관계가 아니면 구체화되지 않는다.

사람의 마음은 모두 편하고 사치스럽게 살고자 한다. 그것은 타고난 본성이 그렇게 시키기도 하고, 또 습관과 풍속이 그렇게 변화시키기도 한다. 두보杜甫의 시에 "귀한 자가 없으면 천한 사람도 슬퍼할 것 없고, 부자가 없으면 가난 역시 넉넉할 뿐이라네"라 하였다. 천하가 모두 천하고 가난한 사람이라면, 근검하게 사는 것이 무어 어렵겠는가?

人情, 莫不欲逸欲奢. 不但性氣所使, 習俗化之也. 杜詩云: "無貴賤不悲, 無富貧亦足." 天下皆賤且貧, 勤儉何難?

(백성은 먼 앞날을 생각해야 하는 법이다民生遠慮 | 제10권「인사문」)

편안하고 사치스런 삶을 추구하는 것은 부인할 수 없는 인간의 본질이다. 하지만 그것을 특정 형태로 만드는 것은 사회적 관계다. 귀족·부자의 건너편에 천민과 빈자가 있는 사회가 사치의 형태를 만들어내는 것이다. 모두 천한 사람, 모두 가난한 사람이라면 모방할 대상도 없다. 하지만 아마도 귀족과 부자가 없는 세상은 쉽게 도래하지 않을 것 같다.

부자 감세는
가난한 백성을 괴롭힌다

성호는 '가벼운 세금은 폐단을 낳는다 輕賦受瘼'[1]에서 세금을 적게 받는 것을 두고, 예컨대 '전세田稅'가 10분의 1이 안 되는 것을 오랑캐의 제도라고 비난한다. 즉, 세금을 적게 받는 것은 좋지 않다는 것이다.

성호의 뜻을 헤아려보자. '세금을 깎아주다 蠲租'[2]에서 성호는 "세금을 깎아서 백성을 구휼한다는 것은 정치의 요점을 깊이 이해하는 사람이 아니다"라고 잘라 말한다. 왜냐? "논밭이 있어야 세금을 매기는 법이니, 세금을 깎아주면 논밭을 소유한 사람만 혜택을 입기 때문이다." 즉 세금을 깎아준다면 그것은 과세의 대상이 되는 토지를 소유한 사람만 이익을 본다는 것이다. 논이고 밭이고 아무것도 없는 사람은 깎아줄 세금조차 없다. 아니 그런가.

그렇다면 땅을 가지고 있는 사람은 얼마나 되는가? 같은 글에서 성호는 이렇게 말한다.

정전제井田制가 폐지된 이후 농토를 소유한 백성은 열에 한둘도 안 된다. 이러니 위에서는 아무리 은택이 비처럼 쏟아진다 해도 아래서는 굶주림의 고통에 시달리니, 무슨 이익이 있을 것인가. 농토가 있으면 부자다. 부자들이야 세금을 깎아주지 않아도 무슨 해로움이 있을

1) 제8권 「인사문」, '가벼운 세금은 폐단을 낳는다 輕賦受瘼'
2) 제14권 「인사문」, '세금을 깎아주다 蠲租'

것인가. (……) 저 산에 불을 지르고 물을 막아서 자기 땅의 경계로 삼고 자기 집안의 이익을 누리고자 하는 자들이 세금의 반을 깎아달라고 날마다 은근히 바라자, 나라의 높은 자리에 있는 자들은 그들의 소원을 들어주는 데 힘써 단지 나라의 재정만 축내고 있으니, 어찌할 것인가?

自井地廢, 齊民有田者, 十無一二焉. 是上有霈渙之澤, 而下抱顒顒之苦, 何益哉? 有田則富, 胥矣富人, 無鐲何害. (……) 彼燒山封水, 保爲家利者, 有竊竊然日望田租之半除, 以居高位者務遵其願, 徒弊國用, 何哉?

(세금을 깎아주다鐲租 | 제14권 「인사문」)

땅을 가진 부자는 10~20퍼센트에 지나지 않는다. 요즘을 20대 80의 세상이라고 하니, 예전이나 지금이나 사정은 같았던 것이다. 산에 불을 질러 제 땅을 표시하고 강물을 경계 삼아 땅을 차지한 자들은 세금을 반으로 깎아줄 것을 날마다 바란다. 높은 지위에 있는 자, 곧 국가권력을 쥐고 있는 자들은 부자들의 '고통'에 공감하여 세금을 깎아준다. 결국 국가재정만 축이 나고 아래서 굶주리는 사람들은 고통을 면할 길이 없다.

왜 성호는 가벼운 세금이 폐단을 낳는다고 했던 것인가. 『맹자』 「고자告子」 하편에 이런 이야기가 있다. 백규白圭란 사람이 세금으로 수확의 20분의 1을 거두고자 하는데, 어떻게 생각하느냐고 맹자에게 묻는다. 백성들에게 세금을 적게 매기면 어떠할지 묻는 이 질문에 대한 맹자의 답은 뜻밖이다. 그건 '맥貊'이란 오랑캐족의 제도란다. 왜냐? 맥족이 사는 곳은 오곡이 자라지 않고 오직 기장만 자란다. 생산력이 낮으니, 궁궐도 종묘도 제사도 없고, 관청도 벼슬아치도 제후들의 외교 관계도 없다. 그러니 20분의 1을 거두어도 충분하다. 하지만 문명화된 나라를 유지하기 위해서는 20분의 1이란 세금으로는 어림도 없다.

이야기가 약간 옆으로 새지만, 그래도 나는 궁궐도 종묘도 제사도 관청도 벼슬아치도 외교도 없는 맥족의 제도가 좋다!

성호는 역시 기본적으로 맹자와 같은 견해다. 성호에 의하면 중국 역사에 간혹 수확의 20분의 1, 30분의 1을 받는 경우도 있었다고 한다. 하지만 그것은 '세금을 적게 받는다'라는 명목만 있을 뿐, 이면에는 반드시 폐해가 있었을 것이라는 것이다. 왜 그런가. 수많은 벼슬아치들의 봉급, 종묘에 쓰이는 제수祭需, 외교와 국방에 필요한 경비는 반드시 어디선가 충당되어야 하기 때문이다.

조선은 어떤가. 성호는 '10분의 1의 세금什一賦'[3])에서 국가가 정한 세금은 1결에 16두로, 25분의 1이라고 한다(1결에 400두를 생산한다고 본 것이다. 여기에는 복잡한 계산이 있지만 생략한다). 25분의 1은 엄청나게 적은 세금이다. 하지만 여기에 '고을의 잡부금'과 '곡식을 운반하는 데 드는 허다한 잡비'는 포함되지 않는다. 25분의 1이라지만 이것을 계산하면 실제로는 벌써 10분의 1을 바치게 되는 것이다. 하지만 이것으로도 여전히 부족하다.

우리나라는 산은 많고 들은 적다. 백성들이 갈아 먹을 수 있는 땅은 7분의 1에 불과하다. 또 세금이 10분의 1이 되지 않아, 백관은 봉급으로 집안 식구를 넉넉히 먹여 살릴 수가 없다. 서리胥吏들은 봉급도 없이 관청 일을 해야 한다.

이런 까닭에 무슨 일이라도 생기면, 반드시 여러 고을에 골고루 분배하여 징수한다. 여러 고을에서는 그것을 구실로 온갖 방법으로 마구 더 많이 거두기 때문에 백성은 더욱 곤궁해진다. 세금이 가볍다는

3)   제11권「인사문」, '10분의 1의 세금什一賦'

의의가 어디에 있단 말인가? 지금 10분의 1로 세금을 정하여 더
받는다면, 농토를 가지고 있는 사람에게만 손해가 가고 가난한 백성은
아무런 상관이 없을 것이다. 하지만 세금을 가볍게 해주고서 따로 더
받는 세금이 있다면 가난한 자가 더욱 곤궁해질 것이다.

如我邦山多野少. 民食之地, 不過七分之一. 而稅又不滿什一之數, 百官俸祿,
不足以瞻其家. 而至胥吏之徒, 無祿供役. 凡有事, 必攤徵列邑. 列邑憑依濫徵,
節節刀蹬, 民所以益困. 安在乎輕賦? 今什一而加賦, 則有田者有損, 而貧民不與焉.
輕賦而別有徵斂, 則貧者益困矣.

(가벼운 세금은 폐단을 낳는다輕賦受瘼 | 제8권 「인사문」)

경작지가 적은 나라에서 세금은 10분의 1이 되지 않는다. 따라서
벼슬아치들의 봉급이란 것이 형편없이 적고, 서리들은 정해진
봉급도 없다. 만약 나라에 비용이 들어가는 일이라도 있으면 지방
각 고을에서 추렴한다. 세금 외의 세금이다. 한데, 어디 지방관들이
정해진 양만 추렴하는가. 거기서 자신이 챙겨먹을 것, 뇌물로 바칠
것을 덧붙인다. 아전이 한몫 떼는 것은 두말할 필요가 없다. 세금이
적다는 것은 명목상 그렇다는 것이고 실제 농민이 부담해야 할 세금은
어마어마했다.

　이제까지 세금 운운한 것은 전세田稅다. 즉 논밭을 경작하여
수확물의 일부를 세금으로 바치는 것이다. 여기에 전혀 다른 종류의
세금이 있다. 공물貢物이 그것이다. 공물은 지방 특산물을 왕에게
바치는 것이다. 조선 조정은 특산물의 종류와 바치는 양을 지역마다
배정해놓았는데 이것이 온갖 문제를 일으켰다. 엉뚱한 특산물이
배정된 경우도 있었고, 기후 변화로 인해 산지가 바뀐 곳도 있었다.
때로는 그 특산물이 흉작인 경우도 있었다. 이런저런 이유로 공물을

대납하고 그 대가로 백성들에게 높은 값을 받는 자가 생기고, 또 그런 자 뒤에는 양반 권세가가 똬리를 틀고 있기도 했다. 이런저런 명목의 공물의 종류와 양은 늘어만 가고 줄어들지는 않는다. 백성은 거의 죽을 지경이 된다.

오랜 논란 끝에 김육金堉의 아이디어로 잡다한 공물을 모두 쌀로 통일해서 내게 하는 대동법大同法이 시행된다. 대동법이란 세금 역시 결코 적은 것이 아니지만, 백성들은 그래도 각다귀 같은 공물 징수에서 해방되었다고 좋아했다. 하지만 이게 또 비극의 시작이었다. 대동미를 받고도 각 도와 고을에서 법에 없는 온갖 명목의 비용을 짜내기 시작했는데, 급기야 성호의 시대에 오면 어떤 고을 수령이 온갖 구질구질한 명목의 잡부금으로 쌀 6, 7두를 내게 하여 하나로 몰아버린다. 백성들은 또 그것을 편하게 여겼다.[4]

하지만 이것도 끝이 아니다. 세월이 가니, 공물을 대동미로 내게 했던 본래 의도는 물론이고 각종 잡부금을 쌀로 몰아서 내게 했던 것도 까맣게 잊고 만다. 그래서 나라에 잔치가 있어도, 국상이 나도, 중국 사신이 와도, 중국에 사신을 보내도 그때마다 백성들을 쥐어짠다. 이런 방식을 중앙의 관청에서도 본을 받고 감사도 본을 받아 무슨 일만 있으면 백성들에게 비용을 내라 한다.[5] 세금 위의 세금이다. 성호는 이 사태를 두고 "대동법을 만든 뜻은 대동미 외에 다른 것을 더 받지 말자는 것이었다. 하지만 지금 바치는 공물은 예전 그대로다. 또 허다한 세월이 흘렀으니, 공물의 종류가 더 불어난 것을 알 수 있을

---

[4]   제9권 「인사문」, '대동大同'
[5]   제9권 「인사문」, '대동大同'

것이다"[6]라고 말한다.

국가권력을 쥐고 국민을 지배하는 자들은 아무리 많은 세금을 거두어도 만족할 줄 모른다. 국가의 재정은 늘 모자라는 법이다. 해결할 방도는 없는가. 성호는 이렇게 말한다. "10분의 1의 세금을 받고 쓰는 데 모자란다면, 그것은 일하지 않는 쓸데없는 관리가 많기 때문일 것이다. 그렇지 않다면, 지나치게 낭비를 하거나 비용이 새나가는 데가 많기 때문일 것이다. 지금 나라 땅은 작은데 고을은 많고, 일은 간단한데 관리는 많다. 이것들을 모두 줄여야 할 것이다."[7]

예나 지금이나 원리는 같다. 오늘을 떠올려보라. 성호의 말은 마치 지금 세상을 향한 것처럼 보인다. 납세자의 세금은 어디선가 새나가고 정부가 세금을 어떻게 쓰는지 감시할 방법도 없다. 국회와 지방의회가 그것을 감시한다고 믿는 사람이 있다면 그 사람은 아마도 바보 아니면 천치일 것이다. 세금 내는 부자들이 불쌍하다며 태연히 부자 감세를 감행한 나리님들이 바로 그들이다.

6) 제10권 「인사문」, '기인열거其人列炬'
7) 제11권 「인사문」, '10분의 1의 세금什一賦'

四.

법과 제도

아내를 내쫓는 법

유가 속의 법가

고문이 합법화된 세상

아내를 내쫓는 법

조선 시대의 이혼에 관한 이야기를 해보자. 앞에서 여성에 관한 이야기를 했는데 여기서 이혼 문제를 다시 다루는 것은, 조선 시대 이혼 문제가 주로 여성과 관련하여 제기되었기 때문이다.

성호는 '아내를 내쫓는 법出妻'이라는 글에서 이렇게 말한다.

국법에 개가改嫁한 여자의 자손은 청직淸職을 허락하지 않는다. 때문에 사족士族은 개가를 수치로 안다. 그 폐단은 아내가 아무리 패악스런 짓을 해도 번번이 아내를 내쫓는 법이 없다는 핑계로 이혼을 허락하지 않는 것이다. 이 때문에 여자의 권리가 너무 무거워 가정의 도리가 무너진다.

國法, 改嫁子孫, 不許淸路, 故士族恥之. 其流之弊, 雖絶悖之行, 輒諉諸無出妻法, 不許離絶. 於是, 女權太重, 家道不成.

(아내를 내쫓는 법 出妻 | 제8권 「인사문」)

개가한 사람의 자손을 청직에 등용하지 않는다는 것은 이미 언급한 바 있다. 그런데 이 때문에 이혼을 허락하지 않는다는 것은 뭔가? 이혼을 당한 아내가 재혼을 해버렸을 때, 이혼 전에 낳은 자식은 벼슬길이 막힌다. 이 때문에 아무리 아내가 '막돼먹은' 행동을 하더라도 이혼을 할 수는 없다. 같은 글에서 성호는 '사나운 아내'를 둔 사람을 많이 보았다고 하며, 그중 하는 일마다 아내에게 눌려 기를 펴지 못하는 사내들은 끝내 집안을 보전하게 되고, 천성이 거세어 아내와 드잡이판을 벌이며 반목하는 경우는 종신토록 골머리를 앓으며 엉망이 된 집안 꼴을 감추지 못했다고 말한다.

이런 것을 보면 임병양란 이후 본격적으로 성립된 가부장제 사회가 여성을 완벽하게 침묵시켰던 것은 아니라는 사실을 알 수 있다. 성호는 가부장제 내에서 저항하는 여성을 어떻게 할 수 없는 세태를 두고 "지금 풍속으로 말하자면, 아내 앞에서 숨을 죽이고 눈을 감는 것이 마치 '하동사자후河東獅子吼'[1]와 같은 것은 무엇 때문인가?"[2]라고 하며 한탄한다. 성호는 이혼에 대한 법이 없는 것이 그 원인이라고 주장한다.

국법에 아내를 내쫓는 데 대한 조문이 없다. 유兪 모란 사람이 자기 아내의 난잡한 행실을 고하고 두 차례에 걸쳐 소송을 벌였으나 옥사獄事는 이루어지지 않았고, 그 아내 역시 성품이 패려궂어 부부의 예의가 없었다. 조정의 중신들은 모두 나라에 아내를 내쫓는 법이 없다는 이유로 이혼을 허락하지 않았다.
國法, 無出妻之文. 有兪某者, 告其妻亂行, 兩造辨訟, 獄不成, 妻亦性悖, 無夫婦禮. 重臣皆議, 國無出妻之律, 不許.
(이혼離昏 | 제15권 「인사문」)

유兪 모는 유정기兪正其(1645~1712)란 사람이다. 그는 1690년 아내

---

1) 하동사자후河東獅子吼: 옛날 진계상陳季常이란 사람이 사나운 처 하동河東 유씨柳氏가 소리를 지르면 꼼짝도 못했다는 데서 비롯된 말.
2) 제15권 「인사문」, '이혼離昏'

신태영申泰英을 내쫓는다. 그리고 1704년 예조에 문서를 올려 신태영과의 정식 이혼을 공식적으로 청원하지만, 조정에서는 격렬한 토론 끝에 이혼을 허락하지 않는다. 1712년 유정기는 숙종의 능행 때 어가 앞에서 상언하여 다시 이혼을 요청했지만, 조정에서 문제를 검토하기 전에 사망한다. 그러나 1713년, 죽은 유정기와 신태영을 공식적으로 이혼시켜야 한다는 의견이 나와 조정이 양분되다시피 하면서 격론이 벌어졌다. 그러나 이때도 결국 이혼은 허락되지 않았다.

성호는 유정기가 아내 신태영의 난잡한 행동을 이혼의 사유로 삼았다고 말하고 있지만, 그것은 사실이 아니었다. 원래 유정기는 신태영이 시부모에게 욕설을 퍼붓고, 제주祭酒에 오물을 섞는 등의 행동을 한 것을 이혼 사유로 들었다. 하지만 정식으로 조사를 한 결과 사실로 밝혀진 것은 아무것도 없었다. 신태영이 남편에게 대들었던 것은, 유정기가 예일禮一이란 계집종을 첩으로 들여 그에게 살림에 관한 권한을 넘겼기 때문이다. 항의하는 신태영을 진정시키지 못한 유정기는 아내를 내쫓았고, 그 뒤 복잡한 과정을 거쳐 이혼을 신청하기에 이르렀던 것이다.

이혼의 사례가 전혀 없는 것은 아니었다. 그러나 그 구체적인 사례는 임병양란 이전에 집중적으로 나타나고, 이후로는 아주 드물게 나타난다. 이혼에 관한 법 또한 전혀 없는 것은 아니다.『경국대전』 「형전刑典」 '금제禁制'에 "혼서婚書를 받아놓고 다시 다른 사람에게 허락하여 결혼을 한 자는 주혼자主婚者를 논죄하고 이혼시킨다"라고 하는 이혼에 관한 법 조항이 있다. 그러나 이 경우 역시 사기 결혼에 대한 법적 해결이라는 점에서 일반적인 이혼과는 성격이 다르다 할 것이다. 중신들이 이혼에 관한 법이 없다는 것은 바로 이 점을 지적한 것이다.

성호는『성호사설』여러 곳에서 이혼에 대해 언급하고 있는데, 어느 경우를 막론하고 모든 귀책 사유는 여성 쪽에 있다. '아내를 내쫓는 법'에서 그는 희한한 일화를 하나 인용한다. 풀어서 옮기면 이러하다.

이조판서가 어떤 무관을 추천하여 수령에 임명하려고 하니 참의參議가 이견을 낸다. "그 무인으로 말하자면 정실 아내를 구타했다고 소문이 나 있는데 어찌 목민관으로 삼을 수 있겠습니까?" 이조판서의 답은 이랬다. "아내는 본디 남편의 짝이지요. 하지만 술은 있는데도 없다 하고, 첩은 없다고 하는데도 있다고 우기며 남편의 뜻을 거스르고 요란스레 구니 남편의 마음에 때로는 치고도 싶을 것이오. 저 무부武夫를 어찌 각박하게 탓할 것이 있겠소?" 무슨 말인가? 손님이 왔다. 술을 마시다 보니 모자란다. 더 내오라고 하지만 아내는 술을 많이 마시는 남편이 싫어 없다고 답한다. 남편은 분명 첩이 없다고 하는데도 아내는 첩을 숨겨두고 있다고 의심하며 잔소리를 쏟아낸다. 그러니 사내가 아내를 치고 싶지 않겠는가? 이런 말이다. 성호는 비록 이 말이 농담이기는 하지만 당시의 병통을 맞힌 것이라고 평가한다. 그리고는 이어서 이런 말을 한다.

나라에서 악을 징계할 때, 가르쳐서 따르지 않으면 법으로 다스리고 법으로 다스려도 따르지 않으면 죽여버린다. 위엄을 보이는 방법인 것이다.

저 여자들은 타고난 본성이 불량한데다가 또 내쫓는 법이 없으니, 성인의 지혜라도 어떻게 할 도리가 없다. 그들이 투기하는 버릇은 본디 이상할 것이 없다. 하지만 불효하는데도 불구하고 감히 내쫓지 못하니, 세도世道의 수준이 늘 떨어지지 않겠는가?

어떤 사람은 "그렇게 하지 않으면 죄 없이 쫓겨나는 여자가 많을
것이다"라고 하지만 이 말은 여자를 편드는 말일 뿐이다. 성인이 어찌
이것을 고려하지 않고 칠출七出[3]의 제도를 세웠겠는가? 법에는 폐단이
되는 바가 없지 않다. 하지만 불효·불순하고 예교禮敎를 망치고 집안을
어지럽히는 것이 더욱 해가 되는 것은 생각하지 않는단 말인가?
國之懲惡, 敎之不從治之, 治之不從殺之, 所以威行. 彼女性無良, 又無出法,
雖聖智無奈何也. 其妬猜固無異也. 不孝而不敢去, 世道豈不每下乎? 或曰: "不然,
則女將無罪, 而被出者多." 此爲婦女左袒之說也. 聖人豈不慮此, 而立七出之制乎?
法未有無弊. 獨不見不孝不順, 敗敎亂家之爲, 尤害乎?

(출처出處 | 제15권 「인사문」)

성호는 못된 아내를 내쫓는 법이 없기에 세상이 이렇게 타락했노라고
개탄한다. 그러고는 마침내 주자까지 회의하기에 이른다. '아내가
남편을 버리다婦棄夫'[4]에서 그는 『주자어류朱子語類』에 실린 이야기
한 편을 인용한다. 어떤 여성의 남편이 벌이가 아주 시원치 않자, 친정
부모가 딸을 데려다 다른 남자에게 다시 시집을 보내려 했고 끝내
소송이 벌어졌다. 여성이 승소하여 이혼을 할 수 있었다. 이 사건에
대해 도심道深이란 사람은 "어떻게 가난하다는 이유로 이혼하자
하고, 또 관청에서 허락할 수 있단 말인가?"라고 비판했지만, 주자는
"이런 일은 한쪽만 보고서는 속내를 모르는 법이다. 남편이 무능해
아내를 먹여 살릴 수가 없고, 아내도 또한 생활 방도가 없으니 어떻게

3) 칠출七出: 아내를 버리는 일곱 가지 경우. 시부모에게 순종하지 않은 자, 자식을 낳지
못한 자, 음란한 자, 질투하는 자, 몹쓸 병이 있는 자, 말이 많은 자, 도둑질하는 자.
4) 제7권 「인사문」, '아내가 남편을 버리다婦棄夫'

하겠는가? 이 경우는 대의大義로만 구속할 수는 없을 것 같다"고 말한다. 다른 곡절이 있는지 신중히 따져보자는 것이다. 나는 주자의 신중한 생각이 합리적이라고 생각한다. 하지만 성호는 주자의 말이 매우 의심스럽다며 주자를 비판한다.

성호는 비판의 근거로 『소학』에 실린 정자의 말을 인용한다. 어느 날 어떤 사람이 정자에게 물었다. "혹 외로운 과부가 빈궁하여 의탁할 데가 없는 경우 재가再嫁를 해도 될까요?" 정자는 "단지 후에 추위와 굶주림으로 죽을까 두려워하였기에 이런 말이 있는 것이다. 그러나 굶어 죽는 것은 지극히 사소한 일이고, 절개를 잃는 일은 큰일이다"라고 답한다. 성호는 정자의 말을 인용하며 이렇게 말한다.

아무리 가난하고 외로운 청상과부라도 마땅히 개가를 해서는 안 될 것이다. 게다가 젊은 아내가 집을 떠나서야 되겠는가? 만약 생활 방도가 없다 하여 다른 남자를 찾는다면 이것은 돈 있는 사내만 찾는 것이요, 제 몸이 지켜야 할 도리는 돌아보지 않는 것이다. 이런 자들은 관청에서 엄하게 처단하여 그 간사한 생각의 싹을 잘라버려야 할 것이다. 그런데 하자는 대로 허락해주니, 장차 그 버릇을 본받아 제멋대로 날뛰는 악을 어떻게 금할 수 있을 것인가?
雖孤孀貧窮, 不宜改適. 況生妻去室耶? 若但以不自給而他求, 是見金夫, 不有其躬.
如此者, 官司宜嚴斷, 以折奸萌. 從而許之, 其觀效縱惡, 何可禁抑?
(아내가 남편을 버리다婦棄夫 | 제7권 「인사문」)

남편이 돈을 벌지 못한다, 병이 들었다 하여 아내가 남편을 버릴 수는 없다. 하지만 그 역도 동시에 성립해야 성호의 주장은 설득력이 있을 것이다. 성호의 주장을 밀고 나가면 아내는 남편이 어떤 상황에 있더라도, 또 어떤 행동을 하더라도 남편을 떠날 수 없을 것이고, 결국은 남편을 위해 젊은 나이에 수절을 하거나 목숨을 끊게 될 것이다. 조선사회는 결국 그런 방향으로 움직이고 있었다.

　조선에 단계적單系的 부계친족제, 곧 가부장적 친족제도가 정착되는 시기는 17세기 중반부터다. 여성의 시집살이도 이때부터 시작되었던 것이고, 고부 갈등이나 부부 사이의 분쟁으로 인한 가정 내부의 갈등과 폭력도 이로 인해 본격화되었다. 남성이 여성을 가정 내부에 가두자, 여성은 목에 걸린 가시가 되었다. 삼킬 수도 없고 뱉을 수도 없는 가시 말이다. 그 가시는 지금도 뽑히지 않고 있다. 여성의 학력, 경제력, 사회 활동은 과거 조선 시대와는 비교할 수 없을 정도로 높고 활발해졌다. 그럼에도 불구하고 결혼과 친족제도는 여전히 단계적 부계친족제에 머물러 있다. 근본적 성찰과 개혁이 없다면 목구멍에 박힌 가시에서 오는 통증은 영원히 지속될 것이다.

유가 속의 법가

성호는 '법제와 형벌政刑'이라는 글의 첫머리를 『논어』「위정爲政」의 한 구절에 대한 비평으로 시작한다. 그 구절은 다음과 같다.

백성을 법제로 인도하고 형벌로 규제한다면, 백성은 형벌만 면하려 하고 부끄러움이 없을 것이다. 하지만 덕으로 인도하고 예로써 규제한다면, 부끄러움을 알고 선에 이를 것이다
道之以政, 齊之以刑, 民免而無恥. 道以之德, 齊之以禮, 有恥且格.
(법제와 형벌政刑 | 제15권 「인사문」)

간결한 말 속에 깊은 의미가 있다. 백성을 법과 제도로 이끌고, 그것을 범하는 자를 형벌로 다스린다고 하자. 백성은 형벌을 모면하기만 하면 그만이다. 자신의 행동이 왜 잘못되었는지에 대한 반성이 없다. 당연히 부끄러움도 없다. 하지만 백성을 윤리와 도덕으로 가르치고, 예로 행동의 준칙을 삼게 한다면, 백성은 수치심을 갖고 반성하며 그 결과 선으로 나아간다. 공자는 유가 정치에서의 윤리도덕과 예, 법과 형벌의 상호관계와 그 실천의 선후를 짧은 말로 명료하게 정리하고 있다.

성호는 공자의 말로 인해 사람들이 윤리도덕과 예, 법과 형벌의 선후 관계에 더 이상 혼란을 느끼지 않게 되었다고 말한다. 이것이 그의 평이다. 한데, 그가 이 비평문의 끝에 붙이고 있는 말은 무언가 곱씹어 볼 만한 구석이 있다. "그러나 그 근본을 먼저 실천하는 것이

마땅하다면, 말단의 것도 그다음으로 해야만 하는 것이다." 말이 미묘하다. 원래 유가는 공자의 말을, 법제와 형벌보다는 윤리도덕과 예를 선행해야 한다는 것으로 이해한다. 한데, 지금 성호가 강조하는 바는 보통의 유가와는 무언가 다르다. 성호의 내심을 옮겨보자면 이렇다. "그래, 윤리도덕과 예가 선행하는 것은 옳다. 하지만 그렇다고 해서 법제와 형벌이 가볍게 취급되어서는 안된다." 적어도 이 문장에서 성호는 법제와 형벌의 시행에 무게를 싣고 있다. 왜인가?

성호는 보통 사람들의 마음의 근본이 선善하다고 한다. 간혹 듣고 보는 것에 끌리기도 하고, 또 이해관계에 지배를 받기도 하지만, 마음의 근본은 선을 벗어나지 않는다. 이런 사람을 공자의 말처럼 윤리도덕으로 인도하고, 예로써 규제한다면, 선한 사람이 많아지고 불선不善한 사람은 줄어들어 대동의 세상이 열릴 것이고, 형벌은 자연히 시행할 필요가 없을 것이다. 어떤가, 맞는 말인가. 하지만 인간 모두가 근본이 선한 존재는 아니다. 어떤 특정한 인간 부류는 애당초부터 악할 수도 있다. 성호는 유가 최고의 성인인 요堯가 다스리던 그 태평성대에도 공공共工·환도驩兜·삼묘三苗·곤鯀과 같은 악인이 있었다고 말한다. 어떤 인간은 본질적으로 악한 것이다. 예컨대 사이코패스Psychopath의 존재는 반사회적 인격이 선천적으로 존재함을 입증하고 있지 않은가. 타인의 고통에 공감하지 못하고, 처벌에 대한 공포조차 거세된 인간은 분명히 존재하는 법이다. 성호는 이런 존재들을 법제와 형벌로 다스리지 않는다면, 궁극적으로 패란悖亂한 세상이 도래할 것이라 말한다. 요임금 시절의 공공을 비롯한 사흉 역시 순舜이 사방으로 추방하자, 천하가 모두 복종했다고 하지 않았던가. 이런 이유로 성호는 법제와 형벌을 적극적으로 시행하자고 말한다.

후세에 백성들이 교화를 잃은 지 오래라 선한 사람은 적고 악한 사람은
너무나도 많은 그런 수준을 넘어버렸다. 사정이 이런데도 여전히
윤리도덕과 예의 가르침만 믿고 편안히 앉아 세상이 다스려지기를
바란다면, 그것은 명철한 지혜가 될 수 없다.
至若後世, 民之失敎, 久矣. 不啻善者少而惡者多, 猶恃德禮之訓, 庶幾安坐而治者,
不得爲明智也.
(법제와 형벌政刑 | 제15권「인사문」)

후세란 아득한 옛날, 전설처럼 전해오는 대동의 세상에서 너무나
멀어진 현세다. 이상사회로부터 멀어져가는 인간사회가, 유가가
파악하는 현세의 사회상이다. 지금 이 사회는 선한 이는 적고 악한
자는 많다. 때문에 법제와 형벌이 강력히 요청된다.
    성호는 자기 주장의 타당성을 확보하기 위해 두 사람의 말을
인용한다. 첫째는『후한서後漢書』'최식전崔寔傳'에 실린 최식의 말이다.

형벌은 난세를 다스리는 약석藥石이고, 덕德과 교화는 태평성대를
이루는 양육粱肉이다. 대저 덕과 교화로 포악한 자를 제거하려 하는
것은, 곧 양육으로 병을 고치려는 것과 같다.
刑罰者, 治亂之藥石; 德敎者, 興平之粱肉也. 以德敎除殘, 是以粱肉理疾也.
(법제와 형벌政刑 | 제15권「인사문」)

약석은 병을 치료하는 약과 침, 양육은 몸에 영양을 공급하는 쌀밥과
고기다. 최식은 난세를 다스릴 때는 형벌이 필요하고, 태평성대를
다스릴 때는 덕과 교화가 필요하다고 말하는 것이다. 뒤집어 말하자면,
난세를 덕과 교화로 다스릴 수 없고, 태평성대를 형벌로 다스릴 수는

없다는 것이다. 곧 악인은 덕과 교화로 다스릴 수 없다는 말이다.
　최식의 말은 그럴듯하다. 하지만 성호는 최식의 말도 일면 수긍할 수 있지만, 한비자韓非子의 다음 말이 더욱 타당하다고 말한다. 『한비자韓非子』「오두五蠹」에서 인용된 한비자의 말을 들어보자.

　본디부터 곧은 화살과 본디부터 둥근 수레바퀴는 백 년에 하나도 없는 법이다. 하지만 세상사람들 모두가 곧은 화살로 새를 잡고, 둥근 수레바퀴를 단 수레를 타는 것은, 은괄檃括의 방법을 사용하기 때문이다.
　본디부터 곧고 본디부터 둥근 재료를 훌륭한 목수는 높이 치지 않는다. 왜냐? 화살을 쏘는 사람이 한 사람만 있는 것이 아니고, 수레를 타는 사람이 한 사람만 있는 것이 아니기 때문이다.
　상을 내릴 필요도 벌을 줄 필요도 없는 본디부터 선한 백성은, 명철한 임금은 높이 치지 않는다. 왜냐? 다스리는 백성이 한 사람만 있는 것이 아니기 때문이다. 그러므로 통치의 방법을 아는 임금은 우연하게 나타나는 선한 백성을 바라지 않고, 반드시 사람을 선하게 만드는 방법을 실천하는 것이다.
夫自直之矢·自圓之輪, 百世無一有, 而世皆射禽乘車者, 檃括之道用也.
雖有不恃檃括而自直自圓者, 良工不貴也. 何則? 射者非一發, 乘者非一人也.
不恃賞罰而恃自善之民, 明主不貴也. 何則? 治非一人也. 故有術之主,
不任適然之善, 以行必然之道.
(법제와 형벌政刑 | 제15권 「인사문」)

　은괄檃括이란 말이 키워드다. 화살로 쓸 수 있는 본디부터 곧은 나무는 없고, 수레바퀴로 쓸 수 있는 본디부터 온전한 원형의 나무는 없다.

굽은 나무는 곧게 만들어야 하고, 뒤틀린 것은 둥글게 만들어야 한다. 휜 것을 곧게 하는 것이 은檃이고, 뒤틀린 것을 바로잡는 것이 괄栝이다. 즉 휜 나무를 바로잡아 곧은 화살로 만드는 것이 '은'이라면, 뒤틀린 나무를 둥글게 만드는 것이 '괄'인 셈이다.

　인간 역시 본디부터 선한 인간은 별로 없다. 있다고 해도 그런 인간의 존재를 유능한 통치자는 달갑게 여기지 않는다. 희귀한 존재이기 때문이다. 세상의 대부분은 굽고 뒤틀린 인간들로 채워져 있다. 유능한 통치자는 그들을 곧고 원만한, 선량한 인간으로 만드는 방법을 알고 그 방법을 실천에 옮긴다.

　성호는 한비자의 말에 극력 동의한다. 성호가 파악하는 인간 역시 '은괄'을 기다리는 대상이다. 원래부터 선량한 자는 존재하지 않거나, 희귀하게 존재하기에 정치의 대상이 되지 않는다. '어리석은' 백성이 선한 행위를 하거나 악한 행위를 하는 것은, 인간 내부에 존재하는 선과 악에서 유래한 결과가 아니다. 우연히 어떤 일의 득실에 따라 무반성적으로 행동하여 전혀 딴판인 선행과 악행이라는 결과를 낳게 되는 것이다. 여기에 정치가 개입한다. '이해득실'을 대면했을 때 백성을 선으로 인도하고 악을 그치게 하는 정치를 행하라는 것이 성호의 주문이다.

　한데, 성호의 강조점은 '선으로의 인도'에 있지 않다.

선으로 인도하는 데는 윤리도덕과 예보다 더한 것이 없고, 악을 그치게 하는 데는 법제와 형벌보다 더 좋은 것이 없다.
導善, 莫若如德禮; 熄惡, 莫如政刑.
(법제와 형벌政刑 | 제15권「인사문」)

여기까지는 통상의 유가가 주장하는 것이다. 하지만 성호는 이렇게 덧붙인다. "지금은 이익을 추구하는 욕망이 넘실대는 세상이다. 법제와 형벌을 느슨하게 적용하라는 말이 어찌 옳겠는가?" 이기적 욕망으로 충만한 세상에 어찌 윤리도덕과 예만 주장할 것인가. 해서 성호는 "이런 까닭으로 형벌을 밝히고 법을 단단히 적용하여 백성들이 위엄을 두려워하여 죄를 적게 짓도록 하여야, 비로소 두 손을 둘 곳을 알게 될 것이다."

성호의 말은 사실 법가의 말이다. 성호의 내면에 깃든 법가는 '형법刑法'[1], '형법론刑法論'[2]에서도 줄기차게 반복되고 있다. 이는 아마 그가 살았던 조선후기 사회가 법과 질서가 무너진 세상이었던 탓일 것이다.

1) 제8권 「인사문」, '형법刑法'
2) 제12권 「인사문」, '형법론刑法論'

고문이 합법화된 세상

 과거 민주화 운동 시절 모모한 곳에 잡혀가서 가혹한 육체적 고통을 겪었던 분을 알고 있다. 그에게 가해진 육체적 고통을 우리는 '고문'이라고 말한다. 이제 고문은 사라졌다고 하지만, 인간의 신체를 구속할 수 있는 권력기관은 아직까지 고문의 유혹을 깡그리 떨쳐 버리지는 못한것 같다. 입으로 민주주의와 인권을 들먹이는 미국 역시 이라크 전쟁 중 아부 그라이브 교도소에서 이라크 포로들에게 필설로 형용할 수 없는 고문을 가했으니, 고문은 권력을 쥔 자들이면 휘둘러보고 싶은 채찍인 것이다.
 한데 고문이 합법화된 사회도 있었다. 조선사회다. 물론 조선만 그랬던 것은 아니고, 그 이전 사회와 세계 곳곳의 전근대사회에서는 고문이 합법화되어 있었다. 온갖 명분을 들이대면서 말이다.
 생각해보자. 우리는 대개 조선과 그 이전의 사회를 떠올릴 때 국사 교과서에서 배운 역사 상을 떠올린다. 그것은 아마도 위기를 극복한 위대한 민족, 그리고 그 민족이 이룩한 찬란한 문화, 뭐 이런 것일 터이다. 여기에 딴죽을 걸면 즉각 식민사관이란 준엄한 비판이 쏟아진다.
 그런 분들에게 권하고 싶다. 자신이 노비가 되거나(그것도 가능하면 여자 노비!), 소작인이 되어 그 시대를 살다가, 어느 날 합법화된 고문을 받고 있는 상상을 해보라고 말이다. 그래도 조선 시대가 민족의 이름으로 아름다울까?

조선은 신체형이 합법화된 국가였다. 피의자로부터 원하는 답을 얻기 위해 고문이 법적으로 허용되어 있었다. 『경국대전』「형전」의 '죄인의 심문과 처단'은 고문 도구(예컨대 곤장)의 사이즈와 고문하는 신체 부위, 횟수 등에 대해 엄밀하게 규정하고 있다. 또한 일단 판결이 확정될 경우, 처벌로서 신체형을 가하는 법규도 마련되어 있었다. 대체로 그 법규들은 신체형을 가하기는 하되, 약간의 인간적 배려를 포함하고 있는 것이었다. 예컨대 한 차례 고문이 끝나면 사흘 이내에는 다시 고문을 할 수 없는 규정도 이런 배려에서 나온 것이었다.

하지만 그것은 법일 뿐이고, 고문은 거의 제한 없이 이루어졌던 것으로 보인다. 어디 성호의 말을 통해 조선 시대 고문에 대해 알아보자. 유교의 정치학 고전인 『서경書經』「순전舜典」에 오형五刑이 실려 있는바, 이마에 죄명을 먹물로 새겨넣는 묵형墨刑, 코를 베는 의형劓刑, 발꿈치를 베는 월형刖刑, 생식기를 제거하는 궁형宮刑, 사형인 대벽大辟이 그것이다. 대단히 잔혹한 형벌이다. 어쨌거나 이것은 고전에 실려 있는 것이기에 유가에서 형벌에 대해 언급할 때면 언급하지 않을 수 없다. 이런 이유로 성호는 '오형五刑'[1]에서 오형의 역사에 대해서 소상히 언급한다. 하지만 오형이 조선에 그대로 적용되었던 것은 아니고, 성호 역시 오형을 조선과 관련을 짓지는 않았다. 실제 조선에서 이루어졌던 형벌은 '형刑'[2]에서 찾을 수 있다.

우리나라의 관官에서 이루어지는 형刑은 다음과 같다. 가벼운 죄를 지은 자는 종아리를 치고, 조금 무거운 죄를 지은 자는 볼기를 친다.

---

1) 제24권 「경사문」, '오형五刑'
2) 제13권 「인사문」, '형刑'

종아리는 세워서, 볼기는 엎어놓고 친다. 더 무거운 죄를 지은 자는 정강이뼈를 정면에서 때린다. 정국廷鞫의 경우, 눕혀놓고 다리를 오므린 다음 위에서 정강이뼈를 친다. 이것은 역신逆臣 김자점金自點이 처음 시작한 것이라 하는데, 고금을 통해 듣지 못한 것이다.

도둑을 다스리는 데는 또 난장亂杖이라 부르는 것이 있다. 양발의 엄지발가락을 묶은 뒤 나무를 두 정강이 사이에 세워 발바닥이 위로 가게 매달고는 발끝을 때리는데, 때로는 발가락 열 개가 다 빠지기도 한다.

또 주뢰〔周紐〕·압슬壓膝·화락형火烙刑이라 부르는 것이 있는데, 형전刑典에는 실려 있지도 않다. 요컨대 노한 멧돼지가 소리를 마구 지르고 날뛰는 식의 마구잡이 형이다. 대벽大辟(사형)의 경우, 먼저 사지를 자른다.

我國官刑, 輕者笞脛, 稍重者杖臀. 脛則立, 臀則伏. 又重者, 從前扑其胻骨. 至庭鞫, 則使仰臥盤脚, 從上扑胻. 此逆臣金自點所創云. 古今所未聞. 而至於治盜, 又有亂杖之名. 扎縛兩足拇指, 拄木於兩脚間, 顚足使仰, 擊其足端. 或至十指頓拔. 又有周紐·壓膝·火烙之名, 不載刑典. 要是猪愁突吼之類. 至大辟則先去支體.

(형刑 | 제13권 「인사문」)

가벼운 죄는 종아리를, 좀 무거운 죄는 볼기를 치는 것은 『경국대전』 「형전」에 실려 있다. 하지만 그 아래의 형벌은 모두 법에도 없는 것이다. 상상해보라. 정강이뼈를 몽둥이로 맞을 때 고통이 어떠하겠는가. 성호는 이런 악형 외에도 가시나무를 꽂아놓고 그 위에 사람을 눕히는 형벌, 대나무를 바늘처럼 깎아 손톱 밑에 밀어넣는 형벌, 네모난 대들보로 볼기를 누르는 형벌, 기와를 깨어 무릎을 꿇리는 형벌 등을 소개하고 있다. 모두 왕과 권력자가 제 분을 풀기 위해, 원하는 답을 얻기 위해 자의적으로 집행한 것이다.

악형 중의 악형인 주뢰·압슬·화락형은 '압사와 낙형壓沙洛刑'에서 자세하게 설명된다.

우리나라의 잔인한 형벌로는 압사·화형·주뢰가 있다. 압사는 깨진 사금파리를 땅에 뿌린 뒤 사람을 그 위에 꿇리고, 무릎 위에 무거운 물건을 올려 밟는 것이다. 화형은 쇠를 불에 달구어 지지는 것이다. (……) 주뢰는 도둑을 다스리는 형인데, 나무를 두 다리 사이에 끼우고 위아래를 줄로 얽어 좌우에서 줄을 잡아당기면 다리가 그 때문에 부러지게 된다. 최근에는 어떤 사람이 '교목주뢰交木周紐'를 만들었는데, 더욱 잔인하다고 한다.

國朝峻刑有壓沙·洛刑·周紐之名.壓沙自,碎破磁器,布地,然後跪人於其上, 以物壓而踏之.火刑自,炮鐵烙之.(……) 周紐自.治盜之刑.建木兩股間,索絞上下, 而左右引索, 脚爲之折. 近時有人創爲交木周紐, 尤酷云.

(압사와 낙형壓沙洛刑 | 제9권「인사문」)

더 이상의 설명이 필요 없는 악형 3종 세트다. 다만 새로 고안된 교목주뢰는 끈을 당기는 것이 아니라, 다리 사이에 주릿대를 넣어 가위처럼 비트는 '가새주뢰' 형이 아닌가 한다.

이 악형 중 압슬은 성호가 밝히고 있듯이 영조 초기에 없어진다. 그 사연은 이렇다. 영조에게 흉언(내용은 무엇인지 알려지지 않았다)을 퍼부은 이천해李天海란 군사가 있었다. 영조는 그에게 24차례나 압슬형을 가했지만, 그는 불복하고 아프다는 소리조차 지르지 않았다. 잔혹한 형벌을 본 영조는 압슬형을 없앤다. 낙형은 그 뒤에도 계속 집행되었는데 뜸을 뜨다가 뜨거움의 고통을 경험한 영조가 이 역시

영원히 없애라 명하여 사라진다(영조 9년, 1733년). 압슬과 낙형은
『속대전續大典』에 실려 영원히 금지된다. 가새주뢰는 이보다 한 해 전에
금지하였으나 실상은 조선조 말까지 없어지지 않았다.

압슬과 낙형은 법으로 금지되었지만, 그 외의 법에 의거하지
않은 고문은 계속되었다. 정조는 즉위한 지 2년이 되던 해(1778)에
이 문제를 숙고하여, 태笞·장杖·가枷·축杻 등 형구의 종류와 치수,
사용하는 경우 등에 대해 세밀하게 규정한 『흠휼전칙欽恤典則』이란
책을 엮어 형 집행의 권한을 갖고 있는 관청에 반포하고, 법을 벗어난
남형濫刑을 금했다. 이 또한 유가의 인정仁政의 발로였던 것이다. 하지만
정조 자신이 뒷날『흠휼전칙』이 쓸데없는 것이 된 지 오래라고 내뱉을
만큼, 남형은 그치지 않았다.

고문은 얼마나 잔혹한 것인가. 성호는 '형'에서
『송명신주의宋名臣奏議』에 실린 송나라 사람 전역錢易이 진종眞宗에게
법에 없는 형을 없애주기를 바라는 글의 일부를 인용한다. "형을
받는 사람은, 몸은 이미 뼈만 남았는데도 입과 눈은 여전히 움직이고,
사지는 나뉘어져 불에 지져지는데 고통스러운 신음소리가 끊이지를
않습니다." 성호는 이 부분을 읽으면 절로 눈이 감기니, 어찌 이런 일이
차마 할 일이냐고 반문한다. 하지만 그래도 조선조 말까지 고문은
계속되었다. 아니, 20세기 끝자락까지 고문은 사라지지 않았다.

고문의 유혹을 성호는 옥졸의 말을 빌려 이렇게 표현한다.
"완강하게 버티면서 자기 죄를 인정하지 않는 자는 정말 더할 수
없이 악독한 도적이며, 큰 역적이다." 이미 죄인이라고 확정해놓고서
그것을 고문을 통해 자복하게 하려는데 고통을 참으며 자복하지 않을
경우, 더할 수 없이 큰 죄명을 덮어씌우고 기어코 자복을 받아내기
위해 고문의 강도를 더 높인다. 그리하여 무고한 사람이 마침내 없는

죄를 스스로 진술했을 때, 한 인간을 정복했다는 쾌감에 젖는다. 이것이야말로 고문의 유혹이 아닌가. 이 글을 쓰면서 고문을 받고 죄 없이 죽어갔던 사람들을 생각하자니, 문득 가슴이 먹먹해진다.

3장.

치국을 논하다

一.

국가론과 정치론

성호의 이상국가론

백성에게 물어라

개혁의 어려움

미리 군사를 기르는 방법

성호의 이상국가론

우리에게 가장 이상적인 국가는 어떤 국가인가? 성호의 말을 한번 들어보자. 성호는 '봉건封建'에서 이렇게 말하고 있다.

주周나라가 천하를 차지하자 72개의 제후국이 생겼고, 그중 '희姬'씨 성의 나라가 52개였다. 미치광이가 아니라면, 현달한 제후가 되지 않은 사람이 없었다. 그 의도는 오직 희씨가 혹시라도 장구하게 지배하지 못할까 염려하는 데 있었던 것이니, 자신을 위한 계책으로는 치밀한 것이겠지만, 덕 있는 사람을 제후로 세워야 한다는 뜻에는 어긋난 것 같다. 이 문제에 대해 더 따져볼 것이 없지는 않지만, 이 자리에서는 제쳐두고 논하지 않겠다.

周之興, 立國七十二, 姬姓獨居五十二. 苟不狂惑, 莫不爲顯諸侯. 其經畵, 惟恐姬氏之或不能長久, 其自爲謀則密矣, 似非命德服章之義. 此不能無疑, 今置而不敢論也.

(봉건封建 | 제26권 「경사문」)

주나라 무왕은 은殷나라 주왕紂王을 내쫓고 천하를 차지하자, 즉시 자신의 혈족인 희씨(무왕은 희姬씨다)와 공신들, 예컨대 무왕을 도와 은나라를 멸망시키는 데 가장 큰 공을 세웠던 여상呂尙 같은 이들을 제후로 봉한다(여상은 이른바 강태공이고, 그가 봉함을 받은 나라가 제齊나라다).

『맹자』를 위시한 유가의 경전과 역사서는 은나라 주왕을 워낙 폭군으로 묘사하고 있기 때문에 무왕의 봉기는 대체로 학정에 신음하는 백성들을 구제하기 위한 혁명으로 평가된다. 아마 어느 정도는 사실일 것이다. 성호는 이 글, 곧 '봉건'의 서두에서 "민중의 마음을 얻으면 나라를 얻고, 민중의 마음을 잃으면 나라를 잃는 법이니, 이것은 천자나 제후나 똑같은 것이다"라고 말하고 있는바, 무왕의 쿠데타가 성공한 데에는 당시 민중의 적극적인 협력이 있었을 것이다. 예컨대『맹자』는 도탄에 빠진 백성들이 음식과 물을 갖추고 무왕을 맞이했다고 전하고 있지 않은가.

민중은 무왕과 함께 주왕의 폭정을 끝장냈지만, 이후 벌어진 사태는 민중의 희망과 국가권력을 움켜쥔 쿠데타 세력의 욕망이 결코 행복한 일치를 보지 못했음을 시사한다. 민중의 지지를 업고 천하를 차지한 무왕은 자신의 혈족과 공신들에게 나라를 쪼개어 나누어주었다. 희씨와 공신들의 영원한 지배를 위해서다. 국가를 장악하면 자신의 혈족과 자신을 도왔던 자들에게 권력을 나누어주는 것은 인류의 실로 유구한(!) 전통인 것이다.

성호는 바로 이 부분을 파고든다. 그 권력 분배는 무왕과 무왕의 일족을 위해서는 치밀한 계획이었겠지만, 민중을 위해서는 결코 좋은 일은 아니다. 그 권력은 '덕 있는 사람', 곧 도덕적이면서 유능한 인물에게 돌아가야 마땅한 것이었다! 한데, 성호의 이런 추리는 이상한(?) 생각으로 치달을 수 있다. 즉 천하는 왕의 혈통이나 공신의 후손에 의해서가 아니라, 인품과 능력을 갖춘 자에 의해 통치되어야 한다는 생각으로 말이다. 이것은 현존하는 왕권을 부정할 수 있는 생각이다.

나는 폭군 주왕과 쿠데타를 일으켰던 무왕 모두 국가를

도구화하여 인간을 지배하려 했던 지배자일 뿐이라고 생각한다. 같은 성씨와 공신들에게 땅을 나누어주었던 것은 그들을 든든한 울타리로 삼아, 자기 씨족의 영원한 지배를 가능케 하려는 의도에서 였다. 성호 역시 그 점을 냉정하게 지적한다.

천하를 분봉分封하여 공을 세운 사람들과 함께 누린 것은, '사私' 중의 '공公'이요, 천하를 주州와 군郡으로 만들어 천하를 동원해 '한 사람'을 떠받들게 한 것은 '사' 중의 '사'다. 결코 천리天理에 맞지 않은 것이다.
分封天下, 與有功者共之, 私中之公也; 悉爲州郡, 以天下奉一人, 私而益私.
斷非天理之當然.
(봉건封建 | 제26권 「경사문」)

봉건제를 통해 천하의 땅을 혼자 차지하지 않고 갈라준 것은 공정한 것 같으나 결국 사심의 소산일 뿐이다. '사私' 중의 '공公'이란 바로 이런 뜻이다. 전국을 군과 현이라는 행정단위로 갈라서 천자가 직접 통치한 군현제 역시 공정한 것일 수 없다. 오직 한 사람의 독재자, 곧 천자만을 떠받든다는 점에서 그것은 봉건제보다 더한 불량한 제도일 뿐이다. 그것은 사심 중의 사심이다. 성호의 생각은 휘황한 언어로 포장된 왕정이 갖는 본래적 모순을 정확하게 찌르고 있다. 나는 이 지점에서 성호의 머릿속이 궁금하다. 성호는 조선의 왕정에 대해서 어떻게 생각했을까? 조선 역시 중앙집권제 국가였고, 왕이 다스리는 국가였다. 그는 자신이 살고 있는 국가가 '천리에 맞는 국가'라고 생각했을 것인가?
 왕의 권력이 사라진 21세기는 어떠한가? 문제는 동일할 것이다. 아마도 국가가 존재하는 한 이 문제는 영원히 사라지지 않을 것이다.

민주주의란 이름 아래 투표로써 선출된 대통령이나 국회의원, 지방자치단체장 같은 사람들은 선거에서 이기기 위해 공약을 내걸고 민중의 표를 긁어모은다. 하지만 이들이 당선 이후 즉각 민중의 소망을 배반하는 것은 대한민국에서, 그리고 지구 곳곳에서 일상적으로 벌어지고 있는 일이다.

성호의 지적은 왕정에 대한 비판만이 아니라, 국가와 정치권력의 속성을 지적하고 있다. 유가儒家의 정치관은 왕과 국가는 백성의 행복한 삶을 위해 존재하는 것이라 말했고, 현대 민주주의는 국가의 권력이 국민에게서 나오는 것이라 말한다. 하지만 그 말은 수사일 뿐, 국가는 사실 극소수 지배계급이 절대다수의 민중을 지배하기 위한 권력적 도구일 뿐이다. 성호는 '의논은 아래서부터 일어나야 한다議自下起'에서 국가권력이 작동하는 실상을 이렇게 지적한다.

내가 보건대, 후세 조정의 의논이란 반드시 대관大官이 억지주장을 하여 결단했고, 하관下官들은 참여할 방도가 없었다. 그 지혜와 대책을 논하자면 대관이 하관보다 반드시 나을 것이 없는데도, 세력과 지위에 눌려 아랫사람은 어쩔 수가 없다. 위기를 맞이하게 되면, 훈신·척신·권신·총신들이 제멋대로 국사를 무너뜨리고 어지럽혀 차차 멸망에 이르고야 만다.
余觀, 後世廷論, 必大官臆決, 其僚佐無得與焉. 言其智慮謀爲, 大官未必勝, 而爲勢位所壓, 居下者無能爲也. 如危疑之際, 勳戚權寵, 任其壞亂, 馴至於滅亡, 而後已也.
(의논은 아래서부터 일어나야 한다議自下起 | 제13권 「인사문」)

훈신·척신·총신 등 대관은 국가권력의 정상부에서 권력을 틀어쥐고 있는 자들이다. 이들이 반드시 하급관리보다 유능하거나 도덕적이지는 않은데 그들의 말이 언제나 관철되는 것은 무엇 때문인가? 그들이 차지한 권력의 크기가 아랫사람보다 크기 때문이다. 유능하거나 도덕적이지 않기에, 만약 국가가 위기에 처하면 그들은 마음대로 국사를 무너뜨리고 어지럽혀 국가를 멸망으로 이끈다. 예컨대 구한말의 상황을 보자. 이완용과 조중응 등 몇몇 매국인사들의 책동으로 조선은 하루아침에 간단히 일제의 식민지가 되고 말았다. 이것이 가능했던 이유는, 그들이 국가권력을 틀어쥐고 있었기 때문이었다. 이것이 국가의 지배계급의 속성이다. 그리고 이것은 결코 과거의 문제가 아니다. 남보다 권력욕은 강하지만 실로 무능한 자들이 국가의 요직을 차지하고 국민의 대부분을 도탄에 빠뜨리는 일은 지금도 계속되고 있지 않은가?

국가가 언제나 지배계급의 사적 이익을 위한 도구가 되고, 보통사람보다 나을 것도 없는 지배계급의 의사가 언제나 관철되는 이 문제를 어떻게 해결할 것인가. 성호는 봉건제로 회귀하자는 의견을 내놓는다. 조선이란 중앙집권제 국가에서 살았던 성호로서는 뜻밖이다. 다만 그는 봉건제를 실시하되, 무엇보다 분봉의 규모, 즉 제후국의 '사이즈'를 되도록 줄이라고 말한다. 반란, 곧 전쟁을 일으키지 못할 정도로 나라의 사이즈를 줄이자는 것이다. 전쟁을 치를 능력이 없는 소국들이 광범위하게 존재하는 것! 이것이 성호의 첫 번째 아이디어다. 두 번째로는 정기적으로 토지가 개척되어 있는가, 백성이 편안한가, 노인을 잘 봉양하는가, 유능한 인재를 등용하고 있는가 등의 항목으로 제후들의 업적을 평가해서 내쫓거나 좀 더 큰 봉토封土로 옮겨주는 것이다. 이 구상은 어떤 지역에 봉해진 제후가 영원히 그 지역을 지배하지 못하게 하려는 의도가 있었다.

성호의 이런 구상은 실천될 수 없는 것이었고, 따라서 실천되지 않았다. 지금도 그러하다. 21세기에 봉건제라니, 당치도 않다. 하지만 성호의 상상력을 적극 이해할 필요는 있다. 전쟁을 일으킬 수 없을 정도로 국가의 크기가 줄어들면, 당연히 국가권력의 규모도 축소된다. 나는 거주민의 의사가 직접 작용할 수 있을 정도로 작은 국가가 이상적인 국가라고 생각한다(아니, 이것은 어떤 차원에서는 국가라고 말하기도 어려울 것이다). 그럴 경우에만 국가권력을 가로채어 국민 위에 군림하는 지배계급을 견제할 수 있을 것이다. 성호의 작은 제후국은 감시하고 평가하는 역할을 천자가 하지만, 21세기의 소국에서는 거주민이 직접 할 수 있다. 나의 삶과 운명을 국가나 지배계급에 위탁하지 않고 내가 결정할 수 있을 때 비로소 사람다운 삶을 사는 것이 아니겠는가. 또 그런 국가가 우리에게 가장 이상적인 국가가 아니겠는가?

백성에게 물어라

성호는 '나무를 심으면 뿌리에 물을 주라種樹漑根'[1]라는 글에서 가뭄이 들면 나뭇잎이 마르기 전에 뿌리에 물을 주라고 한다. 말 못하는 나무라 죽어가는 줄을 모른다. 잎사귀가 마른 것을 보고 물을 줘도 소용이 없다. 백성도 그와 같다. 백성들은 흩어져버렸고, 남아 있는 사람들 역시 굶주림과 추위에 살아갈 마음이 없다. 딱한 사정을 호소하려 해도 저 멀고 깊은 구중궁궐에 어떻게 호소할 것인가. 간혹 말하는 자가 있어도 흔히 하는 진부한 이야기로 흘려듣고 만다. 백성은 '입이 있어도 말할 수 없는 사람'을 부르는 명사다.

세상은 늘 다스리는 자, 다스림을 받는 자로 구성되어왔다. 다스리는 자는 기본적으로 다스림 받는 자를 알지 못한다. 성호는 그래서 "군자는 위에 있고, 소인은 아래에 있다. 세력과 지위가 서로 닿을 수 없는 거리에 있으니, 오막살이에 사는 백성들의 근심과 괴로움을 무엇을 통해 알겠는가?"[2] 라고 말한다.

이 문제는 지금의 대한민국의 문제이기도 하다. 정치인들이 과연 국민을 알겠는가? 민주사회니까, 언론의 자유가 있으니까, 매스컴이 있으니까, 여론조사가 있으니까, 정치권력을 쥔 세력이 국민의 속내를 알 거라고 생각하는 것은 대한민국에서는 망상에 가깝다. 민주주의는

1) 제16권 「인사문」, '나무를 심으면 뿌리에 물을 주라種樹漑根'
2) 제18권 「경사문」, '백성을 제사 지내듯 부리라使民如祭'

몇 년에 한 차례 돌아오는 선거 날에만 작동할 뿐이고, 언론의 자유는 '언론기관'의 자유일 뿐이고, 매스컴은 매스컴을 장악한 자들의 입일 뿐이고, 여론조사는 그 조사를 요구하는 기관에 따라 결과를 달리한다. 이뿐인가. 재산과 학벌을 배경으로 한 정치인들은 그들이 매일같이 입에 올리는 '서민'을 모른다. 매일 귀족의 삶을 살고 있으니 평민을 알 턱이 없지 아니한가. 설령 안다 해도 외면하고 싶을 것이고, 깊이 공감하고 싶은 생각이 없을 것이다. 그렇지 않고서야 이른바 '서민'들의 삶이 이토록 팍팍할 수는 없는 것이다.

　궁궐 속에 갇혀 있었던 조선 시대의 왕들은 백성을 직접 대면할 기회가 거의 없었다. 그나마 비교적 성실한 왕으로 평가받는 영조와 정조 등 몇몇 왕들이 드물게 백성을 대면했지만, 백성이 그 기회에 자신의 고통스런 삶을 표현하는 것은 불가능했다고 보는 것이 옳을 것이다. 신문고, 격쟁擊錚 등의 방법이 있었지만, 그것도 잘못 했다가는 곤장을 맞거나 귀양을 가는 경우가 허다하였다.

　성호는 통치자가 백성의 사정을 모르는 것이 그들이 펼치는 정치의 가장 큰 오류라고 지적한다.

겹이불을 덮고 수탄獸炭(석탄 가루를 짐승 모양으로 뭉쳐 만든 땔감-지은이)을 땔 때면 천하에 몸이 얼어붙는 사람이 있는 줄을 알아야 하고, 화려한 집에서 푸짐한 음식을 차릴 때에는 천하에 굶주림을 참는 자가 있는 줄을 알아야 하고, 일상생활이 안락할 때는 천하에 노역에 시달리는 사람이 있는 줄을 알아야 하고, 만사가 내 뜻대로 되어 기분이 좋을 때면 천하에 원한을 품고 억울해하는 사람이 있다는 것을 알아야 한다.
重衾獸炭, 知天下有受凍者矣, 綺屋豐樽, 知天下有忍餓者矣, 起居安逸,知天下有不堪勞役者矣, 快意任情, 知天下有懷抱冤鬱者矣.

(백성을 제사 지내듯 부리라 使民如祭 | 제18권 「경사문」)

자신은 만족스럽다 할지라도 언제나 고통에 빠져 있는 백성을 생각하는 것이 정치인의 임무다. 왜 이런 소리가 나오겠는가. 만족스런 삶을 사는 통치자는 백성의 고통을 전혀 모르기 때문이다.

 백성의 사정을 알려고 하면 어떻게 해야 할 것인가. '백성을 가까이 하라近民'에서 성호는 이렇게 말한다.

백성을 어떻게 가까이 할 수 있을 것인가? 때때로 유예游豫하여, 경우에 따라 적절한 방법으로 백성을 접하되 온화한 얼굴로 그들을 이끌고, 일을 구실로 삼아 백성을 찾아보되 마치 친구처럼 반갑게, 부자지간처럼 살갑게 한 뒤라야 아래에 있는 백성의 사정이 위에 전해질 것이고, 백성들의 질고를 알 수 있을 것이다.
近之奈何? 以時遊豫, 方使引接, 和顏以導之, 因事以訪之, 若朋友之懽恰,
父子之親比而後, 方使下情, 得以上通, 而疾苦可得也.

(근민近民 | 제17권 「인사문」)

백성을 가까이 하란다. 가까이 하는 구체적인 방법은 무엇인가. 수시로 유예游豫하란다. 유예는 원래 돌아다니면서 노는 것이다. 맹자는 이 말에 다른 의미를 부여했다. 그것은 그냥 돌아다니며 노는 것이 아니다. 봄가을로 돌아다니며 백성들이 밭갈이하고 수확하는 데 무언가 부족한 것 혹은 불편한 것은 없는지를 살피고 도와주라는 것이다. 놀긴 놀되, 백성의 사정을 돌아보는 일로 돌아다니면서 놀라는 것이다. 그리고 일부러 백성을 만나러 간다고 하지 말고 백성에게 무슨 일이 있으면 그것을 구실 삼아 찾아가란 것이다.

성호는 특히 왕이 백성을 만날 때 온화한 낯빛으로 친구가 된 것처럼, 또는 부모 자식처럼 반갑고 살갑게 대하라고 요구한다. 갑자기 민생 탐방이니 뭐니 하면서 미리 경찰을 보내 주위를 샅샅이 '청소'한 뒤 경호원을 대동하고 나타나지 말란 얘기다. 성호는 특히 이 부분을 비상하게 강조한다. 그는 같은 글에서『시경』「위풍」의 '기욱淇娛'이란 제목의 시를 인용한다.

너그럽고 여유 있으신 태도로
아, 수레를 타고 다니시네.
희학을 잘하시나,
지나치지 않으시네.
寬兮綽兮, 寬兮綽兮, 善戲謔兮, 不爲虐兮.

이 시는 위나라 무공武公의 덕을 찬미한 노래라고 한다. 물론 이 시의 해석에는 난삽한 문제들이 여럿 있지만, 시경학詩經學을 공부하는 자리가 아니니 일단 덮어두자.

성호는 이 시가 무공이 수레를 타고 길거리를 돌아보면서 백성을 만나는 '유예'의 실례라고 주장한다. 당연히 시의 핵심은 무공이 희학, 즉 농담을 잘했으나 그것이 지나치지는 않았다는 뒷부분에 있다. 성호의 상세한 해설은 이러하다. "옛날의 어진 임금은 반드시 백성을 불러 앞에 오게 하고는 온갖 방법으로 설득하여 그들이 자기 사정을 다 털어놓게 하였고, 혹 그렇게 못할까 염려하였다. 그래서 일부러 우스갯소리를 하여 그들이 자신들의 사정을 즐거이 고하여 유감이 없게 한 것이다. (……) 이러니 어찌 백성들 중에 물동이를 뒤집어쓴 것 같은 억울함을 부르짖는 사람이 있을 수 있었겠는가?"
왕은 국가권력을 한 손에 쥐고 있는 자다. 두렵지 않을 수 없다.
그러기에 왕은 스스로 자신을 낮추고 우스갯소리까지 하면서 백성에게
두려워하지 말고 하고 싶은 말을 다 하라고 달랜다. 요즘으로 치면,
네티즌에게 하고 싶은 이야기를 다 하라고 격려해야 한다는 것이다.
인터넷에 돌아다니는 발언에 발끈해 발설자를 찾아내 고소해서는 안
된다는 이야기다. 권력을 쥔 자는 여유가 있어야 하는 것이다.

　백성을 가까이 하고 그들이 하는 말을 들어야 한다면, 도대체
무슨 말을 어떻게 들어야 할 것인가. 성호는 '백성에게 물어라詢民'[3]의
모두冒頭에서 "왕의 좌우에 있는 모든 사람이 모두 유능한 사람이라
해도 안 되고, 모든 대부大夫가 유능하다고 해도 안 되고, 국인國人이
모두 유능한 사람이라고 한 뒤에야 비로소 그를 등용한다"라는
『맹자』의 한 구절을 인용한 뒤, "국인이란 서민이다. 서민의 말이
어떤 방법을 통해 위에 전달되기에 반드시 서민이 옳다 그르다 하는
것을 기다려 결단하라는 것인가?"라고 말한다. 서민, 곧 백성의 말을
받아들이는 어떤 구체적인 루트가 있냐는 말이다. 성호는 중국의
경서인 『주례周禮』「추관秋官」의 '조사朝士'와 '소사구小司寇'에서 그
근거를 찾아낸다.

조사朝士는 외조外朝의 법을 관장한다. 왼쪽 아홉 그루 가시나무를
심은 곳에 고孤·경卿·대부가 자리를 잡고, 모든 사士들은
그 뒤에 선다. 오른쪽 아홉 그루 가시나무를 심은 곳에는
공작·후작·백작·자작·남작이 자리를 잡고, 모든 이吏는 그 뒤에 선다.

3)　제18권「경사문」, '백성에게 물어라詢民'

앞쪽 홰나무 세 그루를 심은 곳에는 삼공三公이 자리를 잡고 주장州長과
뭇 백성들이 그 뒤에 선다. 왼쪽의 무늬 있는 돌을 깔아놓은 곳에서는
허물이 있는 백성들이 뉘우치게 하고, 오른쪽 붉은 돌을 깔아놓은
곳에서는 궁한 백성들이 하고 싶은 말을 하게 한다.

朝士, 掌外朝之法. 左九棘, 孤卿大夫位焉, 羣士在其後. 右九棘,
公·侯·伯·子·男位焉, 群吏在其後. 面三槐, 三公位焉, 州長衆庶在其後. 左嘉石,
平罷民焉, 右肺石, 達衆庶焉.

소사구小司寇의 직임은 외조의 정사를 관장하는 것이니, 모든 백성을
오게 하여 그들의 의견을 묻는 것이다. 첫째는 나라의 위험함에 대해
묻고, 둘째는 나라를 옮기는 것에 대해 묻고, 셋째는 임금을 세운 것에
대해 묻는다. 각자의 위치로 말하자면 임금은 남쪽을, 삼공三公과
주장州長과 백성은 북쪽을, 여러 신하는 서쪽을, 여러 이吏는 동쪽을
향하는데, 많은 사람들의 의견을 들어 임금을 보좌하여 임금이 그중
좋은 의견을 따르게 한다.

小司寇, 掌外朝之政, 以致萬民而詢焉. 一日詢國危, 二日詢國遷, 三日詢立君. 其位,
王南面, 三公及州長百姓北面, 群臣西面, 群吏東面, 以衆輔志, 而蔽謀.

(백성에게 물어라詢民 | 제18권 「경사문」)

읽어보건대, 백성들에게 말을 할 기회를 제도적으로 보장하고 있지
않은가. 백성들은 자신들의 궁박한 처지를 호소함은 물론, 실제 나라의
안위와 천도, 임금을 세우는 것과 같은 중대한 국사에 참여하고
있었던 것이다. 성호는 이 제도를 두고, 옛 성인의 빈틈없고 치밀한
제도가 이와 같았지만 후세에는 권력자나 그에 빌붙은 측근이 독재를
행해, 아래에 있는 백성들에게 아무리 좋은 생각이 있어도 정치하는

사람에게 전달될 길이 없었다고 한다.

    지금 민주주의의 급속한 퇴락을 보고 있자니 성호의 탄식이 더욱 새롭다. 혼자 똑똑한 사람은 없다. 국민을 위한 정치라면, 국민에게 물어라. 겸손하게! 그게 민주주의의 시작점이 아닌가.

개혁의 어려움

법과 제도는 외견상 선량한 의도를 갖고 만들어진다. 물론 그 선량한 의도 이면에는 언제나 자신의 이익만 챙기려 하는 어떤 인간들의 이기심도 똬리를 틀고 있을 것이다. 물론 이면과 외면이 일치하는 선량한 법과 제도도 당연히 있다. 하지만 인간사, 시간이 흐르면 변하지 않는 것이 없다. 법과 제도 역시 마찬가지다. 선량함은 사라지고 모순과 해악이 자라난다. 그래서 법과 제도를 바꾸는 개혁이 필요하다. 이를 조선 시대의 언어로 하면 '변법變法'이다.

성호는 '변법變法'[1]에서 개혁의 어려움을 논한다. "법이 오래되면 폐단이 생기고, 폐단이 생기면 반드시 개혁이 있어야 한다. 이것은 당연한 이치다." 성호가 이렇게 말하는 것은 당연히 자신이 살던 사회의 개혁을 의식해서다. 하지만 개혁은 쉽지 않다. 개혁을 방해하는 세력과 그들이 펼치는 사이비 논리 때문이다. 성호는 그 사이비 논리의 허구성을 비판함으로써 개혁의 정당성을 주장한다. 그의 말을 따라가 보자.

'변법'에서 성호는 공자와 맹자가 희망했던 왕도정치의 실현 역시 노나라와 제나라의 개혁을 전제로 한 것이었다고 말한다.

노나라와 제나라는 비록 주공周公과 태공太公의 후손의 나라라 하지만,

---

1) 제11권 「인사문」, '변법變法'

큰 집이 오랜 세월을 겪어 기둥과 대들보가 좀먹고 썩어 무너질 염려가
있는 것과 같이 되었다. 어떤 사람은 "서툰 목수에게 수리를 맡기면
도리어 더 심하게 헐고 꺾일 것이니 차라리 그냥 버티며 세월을 끄는
것이 낫다"고 한다. 이 말은 일리가 있는 것 같다. 하지만 그 집에
사는 사람은 내가 지극히 존경하는 어버이이고 내가 지극히 사랑하는
처자식이다. 얼마 안 가 무너질 집에 어찌 태연히 살며 하루의 요행을
바라랴? 차라리 싹 고쳐서 영원히 지낼 방도를 차리는 것이 낫지
않겠는가. 새는 곳을 막고 해어진 데를 깁는 식으로 조금 손을 본다
해서 좀먹은 기둥과 썩은 대들보가 어찌 버텨낼 수가 있을 것인가?
魯·齊雖周公太公之餘, 比如廈屋歲月滋久, 柱棟蠹朽, 將有覆壓之憂. 說者曰:
"苟使拙匠爲之, 毁拆反甚, 寧不若拄撑苟延也." 此說雖似有理. 然居其中者,
卽吾至尊至愛之人, 而崩頹無日, 則豈合狃安, 而翼幸其一朝耶. 無寧思所以改易,
而爲永遠之圖也. 蠹柱朽棟, 豈架漏牽補, 所得以支遮哉?

(변법變法 | 제11권 「인사문」)

기둥과 대들보가 썩어 집이 무너지려 한다. 집에는 나의 부모와 아내와
자식이 산다. 집이 무너지면 나는 세상에서 가장 사랑하는 사람들을
잃는다. 그런데도 서툰 목수에게 맡기면 집이 더 상한다면서 그냥저냥
지내자고 한다. 개혁을 반대하는 사람은 늘 이런 식이다.

성호는 개혁 반대자들을 비판하고, 과거의 개혁가들을 불러온다.
개혁을 반대하는 사람들은 늘 진秦나라 상앙商鞅과 송宋나라
왕안석王安石을 핑계로 삼는다. 상앙은 변법으로 진나라를 강대국으로
만들었지만 그가 만든 법과 집행이 지나치게 엄혹하여 결과가 좋지
않았다는 것이 이유고, 왕안석은 구상했던 신법新法이 기대했던 결과를
가져오지 못했다는 것이 이유다. 성호는 이런 이유들에 일단 동의한다.

하지만 성호는 그들이 드는 이유가 거꾸로 개혁을 미루는 인간들의
구실이 된다고 지적한다. 그 예로 그는 '면역·보갑免役保甲'[2]에서
남송의 이항李沆과 왕단王旦이 정권을 잡은 뒤 무조건 '안정'만
주장하고 무슨 건의라도 있으면 즉시 '일을 만들지 말라'고 하여, 뒤에
천하에 지극히 많은 폐단이 생기도록 만들어놓았다는 하일지何一之의
비판에 주자가 극력 찬동했던 것을 떠올린다. 주자 역시 개혁을
지지했다는 것이다.

    성호는 개혁의 당위성을 주장하기 위해 상앙과 왕안석을 상식적
비판에서 구해낸다. 그는 '관대함과 준엄함寬猛'[3]에서 상앙·왕안석이란
인물과 그들의 변법을 분리한다. 즉 두 사람은 "변법, 곧 개혁은
적절함을 잃었기에 실패했고 그래서 후인들의 비판을 받지만, 그
실제 허물은 적절함을 잃은 데 있는 것이지 변법 그 자체에 있는 것은
아니"라는 것이다. 다시 말해 두 사람의 실패, 그리고 적절성의 조절에
대한 실패가 변법을 거부할 이유는 못 된다는 논리다.

    성호는 특히 왕안석의 개혁을 재해석한다. 먼저 '형공과
노천荊公老泉'[4]에서 왕안석의 이름에 붙은 악소문이 사실이 아님을
밝힌다. 은殷나라와 주周나라의 전투가 워낙 치열해 군사들이 흘린
피에 절굿공이가 둥둥 떠다녔다는 말을 준신遵信할 수 없는 것처럼
책에 실린 이야기를 액면 그대로 믿을 수 없다는 것이다. 해서,
왕안석에 대한 문헌 기록 역시 다 준신할 수 없다는 말이다. 특히 그는
소순蘇洵, 곧 노천老泉이 「변간론辨奸論」에서 "포로들이 입는 옷을 입고,

---

2) 제20권 「경사문」, '면역·보갑免役保甲'
3) 제16권 「인사문」, '관대함과 준엄함寬猛'
4) 제18권 「경사문」, '형공과 노천荊公老泉'

개나 돼지가 먹는 음식을 먹는 등 인정에 가깝지 않은 자 치고 크게 간특奸慝하게 되지 않는 경우가 드물다"[5]라고 말한 것을 상기한다. 이는 소순이 왕안석을 가리켜 한 말이다. 하지만 성호는 왕안석의 식성이 남과 다를 것이 없이 평범했다는 주자의 말을 인용해서 왕안석에 대한 소순의 편견을 바로잡는다.[6]

성호는 왕안석의 개혁은 공심公心, 곧 자기의 사익을 위해서가 아니라 공공의 이익을 위하는 마음에서 나온 것이었으나, 다만 그것을 너무 급진적으로 추진하다가 실패하고 말았다고 평가한다. 그는 몸가짐이 청고淸苦하고 식견도 깊고 분명하여, 소동파 정도의 인물도 그에 비길 수준이 아니었다는 것이다. 요컨대 근거 없는 소문에 의해 만들어진 문헌을 보고서 왕안석의 인격을 비방하고 다시 그것을 근거로 개혁의 불가능성을 주장하지는 말라는 말이다.

하지만 일단 굳어진 생각은 쉽게 바꿀 수가 없다. 왕안석의 신법이 실패로 돌아가자 모든 수구 세력은 왕안석의 실패를 개혁을 할 수 없는 구실로 내세웠다. 무언가 조금이라도 개혁을 하려 하면 사람마다 "왕안석을 경계로 삼아야 한다"고 우긴다. 성호는 이 말을 하면서 왕안석을 구실로 삼았던 보수파의 여독이 영원히 흘러 어찌할 도리가 없다고 개탄한다.[7]

성호는 보수주의자로 알려진 주자가 도리어 왕안석의 개혁에 찬동했음을 밝힌다. 성호가 인용하는 주자의 말이다.

---

5) 제27권 「경사문」, '왕안석王安石'
6) 제18권 「경사문」, '형공과 노천荊公老泉'
7) 제20권 「경사문」, '면역·보갑免役保甲'

신법의 시행은 실로 여러분이 함께 계획한 것이다. 명도
선생明道先生(정호) 같은 분도 옳지 않은 것으로 여기지는 않았던
것이니, 대개 당시에는 변법을 긍정적으로 여겼던 것으로 보인다. 다만
뒤에 민심이 흉흉해지자, 명도 선생이 형공荊公(왕안석)에게 비로소
"민심을 거스르는 일은 해서는 안 될 것"이라고 권유했으니, 만약 명도
선생이 그 일을 맡았더라면 반드시 그렇게 엉망으로 낭패를 보지는
않았을 것이다. 이러니 명도 선생이 어찌 늘 하던 대로 예전 일을
답습하면서 흙덩어리마냥 앉은 자리나 지키는 사람이겠는가? 형공은
당시 신공申公(여공저)과도 아주 좋게 지냈고, 신법도 내내 상의하였다.
소동파蘇東坡도 역시 당초의 의논은 변법이 필요하다고 여겼다. 하지만
뒤에 모두 입장을 바꾸게 되었던 것이다. 그런즉 왕안석은 일을
처리하는 데 비록 잘못이 있기는 하였지만 그의 변법만은 정말 옳았던
것이다.

新法之行, 諸公實共謀之. 雖明道先生, 不以爲不是, 盖那時也是合變. 後來,
人情恟恟, 明道始勸之, 以不可做逆人情底事. 若使明道爲之, 必不至恁地狼狼.
明道豈是循常蹈故塊然自守底人? 荊公當時, 與申公極相好, 新法亦皆商量來.
東坡當初議論, 亦要變法, 後來皆改了. 然則安石處事雖誤, 而其爲變法, 則固得矣.

(면역·보갑면역보갑) | 제20권 「경사문」)

정호와 여공저, 소동파는 모두 왕안석과 각립했던 수구파다. 하지만
주자는 이들이 애초 왕안석의 신법에 찬동했으며, 왕안석의 신법
자체가 오류는 아니라고 말한다.

    성호가 주자를 인용해 변법, 곧 개혁의 정당성을 주장하는 것은
당연히 조선의 개혁을 염두에 두었기 때문이다. 그는 조선의 상황에
대해 "대들보가 흔들리고 있건만 바로잡지 않고 임시방편으로 나무를

괴어 받치고, 비가 새면 지붕을 새로 덮을 생각은 하지 않고 물 받을 사발을 가져다 놓는 지경"이라고 말한다.[8] 그가 보기에 송의 이항과 왕단이 개혁을 저지했던 일이 조선에서도 똑같이 벌어지고 있었다. 건국 이후 '시무時務'를 알았던 사람으로는 이이李珥와 유형원柳馨遠이 있을 뿐인데, 그들의 주장은 몇몇을 제외하면 모두 시행할 만한 것이라고 평가한다. 하지만 율곡과 반계의 개혁책은 모두 종이 위의 검은 먹물 그림자일 뿐이었다. 실천된 적이 없었던 것이다. 성호는 "『반계수록磻溪隧錄』에 실린 '여러 가지 좋은 의론'을 단 한 가지도 시험한 것이 없었다"라고 말한다. 어디 율곡과 반계만 그렇겠는가? 성호도, 박제가도, 박지원도, 정약용도, 그리고 우리가 아는 모든 실학자들의 아이디어는 실천된 적이 없었다.

---

8) 제20권 「경사문」, '면역·보갑免役保甲'

미리 군사를 기르는 방법

'미리 군사를 기르는 방법豫養兵'[1]에서 성호는 율곡의 '십만양병설'을 두고 앞일을 내다보는 선견이었다는 사람들의 평가에 대해 비판적인 논조를 편다. 즉 한가하게 노는 사람이 풍부하게 있었으니 적절한 방법으로 군사를 동원할 수는 있겠지만, 양성하는 비용을 마련하기 어렵다는 것이다. 성호의 계산을 들어보자.

　군사를 양성하려면 무엇보다 군량이 필요하다. 그의 계산에 의하면, 조선 사람은 하루에 쌀 2승升(되)을 먹어야 하는데, 10만 명이라면 하루에 2만 두斗(1되의 10배)가 되고, 15두가 1석石이 되니 모두 1330여 석이 든다(요즘 단위와는 다르다는 것을 염두에 둘 것). 한 달이면 4만 석이다. 만약 여기에 기병騎兵이 있다면 말이 먹는 꼴과 콩은 따로 계산을 해야 한다. 또 행군하는 데 우마牛馬 1필이 20두를 운반한다고 계산하면, 양식 운반에 우마 1천 필이 있어야 한다. 물론 우마를 모는 사람도 1천 명이 필요한데, 이들의 양식은 계산에 넣지 않았다. 10만 명의 군사가 10일을 행군한다면, 사람과 우마가 먹을 양식과 꼴과 콩은 엄청난 양이 소요될 것이다. 거기에 각종 기구나 잡다한 비용이 추가됨은 물론이다. 성호는 수성전守成戰을 또 예시한다. 수성전에 돌입한다 해도 사람들이 원래 저축해놓은 것이 없고, 부모처자를 데리고 성에 들어간다면 하루도 못 가서 물자가 바닥이

1)　제13권 「인사문」, '미리 군사를 기르는 방법豫養兵'

나므로 살 도리가 없다는 것이다.

성호는 현재 나라의 형편으로는 10만 명을 양성할 능력이 없다고 판단한다. 어떻게 할 것인가.

이런 상황으로는 다만 천년만년 난리가 나지 않기를 바랄 뿐이다. 만약 난리가 나면 반드시 패배할 것이다. 하지만 평시에 군사와 백성을 사랑하여 기르면, 비록 10만 명은 아닐지라도 외침外侵을 막을 수 있을 것이다. 그러나 지금 백성의 기름을 짜고 거죽을 긁어내어 노약자의 시신이 골짜기와 도랑에 나뒹굴고 장정들은 사방으로 흩어지는 것을 내 눈으로 보고 있으니, 마음이 너무나도 아프고 슬프다. 어떻게 하여 10만 명의 군사를 얻는다 해도 아마도 무용한 것이 될 것만 같다.

用此光景, 只合願千萬歲無亂. 亂則必敗. 苟能平時愛養軍民, 雖非十萬, 或可以禦侮. 目見浚剝膏澤, 棄丘壑, 散四方, 可爲悽愴傷心. 雖辦得十萬, 恐亦無用.

(미리 군사를 기르는 방법豫養兵 | 제13권 「인사문」)

군사를 기를 비용이 없어 오직 난리가 없기를 바랄 뿐이다. 하지만 방법이 없는 것은 아니다. 평소 군사와 백성을 사랑하여 기른다면 10만 명이 아니라도 외적을 막을 수 있다. 하지만 그 역시 백성을 착취하여 굶겨 죽이고 흩어지게 하는 상황에서는 소용이 없다. 성호의 비판은 이어진다.

성호는 '군사에 딸린 보軍兵保'[2] 에서 조선전기 군사제도인 오위제五衛制를 혁파하고 설치한 새 군영제도, 곧 훈련도감과 어영청御營廳, 금위영禁衛營의 삼영제三營制를 비판한다. 이들 군영에

---

2) 제10권 「인사문」, '군사에 딸린 보軍兵保'

따로 군사의 몇 배나 보인保人을 두어, 원래 양병에 사용하기 위해
거두는 전부田賦 외에 따로 쌀과 포布를 거두는 것을 비판한 것이다.
원래 전부로 거두어들인 쌀이 잡용으로 쓰이기 때문에 군사를 기를
비용을 따로 거두고 있다는 것이다. 물론 직업군인을 기른다는
명분에는 찬성할 수도 있겠지만, 그것도 아니라 한다. 왜냐? 어영청과
금위영에서 번갈아가면서 쉬는 군사에게도 포를 거두는 얼토당토 않은
짓을 하고 있었기 때문이다.

   성호는 '군사에게는 반드시 농토를 주어야 한다兵必授田'[3]에서
유몽인柳夢寅의 목격담을 예로 든다. 유몽인이 북경을 가다가 화려한
옷에 준마를 탄 기병이 수십 일 동안 길에 끊이지 않는 것을 보고
물어보았더니, "중국에서는 군사들에게 약간의 농토를 주어 그 농토를
갈아 준마를 사도록 하고, 여유가 있으면 옷가지며 먹을 것에 쓴다"는
답이 돌아왔다. 성호는 이 이야기 끝에서 이렇게 말한다.

무릇 군사는 죽을 땅에 놓이는 자다. 평시에 백성들을 즐거운 마음으로
따르게 했다 해도, 급한 변란이 있으면 오히려 달아날까 두려워하거늘,
하물며 작은 이익도 없고 큰 화禍가 닥치는 경우야 말해 무엇하겠는가?
후세에 와서는 억지로 군액軍額을 뽑기에 강하고 힘이 있는 자는 빠질
수가 있지만 가난하고 힘없는 자는 면하지 못하니 어떻게 적을 꺾어
막을 수 있겠는가? 농토와 땔감의 이익이 있다면, 백성들은 군사가
되기를 원할 것이다. 그들을 먼저 시험해본다면, 허약한 자는 끼이지
못할 것이다. 이 밖에 다른 방법은 없다.
夫兵者死地. 平時使民樂從, 急難猶懼逃躱, 況無小利而有大禍耶? 後世勒簽兵額,

---

3) 제14권 「인사문」, '군사에게는 반드시 농토를 주어야 한다兵必授田'

强有力者能脫, 而貧弱不免, 如何能折衝禦侮耶? 苟有田柴之利, 則民願爲兵.
兵必先試, 則疲劣不得與. 外此無其術也.

(군사에게는 반드시 농토를 주어야 한다兵必授田 | 제14권「인사문」)

군사는 죽을 곳에 자기 목숨을 던지는 사람이다. 평소 아무리 잘 대해주어도 전쟁이 나면 달아나려고 할 것이다. 그런데 평소 아무런 이익도 주지 않으면 누가 군사가 되어 적을 막으려 할 것인가. 그들에게 농토와 땔감을 준다면 백성들은 군사가 되기를 원할 것이다. 그중에서 힘 있는 사람을 군사로 뽑고 허약한 사람은 버린다. 이것이 요령이다.

한데 성호가 본 조선의 사정은 어떤가.

군사의 액수를 채워넣는데 마치 강도를 잡는 것처럼 하고, 이웃끼리 보保가 되게 하되 채찍질, 회초리질로 위세를 뽐내며 흡사 양과 돼지를 몰듯 한다. 외적의 침입이 없을 때에 갖가지 물건을 매겨 징수하면서 한 푼어치의 혜택도 없다.

今充額也, 如捕强盜, 隣里爲保, 鞭撻張威, 如驅羊豕. 未及外寇, 徵責百端, 無一分惠澤.

(군사에게는 반드시 농토를 주어야 한다兵必授田 | 제14권「인사문」)

성호는 전국시대戰國時代 제나라 전요田饒의 얘기를 끌어온다. "재물은 임금이 가볍게 여기는 바이고, 죽음은 군사가 소중히 여기는 바입니다. 임금이 가벼운 재물을 쓰지 않으면서 군사의 소중한 죽음을 바치기를 바란다면 어찌 어려운 일이 아니겠습니까?" 뼈를 찌르는 말이 아닌가. 창고에 넘쳐나는 재물은 아까워하면서, 사람의 단 하나밖에 없는 목숨을 허술히 여기다니 말이 되는가?

성호는 대책으로 고려 말기 조준趙浚의 상서를 끌어온다.

"국가에서 기름진 농토를 갈라서 갑사甲士 10여만 명에게 주었고, 옷과 군량과 무기가 모두 그 농토에서 나왔으므로 나라에는 따로 군대를 기르는 비용이 필요 없었습니다. 이것이 조종祖宗께서 삼대三代를 본받아 군사를 농민에게 맡겼던 유의遺意입니다.

지금은 군사와 농토의 제도가 모두 없어져 생각지도 못한 전쟁이 일어나면 농부를 몰아 군사를 보충합니다. 이 때문에 군사는 허약하여 적군의 먹이가 되고, 농민의 곡식을 베어내어 군사를 먹이므로 호구 수가 줄어들고 마을이 쪼그라드는 것입니다."

趙浚云: "國家割膏腴之地, 以祿甲士十萬餘人, 衣粮器械皆從田出, 故國無養兵之費, 祖宗之法三代藏兵於農之遺意也. 今兵與田俱亡, 每至倉卒, 驅農夫以補兵, 故兵弱而餌敵, 割農食以養兵, 故戶削而邑亡."

(군사에게는 반드시 농토를 주어야 한다兵必授田 | 제14권 「인사문」)

상고해보면, 조준이 대사헌으로 있을 때에 올린 글이다.[4] 요지는 병농일치兵農一致, 곧 농민에게 농토를 넉넉히 나누어주고 그들을 병사로 삼아 스스로 의복과 군량, 군기를 마련하게 하자는 것이다. 이렇게 한다면 농토는 농민에게 있고, 어떤 특권 세력도 농토를 독점할 수 없다. 농민은 나라를 지키는 것이 곧 자기의 농토를 지키는 것이 되니, 힘써 싸우지 않을 리 없다는 것이 성호의 생각이다.

농민에게 농토를 지급하여, 군사와 농민을 하나로 묶자는 발상은,

---

4) 『고려사절요高麗史節要』33권, '우왕禑王 4년'조

도성보다는 변방을 중시해야 한다는 의견으로 이어진다.

대저, 변방의 국경지대를 험하게 만드는 것은 팽개치고 도성을 견고하게 하는 데에만 전적으로 뜻을 기울이거나, 지방 사람들의 원망을 불러일으키면서 도성의 군사만 기르는 것은 모두 무모한 일이다. 만약 적이 뱃속으로 들어온다면 허벅지 살을 베어 먹인들 보존되기를 바랄 수 없을 것이다. 인정이란 가까운 일에 눈이 가려 먼 곳에 대해서는 소홀히 하기 마련이다. 도성은 몸이 의탁해 있는 곳이고, 금려禁旅(임금 직속의 서울 수비군-지은이)는 눈앞에 보이는 것이다. 이에 마음을 다 쏟고 힘을 다 쓴다. 하지만 변방에 걱정이 없으면 절로 도성이 편안해지고, 지방의 형세가 튼튼하면 금려의 위세도 펼쳐진다는 것을 모르고 있다.
夫棄關阨之阻而專意都城之固險, 鄕國之怨而獨養輦轂之兵等, 是爲無謀. 縱賊入腹, 割膝餇口, 望其自全, 難矣. 人情蔽於近而忽於遠. 故都城者, 身之所託也, 禁旅者; 目下所覩也. 於是而專心致力. 殊不知邊圉無虞, 則都城自安; 郡國勢壯, 則禁旅威張也.

(양병養兵 | 제7권 「인사문」)

도성은 중요한 곳이 아니다. 왕과 관료들은 막상 자신이 사는 곳을 튼튼히 하고 자신을 지켜줄 금군禁軍을 양성하는 데 힘을 쏟지만, 그보다는 변방을 튼튼히 하고 지방의 군대를 길러야 한다. 그것이 한양을 방어하고 금군의 위세를 떨치게 하는 유일한 방법이다.
　이런 이유에서 성호는 지방 군사에게 갈 것을 빼앗아 도성의 군대에게 줄 수는 없다고 말한다.[5] 양민에게서 군포를 거두어 도성 군대의 군사를 양성하는 비용으로 쓰는 것을 지적한 것이다. 하지만 군포는 영조 때의 균역제로 일부 개혁이 있었을 뿐 대원군 집정기까지 그 본질은 변하지 않았고, 여전히 농민을 착취하는 수단으로 작동했다. 그렇게 착취당한 농민이 과연 나라를 지킬 필요를 느꼈을 것인가?

5) 제7권 「인사문」, '양병養兵'

二.

경제론과 화폐

영원히 팔 수 없는 땅

수리, 무용한 것을
유용한 것으로 만드는 방법

최소한의 상업

성호의 유토피아, 화폐 없는 세상

은, 국부의 유출

영원히 팔 수 없는 땅

성호의 시대에 토지(農地)는 일부에 의해 과점寡占되어 있었고, 그 일부란 다름 아닌 귀족화한 양반이었다. 농민 중 자작농은 일부에 불과했고, 70퍼센트 이상이 소작농이었다. 그들은 소작료로 소출의 절반을 지주에게 바쳐야 했다. 궁핍해진 농민은 지주에게 토지를 팔았다. 지주의 거대한 땅은 이렇게 해서 생겨난 것이다. 토지를 잃은 농민은 소작농이 되어 지주를 위해 일하거나, 자기 자신을 노비로 팔거나, 유민이 되거나, 도둑이 되었다. 더 이상 나아갈 데가 없으면 길에서, 들판에서 시체가 되었다. 농민이 토지를 떠나는 것은 곧 사대부 체제의 위기였다. 당연히 토지의 분배를 주제로 양심적인 지식인들이 대책을 제출했다.

유력한 대책 중 하나가 '한전론限田論'이었다. 곧 일정한 면적의 토지를 상한선으로 정하고 그 이상의 토지를 소유하지 못하게 하는 것이다. 박지원朴趾源(1737~1805)의 「한민명전의限民名田議」는 한전론에 관한 대표적인 논문이다. 성호는 '한민명전限民名田'[1]에서 한전론을 검토한다. 그는 이 글에서 한漢의 동중서董仲舒에서 원元의 정개부鄭介夫에 이르는 한전론의 역사를 간단히 개괄하고 한전론의 골자를 소개한다. 한전론은 모든 농민에게 일정한 면적의 전지를 일정한 기간 동안 지급하고 그 기간 중에 불어난 토지는 형제,

---

1) 제3권 「천지문天地門」, '한민명전限民名田'

자질子姪, 인척에게 강제로 분배하는 제도다. 만약 상한선을 넘어 토지를 보유할 경우 어떻게 할 것인가. 그럴 경우 관에서 몰수하여 가난한 자에게 그 땅을 팔고, 땅값의 반은 국가가 차지하며, 반은 지주에게 지급한다. 그럴 듯하다. 하지만 성호는 이 주장을 반박한다. 즉 토지를 많이 가지고 있을 경우 권력이 강해지기 마련이고 권력이 강해지면 법을 무시할 수 있다. 가난한 백성에게 팔겠다고 하지만, 나눠줄 것이 아니면 가난한 자가 어떻게 땅을 사겠는가? 또 토지의 소유자가 이미 고장에서 권력을 행사하고 있는데 누가 감히 그 토지를 사려고 들겠는가? 그럴 수가 없다는 것이다. 만약 형제, 자질에게 나누어준다고 하자. 그러나 이를 형식적으로 나누어줄 뿐이라면, 어떻게 그 불법을 따질 수 있겠는가? 이런 이유로 한전론은 실행될 수가 없다고 성호는 말한다.

성호는 자신이 일찍이 '균전론均田論'을 지어 '균전均田'을 주장했다고 말한다. '균전'이란 무엇인가? 성호가 말하는 '균전론'은 『곽우록藿憂錄』에 실린 「균전론均田論」을 말한다. 그는 『곽우록』의 「균전론」을 바탕으로 다시 『성호사설』에서 '균전均田'[2]을 쓴다. 먼저 『성호사설』의 '균전'을 간단히 살펴보도록 하자.

'균전'의 첫머리에서 성호는 "왕도정치가 경계經界를 지향하지 않으면 구차할 뿐이다"라고 말한다. '경계'는 토지의 경계선을 정해 토지를 나누는 것이다. 그것은 곧 '토지의 공평한 분배'를 의미한다. 이어지는 "빈부가 균등하지 않고 강약의 형세가 다르다면 어떻게 나라를 평화롭게 다스릴 수 있겠는가?"라는 문장은, 백성 개개인의 부와 힘이 균등한 형태로 존재해야 국가의 운영이 평화로울 수 있다는

2) 제7권 「인사문」, '균전均田'

의미다. 수긍할 수 있는 말이다.

하지만 성호는 토지의 균등한 소유는 현실적으로 불가능하다고 말한다. 왜냐? 이 사람의 토지를 빼앗아 저 사람에게 줄 수가 없는 법이니, 그것은 각자 자기가 점유한 토지를 자기의 소유라고 여기기 때문이다. 토지를 사적으로 소유할 수 있다는 생각 때문에 토지의 균등한 분배는 불가능하다. 어떻게 할 것인가. 성호는 말한다. 토지는 개인의 소유물이 아니다!

무릇 천하의 전지田地는 왕의 땅이 아닌 것이 없다. 백성들이 각각 그 전지를 자기 이름으로 차지하고 있는 것은 왕의 땅을 한때 강제로 점유하고 있는 것에 지나지 않으니, 원래 본 주인이 아닌 것이다. 비유컨대 아버지의 살림살이 도구를 여러 자식들이 나누어 차지한다고 하자. 어떤 자식은 많이 차지하고 어떤 자식은 적게 차지하겠지만, 아버지가 골고루 나누어 가지라고 명한다면 많이 차지한 아들이 감히 그냥 뻗대며 차지하고 있지 못하는 법이다.
凡天下之田, 莫非其土. 黎庶之各名其田, 不過就王土中, 一時强占, 原非本主. 比如父有什器, 諸子分占. 或多或少, 至父命分俵, 則多者不敢據有也.

(균전均田 | 제7권 「인사문」)

모든 땅이 왕의 것이란 생각은 지금으로 말하자면 토지 공개념이다. 토지의 사유란 남의 땅을 한때 강점하고 있는 것일 뿐이다. 어찌 땅만 그렇겠는가. 인간의 삶 역시 장마 뒤 숲 속에 피었다가 사그라지는 버섯과 다를 바 없다. 잠시 세상에 머무르고 떠날 인간이 '자연'을 소유한다는 것은 실없는 농담에 지나지 않는다.

이런 이유로 토지는 원천적으로 사유할 수 없는 것이다. 이

탁월한 발상을 현실에 적용하려 한 사람이 있었다. 성호가 인용하는 왕망王莽(BC 45~AD 23)이다. 왕망은 천하의 전지를 왕전王田이라 했으니, 토지는 사유되는 물건이 아님을 선언하고 부자의 토지를 빼앗아 가난한 자에게 나누어주려고 했다. 성호는 이에 대해 "만약 왕망의 뜻이 이루어졌다면, 또한 충분히 성인이 남긴 뜻을 성사시킨 일이 되었을 것"이라고 평가한다. 왕망은 황제의 자리를 찬탈했기에 유가로부터 비난을 받았지만, 성호는 도리어 그의 개혁을 높이 평가한다. 성호는 "거실鉅室과 호족豪族들이 왕망의 개혁을 기꺼이 감내했겠는가?"라는 말로 기득권 세력의 저항과 개혁의 실패를 일축한다. 경제적 평등이라는 근본적인 개혁을 추구하는 자에게는 죽음을! 이것이 인류사를 통해 기득권층이 변함없이 실행해온 일이었다.

성호는 왕망의 왕전 사상을 고스란히 받아들인다. 그래, 왕망은 실패했다. 하지만 왕망의 개혁이 실패했다 하여 다시 시도하지 않을 수는 없다. "천하의 임금이 된 사람은 모든 백성을 똑같이 갓난아이(赤子)로 보아야 하는 법이다. 땅을 공평하게 나누어주려는 마음을 그만둘 수 없는 것이니, 어찌 어쩔 수 없는 것이라면서 그냥 내버려둘 수 있단 말인가?" 이 생각을 구체화한 것이 성호의 균전론이다.

이제『곽우록』에서 성호의 균전론의 핵심을 가져오자. 그의 아이디어는 이렇다. 먼저 한 가족이 평균적인 삶을 영위할 수 있는 재산을 계산해서 그것에 맞추어 일정한 토지를 1호戶의 영업전永業田으로 삼는다. 영업전은 '영구히 농사를 지어 먹는 전지田地'란 뜻이다. 이렇게 법을 정하여 실행하되 법을 시행할 즈음 땅을 많이 가진 자에게서 땅을 빼앗지 않고 땅을 못 가진 자에게도

영업전보다 더 주지 않는다. 땅을 많이 가져서 팔고자 하는 사람은
영업전을 제외하고는 허락한다. 토지의 매매를 자유롭게 하되, 오직
그 매매에 영업전이 포함되어 있는지만 철저히 살핀다. 만약 영업전이
포함되었다면 그 땅을 사는 자도 처벌하고 파는 자도 처벌한다.
이렇게 영원히 팔지 못하는 토지가 있으면 결국 토지의 소유는
균등해진다. 왜냐? 토지를 파는 자는 항상 빈민이다. 부자들은 빈민의
땅을 사들여 토지를 넓힌다. 그런데 빈민이 땅을 팔지 못하게 하면
부자들은 땅을 넓힐 수가 없게 된다. 빈민의 토지는 근검에 의해 조금
늘어날 가능성이 있지만, 부자들의 넓은 땅은 상속을 통해 쪼개진다.
이렇게 되면 결국 모든 인민이 균등한 토지를 갖게 될 것이다. 이것이
'균전론'의 대략이다.

　　성호는 '한민명전'[3]에서 자신이 '균전론'을 저술했지만,
"천천히 오랜 시간 실행한 뒤라야 효과를 낼 수 있을 것이다. 하지만
그 사이에 반드시 그 계획을 저지하는 자가 나올 것이니 시행할 수
없기는 매한가지다"라고 말하고 있다. 그 역시 실현이 불가능한
일인 줄 알았던 것이다. 다만 "사람들이 혹 균전론을 지켜 바꾸지
않는다면, 반드시 도움이 되는 방도일 것이다"라 말했다. 그것이 헛된
희망이었음은 후대의 역사가 입증하고 있다.

　　토지제도의 개혁은 성호만이 아니라, 다산과 연암 등 우리가
아는 이른바 실학자들, 그리고 『조선왕조실록』과 『일성록日省錄』,
『승정원일기承政院日記』에 무수히 등장하는 개혁적 사고를 가졌던
사람이면 모두 바라마지않는 것이었다. 그 개혁은 백성이 굶주리지
않고 만족스러운 삶을 영위할 수 있는 최소한의 수단을 마련해주고자

---

3)　제3권 「천지문」, '한민명전限民名田'

했지만, 결코 실천되지 않았다. 다른 이유가 있어서가 아니다. 그 개혁의 아이디어를 실천할 정치세력이 없었던 것이다. 고려에서 조선으로 넘어갈 때는 새로운 사회와 국가의 건설을 위한 프로그램, 곧 성리학이 있었다. 그리고 성리학에 의식화된 사대부들이 정치세력으로 등장하여 역성혁명을 일으켰다. 고려사회의 말폐를 상당 부분 청산한 사회와 국가가 만들어졌던 것이다. 하지만 성호의 시대에 이르러서는 성리학을 대체하여 새로운 사회와 국가를 건설할 새로운 사유가 존재하지 않았고, 양반 이외에 다른 정치세력의 출현도 기대할 수 없었다. 성호의 사유가 실천될 수 없었던 것은 바로 이런 이유 때문이었다.

수리, 무용한 것을
유용한 것으로 만드는 방법

성호의 '물을 막아서 농토에 대는 법壅水漑田'[1]은 "세상에 가장 아까운 일은 유용한 것을 무용한 것으로 만드는 것이다"라는 엉뚱한 말로 시작한다. 무슨 말인가? 그의 말을 따라가 보자. 농본주의자답게 성호는 "재물은 농사에서 나온다"라고 단언한다. 조선사회는 농업 사회고, 농업 생산에 모든 사람의 목숨이 달려 있다. 이것은 지금도 마찬가지다. 자동차와 핸드폰, 컴퓨터는 없어도 살지만, 곡식이 없으면 모두 죽을 수밖에 없기 때문이다.

이토록 중요한 농사를 해치는 '3종 세트'가 있다. '가뭄·홍수·충해蟲害'가 그것인데, 『조선왕조실록』 등의 연대기를 읽어보면 그중에서도 가뭄이 으뜸이다. 성호는 바로 그중 가뭄에 대해서, 그리고 이 가뭄을 극복할 수리水利에 대해서 말한다. 어떻게 가뭄을 극복할 것인가. 냇물과 계곡수를 농토에 대면 가뭄을 면하게 될 것이다. 그렇게 사방 들판이 타들어가는데도 냇물과 계곡수를 그냥 바다로 흘려보내니 아깝기 짝이 없다는 것이다. 사실이 그렇다. 조선시대에는 한강이나 낙동강 같은 큰 강의 물을 끌어대어 농사에 이용할 줄을 몰랐다. 마을은 대개 사람의 관리가 쉬운 작은 내 옆에 들어선다. 강은 사람이 이용하기에 너무나 멀고 컸던 것이다.

사정이 이랬기에 성호는 『성호사설』 곳곳에서 물의 이용방법에

---

[1] 제8권 「인사문」, '물을 막아서 농토에 대는 법壅水漑田'

대해 논하고 있다. 그가 소개하는 수리의 방법은 참으로 다양하다. 예컨대 이런 것이 있다. "중국은 양자강이나 황하처럼 큰 강물도 파갑壩閘(수문)이 있어 시기를 보아가며 물을 가두기도 하고 흘려보내기도 한다. 우리나라가 비록 작은 나라이기는 하지만, 어찌 수력을 이용하는 데 다를 것이야 있겠는가?" 성호는 수리의 하나로 강에 설치하는 수문에 대해 말하고 있는 것이다. 양자강이나 황하처럼 큰 강에도 수문을 설치하여 강물을 조절하는데, 그보다 크기가 작은 조선의 강은 왜 그렇게 하지 않는가? 성호는 그 이유를 이렇게 말한다.

다만 그렇게 하자면 재물을 들여야 하지만 재물은 한량없이 아깝고, 뒷날 생길 우환을 막자니 방법이 생각나지 않는다. 그래서 구차스런 방법으로 영원히 튼튼한 것을 바라지만 그게 가능하겠는가? 게다가 비가 오면 물이 넘치고 가뭄이 들면 타들어가니, 또한 유용한 것을 무용한 것으로 만들고 마는 것이다. 물을 가두어 모으는 정책은 건국할 때 세운 것인데 지금은 모두 폐지되고 말았다. 개탄스럽다.
只輸財則甚慳, 防患則無術. 欲以苟艱, 望其永固, 可乎? 且雨則水溢, 旱輒焚焦, 亦有用之歸無用也. 潴水之政, 國初所立, 而今皆廢弛. 可歎.
(물을 막아서 농토에 대는 법壅水漑田 | 제8권 「인사문」)

수리 사업에는 돈이 들어간다. 한데 돈이 아깝다. 또 적절한 방법을 찾아야 할 텐데 그럴 방법을 찾지 않는다. 일이 나면 미봉책으로 때우고 만다. 장구한 대책은 없다. 물난리로 농토가 황폐해져도 돌아보지 않는다. 실제 성호는 '위전·우전·궤전圍圩櫃田'[2]에서 자신이 충청도 홍산鴻山에서 목격한 바를 옮겨놓고 있다. 홍산 일대는 들이 황폐해져서 경작을 하지 않고 있었다. 물어본즉 백마강 원류 일대의

산이 민둥산이 되어 토사가 쓸려 내려와 옥토가 박토薄土가 되고
말았다는 것이다. 성호는 만약 제방을 쌓아 바깥의 물을 막아 침수를
면하고, 안에서 차오르는 물을 무자위(물을 낮은 데서 높은 데로 퍼 올리는
농기구)로 퍼내면 재난을 막을 수 있다고 말한다. 이치가 이런데 돈도
인력도 들이지 않고 방법도 찾지 않고 그저 미봉책으로 일관한다. 다른
이유가 있어서가 아닐 것이다. 농민 대부분이 빌린 땅에 농사를 짓고
지은 농사도 자기 것이 되지 않으니 무슨 재미로 수리까지 챙긴다는
말인가.
　　성호는 '수리水利'에서 이용후생의 가장 큰 도구는 수리라고
말한다.

수리보다 더 큰 이로움의 도구는 없다. 백성의 생명은 먹고 입는 것에
달렸고, 먹고 입는 것은 홍수와 가뭄에 달렸다. 하늘이 하는 것을
백성들이 어떻게 할 수는 없다. 하지만 사람의 힘으로 할 수 있는 것은
그래도 다 해야 할 것이다.
利莫大於水利. 生民之命, 懸於衣食; 衣食, 繫乎水旱. 天之所爲, 民不能奈何.
其在人力, 猶有可致之道.
(수리水利 | 제2권 「천지문」)

홍수와 가뭄은 어떻게 할 수가 없다. 하지만 사람이 할 수 있는 것은 다
해보아야 하는 법이다. 농사에서 물을 다스리고 이용하는 방법은 할 수
있는 데까지 실천해야 할 것이 아닌가. 그것이 곧 수리다.
　　수리를 논하면서 성호는 물을 셋으로 나눈다. 빗물, 우물물,

2)　제2권 「천지문」, '위전·우전·궤전圍圩櫃田'

개천물이 그것이다. 빗물은 사용할 때까지 저장할 수 없는 것이, 우물물은 늘 고여 있지만 퍼 올리지 못하는 것이, 개천 물은 그냥 흘려보내는 것이 안타깝다. 모두 유용하나 인간이 무용한 것으로 만들 뿐이다. 성호는 무용한 물을 유용하게 만든 방법을 열거한다. 빗물을 저장하기 위한 방법으로 저수지가 있고, 물을 퍼 올리는 데는 무자위가 있고, 흘려보내는 개천 물을 끌어다 대는 데는 관개 방법이 있다고 말한다.

하지만 성호 당대의 현실에서 이 방법은 모두 무용한 것이 되었다. 저수지는 조선 초기에 많이 쌓아 이용했지만 무너져버려 메워진 것을 보수하지 않아 모두 토호들의 경작지가 되었고, 효율성이 가장 높은 용미거龍尾車와 같은 무자위는 조선에 전혀 알려지지 않은 상태였다. 개천물을 끌어다 관개하는 법은 간혹 개인이 자기 재산을 들여 시도하다가 돈이 떨어지면 중지해버리니 대개 재산만 날리고 들였던 노력이 아무 소용없게 되었다.

성호는 특히 저수지가 소용없이 된 것을 가장 안타깝게 여긴다. '벽골제碧骨堤'에서 그는 이렇게 말한다.

반계磻溪 유형원柳馨遠 선생이, "호남 지방이 만약 황등제黃登堤·벽골제碧骨堤·눌제訥堤를 다시 쌓는다면 노령蘆嶺 아래 지방은 흉년이 없을 것이다"라고 했다. 셋 중 벽골제가 가장 크다. 신라 흘해왕訖解王 21년에 처음 쌓았고 고려 시대에 증축했는데, 길이가 6만 800여 척, 둘레가 7만 7000여 보步였고, 다섯 곳의 도랑이 모두 물에 걸쳐 있었다. 전지田地 9840결結에 물을 대었다.
磻溪柳先生馨遠曰: "湖南若修築黃登·碧骨·訥堤, 則蘆嶺以下無凶歉矣."
三者之中, 碧骨其最大也. 始於新羅訖解王二十一年始築, 高麗增修,長六萬八百餘尺, 周七萬七千餘步, 有五渠皆跨水, 漑田九千八百四十結.

(벽골제碧骨堤 | 제3권 「천지문」)

황등제·벽골제·눌제는 모두 지금의 전라북도에 있던 저수지다. 그중 가장 큰 것은 신라 흘해왕 21년(330)에 만들어진 벽골제였다. 이런 벽골제가 고려 인종 때 터져버린다. 인종이 병이 들자 무당의 말을 듣고 내시를 보내 둑을 터뜨리라고 명했던 것이다(1146). 벽골제와 인종의 병 사이에 어떤 관계가 있어 그 소중한 저수지를 터뜨렸는지는 아무도 모른다. 벽골제는 조선 태종 때 보수되었지만, 끝내 과거와 같은 규모로 돌아갈 수가 없었다. 성호는 인종을 매섭게 비판한다. "인종은 천명을 모르는 사람이라 할 만하다. 땅에서 나는 곡식은 백성의 목숨이 달려 있는 것인데, 자신의 하찮은 병으로 뭇 생명의 큰 이익을 팽개쳤으니 하늘이 그를 돕겠는가?" 성호의 시대에 벽골제는 이미 무용지물이 되었던 것 같다. "지금은 모두 버려져 쓰지 않고 있으니, 나라가 가난하고 백성의 살림이 바닥나는 것이 당연하지 않겠는가?"[3)]

    수리의 방법으로 둑이 있는데, 그 종류도 하나가 아니다. '위전·우전·궤전'에서 그는 양자강과 회수淮水 일대에 있는 위전圍田·우전圩田·궤전櫃田의 제도를 소개한다. 위전은 '땅을 빙 둘러 둑을 쌓는 것'으로 숲과 늪이 많거나 물가에 있어, 불시에 물에 잠길 수 있는 곳은 흙을 쌓아 끊긴 곳이 없게 빙 둘러 둑을 쌓고 그 안쪽을 경작지로 삼는 방법이다. 우전은 언덕에 방축을 쌓아 바깥에서 들어오는 물을 막는 방법이다. 궤전은 흙을 쌓아 전지를 보호하는

---

3)   제2권 「천지문」, '수리水利'

것인데 빙 두르는 방법은 비슷하지만 크기가 작다. 사방에 모두 물꼬 구멍을 내어 바깥쪽 물은 들어오기 어렵고 안쪽의 물은 무자위로 퍼내 말리기가 쉽다고 한다.

성호의 제안은 다른 실학자들도 번번이 제안한 것이었다. 무자위, 곧 수차를 예로 들어보자. 정조 7년(1783) 7월 4일 이조판서 서호수徐浩修는 가뭄 극복의 대책으로 수차를 만들어서 보급하자고 제안한다. 그러면서 그는 전례를 찾는다. 효종은 1650년에 북경과 심양에서 관개에 사용하는 것이라면서 비변사에 수차 한 대를 내리고 본떠 제작해서 보급하라고 지시한 적이 있었지만 이런저런 구차한 이유로 보급되지 않는다. 영조 16년에는 유척기兪拓基가 비변사에 남아 있던 수차를 보고 다시 보급하기를 요청하지만 널리 보급되지는 않았다. 서호수는 이런 전례를 들면서 열 대 정도의 수차를 만들어 팔도와 양도兩都에 보급하고, 감영과 병영에서 그것을 다시 본떠 만들어 확산시키자고 제안한다. 서호수의 아이디어를 따라 용미거가 제작되지만, 보급되지는 않는다. 같은 해 7월 18일 북경에 다녀온 홍양호洪良浩도 나라와 백성에 아주 도움이 될 만한 건의사항 여섯 가지를 올리는데, 거기에는 수차의 보급도 들어 있었다. 정조 19년(1795) 2월 18일에는 전 좌랑 이우형李宇炯이 수차를 보급하자고 간곡히 아뢴다. 정조는 "수차의 이익은 이루 말할 수 없을 정도로 크다"라 답했고, 만들어서 모두가 편리하다고 생각한다면 백성들에게 이익이 되는 계기가 될 것이라고 말했다. 한데 이듬해인 1796년 4월 25일 우하영禹夏永이 올린 13개 개혁 조목 중 수차에 관한 조목에 대한 답에, 장용영에서 다수 건조하여 배치한 곳이 있지만 비용이 너무 많이 들어 여러 고을에 보급하기 어렵겠다는 말이 있는 것을 보면, 아무런 소용이 없었던 것을 알 수 있다.

성호가 역설한 수리는 농업 생산량을 늘리는 방법이었다.
성호처럼 농업기술을 개선하여 생산량을 늘림으로써 농민의
가난을 해결하자, 경제적 풍요를 도모하자 주장한 사람들이 적지
않았다. 하지만 그들의 방법은 거의 채택이 되지 않았다. 숱한
개혁책이 제시되었지만 귀담아듣고 실천하는 사람이 없었다. 생각이
여기에 미치니 문득 『백범일지』[4]의 한 대목이 떠오른다. 1932년
4월 29일 윤봉길 의사가 홍구공원에서 일제의 상해파견군사령관
시라카와白川義則 등을 폭사爆死시키자, 백범은 배후 주모자로
지목되어 쫓기는 몸이 된다. 그는 중국인 저한추褚漢雛의 배려로
해염현海鹽縣으로 피신한다. 피신 중 백범은 잠시나마 여유를 찾는다.
그때 백범은 중국 농촌의 농업기술을 보고 감탄해 마지않는다. 좀
길지만 인용해 본다.

5, 6월은 양잠업의 시기이다. 집집마다 돌아다니며 양잠하는 것을
고찰하고 부녀들이 실을 뽑는 것을 보았다. 60여 세 된 노파가 일을
하는데, 물레 곁에 솥을 걸고, 물레 밑에 발판을 달아 오른발로 눌러
바퀴를 돌리고, 왼손으로 장작불을 지펴 누에고치를 삶으면서,
오른손으로는 물레에 실을 감는 것이었다. 그것을 보니 내가
어려서부터 본 우리나라 부인들의 길쌈과는 전혀 달랐다. 나는
노파에게 물어보았다.
　"당신은 금년 나이가 얼마이오?"
　"육십 좀 넘었소."
　"당신 몇 살부터 이 기계를 사용하였습니까?"

---

4)　김구, 도진순 역, 『백범일지』, 돌베개, 2005

"일곱 살 때부터요."

"그러면 근 60년 이전에도 고치 켜는 기계가 이것이었소?"

"예, 달라지지 않았소."

나는 실제로 7, 8세 어린아이가 고치 켜는 것을 보고 노파의 말을 의심치 않았다.

농가에 묵으면서 농기구를 자세히 조사하고 사용법을 보니 우리나라 농기구에 비하면 비록 구식이라도 퍽 진보된 것같이 보였다. 전답에 물을 대는 것 한 가지만 보아도 그렇다. 나무 톱니바퀴를 소나 말에 걸고, 남녀 여러 사람이 밟아 굴려, 한 길 이상이나 호숫물을 끌어올려 대니 그 얼마나 편리한가.

또 모내기 하는 일만 보아도 알 만하다. 모내는 날에 미리 벼 베는 날을 계산하니 이른 벼〔早稻〕는 80일, 중간 벼〔中稻〕는 100일, 늦은 벼〔晚稻〕는 120일이라 한다. 우리나라에서 하는 줄모가 일본인의 발명인 줄 알았으나, 중국에서 고대로부터 줄모를 심었던 것은, 김매는 기계를 보아도 가히 알 만했다.

혁명가의 눈매는 날카롭기 짝이 없어 중국의 농기구가 '구식이라도' 조선에 비해 퍽 진보된 것임을 알아본다. 중국의 기술은 서구에 비해 낙후된 것이었지만, 그 낙후된 기술도 조선보다는 나았던 것이다. 이 꼴을 본 백범에게 감상이 없을 리 없다. 좀 더 인용해 본다.

농촌을 시찰한 나는 한마디 하지 않을 수 없다. 우리나라에서 한·당·송·원·명·청 각 시대에 관개사절冠蓋使節(사신)이 중국을 왕래하였다. 북쪽 지방보다 남쪽 지방 명조 시대〔명나라가 그 도읍을 양쯔강 남쪽인 남경으로 정했던 시기(1368~1421). 조선은 명나라가 지금의 북경으로 도읍을 옮긴 1421년까지는 남경으로 사신을 보냈다.-지은이)에 사절로 다니던 우리의 선인들은 대부분 눈먼 사람이었던가. 필시 환상으로 국가의 계책이나 민생이 무엇인지를 생각지도 못하였던 것이니 어찌 통탄스런 일이 아니리오.

백범은 조선의 사신들이 눈 먼 사람이었을 것이라 한탄하지만, 그건 사실이 아니다. 홍대용과 박제가, 박지원 등 수많은 사람들이 진보한 중국의 기술을 배우자고 역설했지만 그것은 결국 실행되지 못했고, 심지어 개혁적 군주로 평가받는 정조조차 이런 기술에 별반 관심을 가지지 않았다. 백범의 한탄은 그래서 나오게 된 것이다. 정말 한심하지 아니한가.

최소한의 상업

'말발굽馬蹄'[1]에서 성호는 이렇게 말한다. "성왕聖王이 만든 제도는 농업에 힘쓰게 하고, 상업을 억제했는데 이유는 백성들이 생을 영위하는 데에서 먹을 것이 가장 중요하기 때문이었다. 저 장사꾼들은 자신의 사익을 추구하는 무리에 불과하니, 백성들에게 무슨 도움이 되겠는가?" 성호는 상인을 개인의 이익을 추구하는, 백성에게 도움이 되지 않는 부류로 본다. 유가의 근저에 깔려 있는 '상인 혐오론'이다.

성호가 상업을 완전히 부정한 것은 물론 아니다. 그는 인간의 간람奸濫한 짓 때문에 천하가 다스려지지 않는데, 간람한 짓은 재물이 부족한 데서 생기고, 재물의 부족은 농사에 힘쓰지 않는 데서 생긴다고 말한다. 이어 농사를 해치는 여섯 종류의 좀과 같은 존재가 있다고 말하는데, 그 여섯이란 노비·과거 공부·벌열·기교·승려·게으름뱅이다. 성호는 상인은 그 속에 들어가지 않는다고 말한다. "상인은 본래 사민四民(士·農·工·商) 중 하나로 물화를 유통시키는 이로움이 있다. 소금·철·포목·비단 같은 물품은 상인이 아니면 운반이 불가능하기 때문이다."[2] 성호는 상인과 상업의 긍정적 기능을 고려했던 것이다.

하지만 상업을 '최소한의 것'으로 생각하는가, '최대한의 것'으로 생각하는가 하는 문제는 여전히 남는다. 성호는 말하자면

---

1) 제6권 「만물문萬物門」, '말발굽馬蹄'
2) 제12권 「인사문」, '여섯 가지 좀六蠹'

최소주의자고, 『성호사설』 곳곳에서 상업에 관한 최소주의자의 입장을 견지한다. 그는 '되살려 시행할 수 있는 한나라의 법漢法可復'[3)]에서 한나라 문제文帝 때의 일을 예거한다. 문제는 검소한 생활을 본보기로 실천한 왕이었으나 그 시기의 백성들은 도리어 사치에 젖었다고 한다. 성호는 그 원인을 문제의 명에 따라 등통鄧通이 화폐를 주조해 유통시킨 데서 찾는다. 화폐는 물화의 유통을 자극한다. 곧 화폐로 인해 상업이 발달한다. 상업의 발달은 결국 사치를 낳는다. 논리의 비약이 있지만, 성호는 나름의 확실한 증거를 갖고 있었다. 뒤에 언급하겠지만 그는 물화의 유통이 초래하는 사치의 예를 북경과의 무역에서 찾았다. 21세기의 우리로서는 상업과 화폐가 존재하지 않는 세상을 상상할 수도 없지만, 성호의 시대에는 그 존재가치가 지금과 같지 않았다. 성호는 화폐와 상업에 대한 자신의 논리를 단호히 펼친다.

성호는 시장도 최소한으로 개설할 것을 주장한다. 그는 '허시墟市'[4)]에서 "근세에 와서 향읍鄕邑에서 곳곳에 빈터를 만들고 날마다 질세라 아침에 나가 저물어서야 돌아오는 풍습이 있어 폐단이 한두 가지가 아니다. 만약 시장을 같은 날 일정한 시간 동안 열게 한다면, 그중 소소한 시장은 금하지 않아도 저절로 사라져 어지러이 다투는 걱정이 없어질 것이다"라고 말한다. 성호의 시대에 이미 향촌 곳곳에 시장이 출현했던바, 그는 모든 시장을 같은 날 일정한 시간 동안 열어서 불필요한 시장을 없애자 하였다. 시장을 축소하자는 성호는, 물자의 최소한의 유통을 주장하는 최소주의자다. 예컨대 그는

---

3) 제22권 「경사문」, '되살려 시행할 수 있는 한나라의 법漢法可復'
4) 제13권 「인사문」, '허시墟市'

'가장 중요한 것은 쌀米綱'⁵⁾에서 물건 중 운반하지 않을 수 없는 것은 곡식이고 소금과 철이 그다음이며, 이것들 외에는 다른 지방의 것을 기다리지 않고도 백성들이 스스로 해결하여 살아갈 수 있다고 말한다. 즉 곡식과 소금, 철과 같은 가장 기본적인 것 외에는 유통이 필요치 않다는 것이다.

외국과의 상업, 곧 무역 또한 같은 이유로 비판한다. 성호는 '사신단의 무역奉使貿易'⁶⁾에서 조선과 중국의 무역이 갖는 속성에 대해 언급하고 있다. 중국에 가는 사신단이 은자銀子를 가지고 가서 무늬 있는 비단과 같은 사치품을 사오기 시작한 것은 고려 공민왕 때부터라고 한다. 사장私裝, 곧 사신 일행이 개인적으로 가져가는 물자가 공물의 10분의 9를 차지했다 하니, 사신단은 실제 무역단이었던 셈이고 이에 대해 중국 사람들은 "고려 사람들은 사대事大를 핑계대지만 사실 무역에 욕심이 있어 오는 것"이라 했으니, 사대 외교가 갖는 무역의 속성을 중국 쪽에서도 정확하게 알고 있었던 것이다. 외교 관계를 이용한 무역은 조선 시대 내내 지속되었다. 성호는 같은 글에서 자신의 시대에 와서 무역의 폐단이 이루 말할 수 없을 지경이라고 단언한다.

가장 큰 폐단은 은銀의 유출이다. 성호는 '재화도 곡식도 없는 나라 살림無貨無穀'⁷⁾에서 국가 재정의 부족을 걱정하면서 그 이유를 북경과의 무역에서 찾는다. 곧 국내 은광에서 캐낸 광은鑛銀이 적지 않지만 그것은 쉽게 낡아버리는 비단과 쓸데없는 그릇, 완호물玩好物, 사치스런

---

5) 제16권 「인사문」, '가장 중요한 것은 쌀米綱'
6) 제11권 「인사문」, '사신단의 무역奉使貿易'
7) 제16권 「인사문」, '재화도 곡식도 없는 나라 살림無貨無穀'

식품을 사오는 데 들어가고, 광은이 모자라면 왜은倭銀을 쓰게 되는데 왜은이란 것도 거저 생기는 것이 아니고 우리 쪽의 쌀과 포布를 주고 바꾼 것이다. 결국 북경과의 사치품 무역은 국내의 광은은 물론 쌀과 포목까지 국외로 유출하는 결과를 초래한다. 이런 관점은 『성호사설』 전체를 관통한다. 사치품 수입으로 금과 은을 유출되었던 사정은 뒤에 따로 '은, 국부의 유출'에서 살펴 보도록 한다.

성호는 통상의 대상이 되는 물화는 곡식과 포목, 소금과 철이어야 하고 거기에 조선이 중국에 의지하지 않을 수 없는, 활을 만드는 재료나 말(馬)을 추가한다.[8] 성호는 그 밖의 물건은 모두 사치를 목적으로 수입하는 것이라 판단한다. 중국과의 무역을 사치품의 일방적 수입으로 보는 성호는 '중강'(압록강 연안의 도시)의 시장과 같은 시장은 개설하지 않는 것이 옳다고 말한다.

시장이 열리면, 완호물이나 무늬 있는 비단 등 기교를 부려 만든 물건의 교역을 막을 수가 없을 것이다. 시장의 개설 여부를 두고 장단점을 비교해보면, 개설하지 않는 것이 훨씬 낫다. 또 지금 듣자니 활을 만드는 뿔이나 말은 금지하면서 완호물은 제멋대로 사고판다고 하니 정말 이상한 일이다.

市易旣開, 則凡玩好紋綺技巧之屬, 無以禁遏. 其長短兩較, 不若不開之爲得, 今聞角馬有禁, 而玩好恣售, 可異也.

(중강에 시장을 열다中江開市 | 제7권 「인사문」)

절대적으로 필요한 무기나 말 따위는 수입을 금하면서 사치품의

---

8) 제7권 「인사문」, '중강에 시장을 열다中江開市'

수입로를 열어두는 행태를 이해할 수 없다는 것이다.

화폐가 없고, 상업이 최소한으로 존재하는 세상은 어떤 세상인가. '되살려 시행할 수 있는 한나라의 법'에서 성호는 이렇게 말한다.

집안과 나라가 부유해져 차츰 태평한 사회를 만들려 한다면, 다만 상업을 억제하고 농사에 힘써야 할 것이다. 백성은 꼭 필요한 때에만 부리고 세금은 아주 적게 거두어야 백성들은 생업을 즐기고 토지의 소출이 풍요로워지기 때문이다.
家國殷富, 馴致昇平, 特因抑末務本. 時使薄斂, 民生樂業, 地出豊饒故也.
(되살려 시행할 수 있는 한나라의 법漢法可復 | 제22권 「경사문」)

상업을 억제하고 농업을 장려하는 것, 백성을 부역에 함부로 동원하지 않고 세금은 극히 적게 거두어 그 결과 백성들이 즐거이 농사를 짓고 소출이 풍성해지는 사회가 성호가 바란 이상사회다. '힘써 농사짓는 길을 열고, 장사꾼의 후예가 벼슬을 못하게 막고, 공을 세운 사람은 벼슬을 올려주고, 안정된 사회를 만드는 법'이 바로 그가 말하는 '되살려 시행할 수 있는 한나라의 법'이다.

성호보다 한 세대 뒤에 활동했던 박제가는 국내 상업은 물론 국제적인 무역을 통해 물자를 유통시켜 생산을 자극하자고 주장했다. 박제가가 상업과 무역이 갖는 긍정적인 속성을 지적한 반면 성호는 그 반대편의 어두운 그늘을 지적한다. 모든 교환과 무역은 균등하지 않고 불균등하다는 것이 성호의 관점이었다. 성호는 농민이 모두 토지를 갖는 소농이 되어 먹고 입을 것을 스스로 생산하고 소비함으로써 삶이 윤택해질 수 있다고 믿었다. 오늘날 무역에 목을 매고 사는 한국사회는 성호의 말을 귀담아들으려 하지 않을 것이다. 농업을 보호하기는커녕 농업을 해체하여 한국의 자본주의가 발달했다고 주장하며, 자동차와 휴대폰을 팔기 위해 농업을 포기한다고 선언까지 한 바 있다. 하지만 이게 올바른 길인가. 인간의 미래를 위해서라면 박제가가 아닌, 성호의 말에 귀를 기울여야 하지 않을까?

성호의 유토피아, 화폐 없는 세상

화폐는 우리 생의 유일한 목적이 되었다. 한국사회에서 예술과 종교, 학문, 그러니까 화폐와 거리가 멀다고, 혹은 멀어야 한다고 생각했던 것들조차 이미 그 물건의 포로가 된 지 오래라는 사실은 새삼 강조하지 않아도 무방하리라. 그러나 우리는 아주 드물기는 하지만 화폐로부터 자유로운 나의 영혼을 발견한다. 자유스러운 어떤 사람이나 그의 행위를 볼 때, 혹은 어떤 계기를 통해서 나의 내면 저 구석에서 화폐로부터 자유로운 나의 영혼을 발견할 때, 우리는 소스라치게 놀란다. 하지만 안타깝게도 이 놀라움은 도리어 화폐가 우리 생의 유일한 목적이라는 사실을 입증한다.

 화폐는 인간이 교환의 수단으로 만들어낸 것이지만, 인간은 그 수단의 포로, 아니 노예가 되어 허덕인다. 다만 돈이 생의 유일한 목적이 된 사회는 그리 오래된 것이 아니다. 이는 자본주의의 발달 이후에, 한국으로 말하자면 20세기 이후에 본격적으로 출현한 것이다. 하지만 한국에도 유사한 전사前史는 있다. 조선후기에 와서 화폐의 유통이 활발해지며 화폐를 축적하기 위해 질주하는 인간들이 나타났다. 그들의 모습을 보고 화폐의 본성, 즉 화폐의 근원적 악마성을 통찰한 사람 또한 있는데, 성호가 바로 그 사람이다. 성호의 이야기를 따라가 보자.

 화폐가 없어 재산이 오직 실물 형태로 존재한다면 부의 축적에는 제한이 따른다. 성호는 '곡식과 포가 많은 사람이 부자다粟布多爲富室'[1]에서 성종 19년(1488)에 조선에 사신으로 왔던 명나라 사람 동월董越이 쓴「조선부朝鮮賦」의 한 구절을 인용한다. "금과 은의 저축을 허락하지 않기에 곡식과 포가 많은 사람을 부자로 친다. 물건을 사고팔고 바꾸고 할 때는 오직 곡식과 포를 가지고 한다. 이런 이유로 탐관貪官이 적다." 화폐가 없기에 탐관이 적다는 것은 어떤 이유에서인가? 같은 글에서 성호는 그 이유를 이렇게 댄다.

대개 곡식과 포는 가벼운 화폐와 사뭇 다르다. 백성을 쥐어짜는 자들도 많이 가질 수가 없다. 이런 이유로 탐관이 적었던 것이다.
盖粟布異於輕貨. 掊克者, 無以多取. 所以貪官少也.
(곡식과 포가 많은 사람이 부자다粟布多爲富室 | 제10권「인사문」)

화폐는 곧 부정한 부의 축적을 가능하게 하는 도구다. 탐관을 증오했던 성호는 이런 이유로 해서 화폐에 대해 부정적이다. 한마디를 더 들어보자. "돈은 사치에도 편리한 것이고, 훔치는 데도 편리하다. 탐관은 곧 큰 도둑이다."
　하지만 성호가 화폐를 비판한 것은 궁극적으로 화폐의 존재가 백성을 궁핍하게 만든다고 생각했기 때문이었다. 성호에 의하면, 백성을 부유하게 만드는 방법은 세 가지가 있다. 첫째, 농사에 힘쓰게 하는 것, 둘째, 검소한 삶을 가치 있게 여기도록 하는 것, 셋째, 토색질을 금지하는 것이다.[2] 차례로 살펴보자. 첫째 백성을 농사에 힘쓰게 하려면 농업에 견주어 이익이 더 남는 직업이 없어야 한다.

1) 제10권「인사문」, '곡식과 포가 많은 사람이 부자다粟布多爲富室'
2) 제11권「인사문」, '돈의 해독성錢害'

말하자면 상업 같은 것을 억제해야 한다. 왜냐? 상업에 종사하는 자는 농업에 종사하는 자에 비해 월등하게 적은 노동량으로 월등하게 많은 수익을 얻는다. 이렇게 되면 농업은 기피의 대상이 될 수밖에 없다. 상업의 발달에는 화폐가 필수적이다. 성호는 화폐의 편리함을 충분히 인지하고 있었다. "곡식과 포는 은자나 돈보다 편리하지 않다. 게다가 은자는 귀하고 돈은 흔하기에 은자는 돈보다 편리하지 않다." 상업에는 화폐가 제일 가는 도구라는 것이다. 이런 이유로 화폐의 유통은 결국 상업을 부추긴다. 성호는 화폐가 유통되면서 백성들이 장사로 얻을 수 있는 몇 갑절의 이익을 바라고 쟁기를 팽개치고 시장을 떠돌기에 농사를 망치고 있다고 말한다. 가격차를 이용한 이윤 획득은 농업 노동으로 얻을 수 있는 이익을 능가하기에 궁극적으로 농업이 기피 대상이 된다고 그는 생각했다. 성호의 다음 세대인 박제가가 상업이 농업 생산을 자극할 수 있기에 상업을 발달시켜야 한다고 주장한 것과는 정반대의 입장이다.

성호는 검소한 삶을 가치 있게 여기도록 하려면 사치를 금지해야 한다고 말한다. 화려한 옷과 장신구, 원근의 크고 작은 기호품을 구입하는 데 돈보다 편리한 것은 없다. 그렇지 않은가. 오늘날 당신은 화폐를 압축한 신용카드 한 장이면 언제 어디서나 그 상품이 세계 어디에 있든 손에 넣을 수 있다. 조선 시대라 해서 다를 것 없다. "돈을 가진 자는 멀건 가깝건 동쪽이건 서쪽이건 물건을 사들여 제 몸에다 한껏 쓰며 오로지 사치스럽지 못할까 두려워하고, 마침내는 파락호가 되고 마는 것이다."[3] 과잉소비는 결국 돈으로 인해 일어난 것이기에 돈은 백 가지가 해롭고, 한 가지의 이로움도 없다.

3) 제4권「만물문」, '전초회자錢鈔會子'

토색질을 금지하는 것 역시 화폐와 관련이 있다. 성호는
토색질을 금지하려면 먼저 토호를 억제해야 하며, 토호의 작간作奸은
'고리대금업'보다 심한 것이 없다고 말한다. 고리대금업의 이윤은
어떤가?

농사를 지어서 얻는 이익은 갑절에 불과하다. 그것도 풍년이 들 때가
있는가 하면 흉년이 들 때도 있다. 상업은 이익이 많기는 하지만
본전을 까먹는 경우도 있다. 따라서 농사나 상업이나 모두 돈놀이로
애써 일하지 않고 앉아서 큰 이익을 보는 데는 미치지 못한다. 이런
까닭에 시정의 샌님이 문을 닫고 돈놀이를 하여 졸지에 천금의 재산을
모은 부자가 되기도 한다. 재물은 하늘에서 떨어지는 것이 아니다.
이쪽이 이익을 보면 저쪽은 손해를 보기 마련이다. 그러니 백성이 어찌
가난해지지 않을 것인가. 봄에 돈을 꾸어도 곡식을 많이 살 수 없다.
하지만 가을에 이자를 갚고자 하여 추수한 곡식을 팔려 하면 곡식
값은 헐하다. 이렇게 해서 빚을 다 갚지 못하면 원금과 이자가 어느
결에 점점 불어나서 마침내 집을 팔고 전답을 판다. 재산이 거덜 나야
비로소 그치게 된다. 그러므로 백성들이 파산하는 것은 십중팔구가
돈놀이 때문이다. 이 역시 모두 돈이 치도治道를 해치는 것이다.

農利不過於倍, 而有豊凶之不同. 商利雖多, 屢患折閱. 都不及斂散子母,
不勤力而坐致厚利. 故閭巷措大, 閉戶算緡, 俄致千金. 財非天降. 此益則彼損.
民如何不貧. 春而貸錢, 得米不多. 而秋而償息, 賣穀費廣. 駸駸滋長, 賣宅輸田,
殫窮乃休. 故民力之破落, 八九是息錢爲之也. 此皆錢之妨治也.

(돈의 해독성錢害 | 제11권 「인사문」)

화폐로 인해 고리대금업이 가능하다. 화폐가 화폐, 곧 이자를 낳는다.

이자는 돈을 빌려 쓴 사람의 노동의 결과물이다. 결국 화폐는 타인의 노동을 흡수하고 때로는, 아니 자주 그 사람의 모든 것을 흡수해버린다. 새로 등장한 직업, 곧 고리대금업으로 인한 농민의 피해는 성호에게 어마어마한 충격이었다.

귀족과 부호들은 억만의 돈을 쌓아놓고 있다가 풍년이 들면 곡식을 사들여서 개인적으로 비축해놓는다. 그러다 흉년이 들면 곡식을 내다 팔아 돈을 빨아들인다. 거기다 관청의 세금과 사채를 한꺼번에 돈으로 내라고 독촉하기 때문에 백성은 그해 수확을 깡그리 긁어내어 갚는다. 겨울을 나기도 전에 여덟 식구가 벌써 굶주리게 된다. 이것이 일 년 내내 부지런히 몸을 부려 얻은 재물이 백성에게 있지도 않고 나라에 있지도 않고, 남김없이 놀고먹는 무뢰한 자들에게 돌아가는 이유다.
貴門豪家, 藏鏹萬億, 歲豐則斂穀, 而私蓄. 歲儉則放散, 聚錢. 加之官調私債, 一齊督錢, 故民於是殫竭地出而應之. 未及冬春, 八口已餒. 是終歲勤勤之財, 不在民, 不在國, 盡歸於遊食無賴之室.
(벼슬길은 넓고 돈은 많다 仕廣錢多 | 제16권 「인사문」)

귀족과 부호들은 축적해둔 돈으로 곡식을 사들이고, 흉년이 되면 곡식을 팔아 백성의 돈을 빨아들인다. 관청의 세금과 사채도 모두 돈으로 받는다. 그 결과 백성의 생산물은 백성에게도, 국가에도 있지 않고 놀고먹는 유한계급의 손아귀로 들어간다. 지금도 다르지 않다. '금융업'이라고 말하는 직업의 본질은 곧 돈놀이다. 그것은 궁극적으로 노동하는 사람의 생산물을 이자란 이름으로 약탈하는 행위다.
　성호가 말하고자 하는 골자는 결국 화폐가 백성에 대한 착취를 강화한다는 것이다. 위에서 인용한 '벼슬길은 넓고 돈은

많다仕廣錢多'는'[4] 이 문제를 소상히 다룬 글이다. 이 글에서 성호는
백성이 빈궁한 원인을 아전의 탐학에서 찾고, 아전의 탐학을 재정의
부족에서, 그리고 재정의 부족을 관원이 많은 데서, 관원이 많은
것을 벼슬길이 너무 광범위한 것에서 그 원인을 찾는다. 벼슬에
오르는 자가 많으면 재직기간이 짧아진다. 따라서 재직하고 있을 때
퇴임 이후 쓸 재산과 자손에게 남겨줄 재산까지 한몫 챙기려 한다.
이것이 궁극적으로 백성이 곤궁한 이유다. 다만 탐학은 도둑질이고
도둑질은 발각될 수 있다. 그래서 부피는 작지만 값어치가 높은 그
무엇이 필요하다. 돈이 그것이다. 돈으로 축재한 벼슬아치들은 모두
부자가 되고 백성은 가난해진다. 성호는 탐학의 성행은 돈이 일으키는
폐단이라고 말한다. 화폐는 곧 착취의 수단이다.

성호는 『성호사설』의 '은병銀甁'[5], '고전古錢'[6], '백금百金'[7],
'청묘전靑苗錢'[8] 등에서 화폐의 해악성을 역설하며 화폐를 폐지할
것을 주장한다. 화폐 없는 세상이 성호에게는 유토피아의 시작이었던
셈이다.

성호의 화폐 폐지 주장이 허황한 소리로 들리는가. 금융자본이
세계를 지배하고 있다. 월스트리트를 지배하는 극소수 인간의 탐욕이
지구 반대편에 있는 사람을 궁핍으로 몰아넣는다. 인간은 자신이
만들어낸 화폐의 노예가 되었다. 화폐 없는 세상을 꿈꾼 성호의 말은
결코 허황하지 않다.

---

4) 제16권 「인사문」, '벼슬길은 넓고 돈은 많다仕廣錢多'
5) 제4권 「만물문」, '은병銀甁'
6) 제4권 「만물문」, '고전古錢'
7) 제9권 「인사문」, '백금百金'
8) 제20권 「경사문」, '청묘전靑苗錢'

은, 국부의 유출

성호는 화폐의 존재 자체를 비판했다. 그는 화폐가 없어져야 행복한 세상이 올 것이라 확신했다. 그렇다면 돈의 역할을 대신하는 금과 은은 어떤가? 이 문제를 검토해보자.

조선 시대 국내 광산에서 채취하는 금과 은은 많지 않았다. 아니, 거의 개발하지 않았다 해도 과언이 아니다. 고려 말 명明이 막대한 은을 공물로 요구했는데, 그것은 조선이 감당할 수 있는 수준이 아니었다. 정몽주鄭夢周(1337~1392)가 사신으로 파견되어 은의 양을 줄이고 다른 토산물로 대신 바치겠다고 하여 허락을 얻었다.[1] 조선 세종 때에는 금과 은 대신 삼蔘(곧 산삼이다. 산삼을 인삼으로 재배하기 시작한 것은 숙종 때에 와서다)을 바치겠다고 하여 허락을 받았다. 이런 상황이었으니 금광, 은광을 적극 개발할 리가 만무했다.

그렇다 해도 은광은 있었다. '은화銀貨'[2]에서 성호는 조선에 은광이 상당히 많다고 말한다.

우리나라에는 산이 들보다 더 많아 은광銀鑛이 바둑판처럼 널려 있지만, 백성들이 개인적으로 채취하는 것을 금하는데다가 관官에서 거두는 세금이 너무 무겁기 때문에 백성들은 은광의 존재를 숨긴다.

1) 제5권 「만물문」, '은광銀礦'
2) 제6권 「만물문」, '은화銀貨'

我國山多於野, 銀鑛碁布, 禁民私採, 而官斂過重, 民輒掩諱.

(은화銀貨 | 제6권 「만물문」)

은광은 바둑판처럼 이곳저곳에 있다. 하지만 개인적으로 은을 채취하는 것은 금지되어 있다. 또 은광에서 은을 캘 경우 세금을 무겁게 매기기에 백성들은 아예 은광의 존재 자체를 숨긴다.

국가가 금과 은의 생산을 금기시했다 하여 성호가 금과 은을 불필요한 물건이라고 생각한 것은 아니다. 금과 은은 동양과 서양을 막론하고 국부 그 자체였다. 스페인이 라틴아메리카를 쥐어짠 것은 라틴아메리카의 은을 쥐어짜기 위해서였고, 그 은으로 스페인은 한때 세계 위에 군림했다. 중국의 몰락을 재촉한 아편전쟁도 중국으로 하염없이 흘러들어가는 은을 막기 위해 영국이 일으킨 것이다. 19세기까지 은이야말로 세계의 공용 화폐였다.

성호 역시 금과 은을 국가의 경영에 절대적으로 필요한 것이라 여겼다. 그는 무엇보다 전쟁과 관련해 금과 은의 중요성을 설명한다. 전쟁이 났을 경우 군사를 격려하고 공을 세운 자를 포상하는 데는 금과 은이 가장 소중하고, 만약 그때 국고에 금과 은이 없다면 부국이라고 부를 수 없다는 것이다.[3] 성호는 여러 글에서 이 주장을 반복한다. 직접 읽어보자.

재물이 없는 사람을 가난뱅이라 하고, 창고가 텅 빈 나라를 빈국貧國이라고 한다. 곡식과 포布만이 중한 것이 아니다. 보화寶貨 역시 중요하다. 보화는 완호물이나 사치품에 쓰여서가 아니라,

3) 제6권 「만물문」, '금과 은金銀'

군대에서 없어서는 안 될 것이기 때문이다. 제갈무후諸葛武侯(제갈량)의
'출사표出師表'에 "남방은 이미 평정되었고 병갑兵甲은 넉넉하다"
하였으니, 병갑이 넉넉해진 것은 필시 남방의 재물에 의지했을 것이다.
(……) 보화란 금과 은이 으뜸이다. 공로를 세운 자에게 상을 주거나
격려를 할 때 금과 은이 아니면 안 되는 법이다. 더욱이 군수물자와
군량을 계속 공급하기 어려울 때와 깊은 골짜기나 외진 마을에 있을
때는 많건 적건 금과 은이 있어야 물자와 군량을 즉각 융통할 수 있는
것이다.

無財曰貧, 府庫空虛, 爲貧國. 不獨粟布爲重. 貨寶亦與焉. 貨寶者,
非爲玩好侈靡之用, 軍旅之所不可闕也. 諸葛表曰: "南方已定, 兵甲已足."
兵甲之足, 必賴南方而得. (……) 貨寶者, 金銀爲最. 其賞勞激勸, 非此莫可.
又況軍興所需, 饋餉難繼, 深谷窮閭, 多藏少蓄, 惟金銀可以立致也.

(은화銀貨 | 제6권 「만물문」)

부피와 무게에 비해 높은 가치를 갖는 금과 은은 전쟁과 같은
비상사태에 결정적으로 중요한 것이었다.
  금과 은 중에서 특히 중요한 것은 은이었다. 은은 중국에서
화폐로 통용되고 있었기 때문이다. 하지만 조선은 만성적인 은 부족에
시달리고 있었다. 조선은 금광과 은광을 적극적으로 개발하지 않았기
때문에 광은鑛銀이 풍부하지 않았다. 몇 안 되는 광은으로는 수요를
충당할 수 없었다. 조선의 은은 일부 광은에서 얻는 것을 제외하면
일본과의 무역에서 얻는 것이 대부분이었다.
  성호는 '생재生財'[4]에서 일본과의 무역에 대해 소상히 말하고 있다.

---

4) 제8권 「인사문」, '생재生財'

일본과의 무역에는 공무역과 사무역이 있는바, 공무역은 "조선의 쌀과 포로 일본의 구리와 납을 교환하고, 사무역은 인삼·실·목화로 일본의 은·칼·거울 등과 같이 '교묘하게 만든 기이한 물건'을 바꾼다"는 것이다. 요약하자면, 공무역은 쌀과 구리, 납을, 사무역은 인삼, 목화와 은 등을 교환했던 것이다. 여기서 일본의 은은 원래 스페인이 멕시코에서 개발한 은광에서 채취한 은, 곧 묵은墨銀(멕시코 은)이었다. 일본은 1740년대 초까지 중국과 직접 무역을 하지 않았고 조선의 중개무역을 통해 중국의 물화를 구입했다. 즉 조선이 북경에서 중국 물화를 구입해 한양을 거쳐 동래로 가져오면, 일본이 그것을 구입하는 방식이었다. 그런데 일본에서 얻은 은은 국내에 쌓이지 않고, 다시 북경으로 유출되었다. "국내에서 쓰는 은은 거개 일본에서 들어온 것인데, 이것은 또 죄다 북경 시장으로 빨려 들어간다"[5]라는 성호의 말은 바로 이런 사정을 두고 한 말이다. 하지만 1740년 이후 일본이 중국과 직접 무역을 하게 되자, 일본에서 들어오는 은이 격감한다. 하지만 북경에서 들어오는 수입품은 줄지 않아 은은 계속 북경으로 유출되었다. 마침내 조선은 은 부족에 시달리게 되었다. 물론 여기에는 국내에서 은제품이 사치품으로 소비되는 것도 한몫을 했다.

　이 사태에 대해 성호는 "만약 나라 밖으로 유출시키지 않는다면, 어찌 은이 쌓이지 않을 리가 있겠는가?"[6]라고 말한다. 문제는 북경으로 유출된 은이 별난 음식물, 진귀한 옷, 희한한 장난감, 화려한 비단 따위의 사치품을 구입하는 데 쓰였다는 것이다. 이런 까닭에 성호는 북경의 사치품과 소비재를 막아야 한다고 역설한다. 특히 가장

5)　제6권 「만물문」, '은화銀貨'
6)　제6권 「만물문」, '금과 은金銀'

해로운 수입품이 비단이고, 비록 약제라 해도 극력 막아야 한다고 주장한다. 우리나라에서 생산되는 약제만 갖고도 사람을 구제할 수 있다는 것이다.[7]

성호의 말은 일부 귀족화한 양반들을 위한 사치품의 수입을 막아서 국부의 유출을 방지하자는 것이다. 17세기 중반 이후 양반은 한양 양반과 지방 양반으로 확연히 구분되기 시작했던바, 대대로 한양에 살면서 벼슬을 하는 양반을 경화사족京華士族, 혹은 경화세족京華世族이라 불렀다. 이들은 거의 귀족화된 양반으로서 그들의 생활은 대단히 사치스러웠다. 북경에서 수입되는 값비싼 비단, 서화, 골동품, 자명종 등의 주 소비층 역시 이들이었다. 이들의 사치에 국내의 은이 모조리 소모되었던 것이다.

무역에 목을 매고 사는 대한민국 사람들은 성호의 말을 세상 물정 모르는 유학자의 고리타분한 것으로 들을지 모르겠다. 하지만 수입품으로 가득 찬 백화점과 마트, 시장을 보면 저것들이 과연 우리에게, 인간의 삶에 그렇게 절실한 것인가 하는 생각을 지울 수 없다.

은과 은광에 관한 이야기는 하자면 끝이 없다. 한 가지 이야기만 덧붙이고 끝을 맺자. 선조 때 신하들이 재정을 넉넉히 하자면서 은광 개발을 건의한다. "은광을 민간에 맡겨 채취하도록 하고, 세금을 받아 국가의 재정을 넉넉하게 하는 것이 좋겠습니다." 광산을 개발하여 국가의 재정을 풍족하게 하자는 말에 선조의 답은 뜻밖이다.

"혼돈混沌을 파서 구멍을 내면 혼돈이 죽고, 은혈銀穴을 뚫으면

---

7) 제6권 「만물문」, '금과 은金銀'

인심이 죽는다."

鑿開混沌, 混沌死. 鑿開銀穴, 人心死.

(은광 銀礦 | 제5권 「만물문」)

혼돈을 파서 구멍을 내면 혼돈이 죽는다는 말에는 유래가 있다. 『장자莊子』 「응제왕應帝王」에 이런 이야기가 나온다. 남해의 제왕을 숙儵, 북해의 제왕을 홀忽, 중앙의 제왕을 '혼돈'이라 하는데, 어느 날 '숙'과 '홀'이 혼돈을 찾아갔더니 혼돈의 대접이 융숭하다. '숙'과 '홀'은 고맙기 짝이 없었다. 그래서 둘이 보답하려고 꾀를 낸다. "사람에게는 일곱 개의 구멍이 있어 그것으로 보고, 듣고, 먹고, 숨을 쉬는데, 혼돈은 구멍이 없지 뭐야. 그러니 구멍을 뚫어주는 게 어때?" 둘은 하루에 구멍을 하나씩 뚫기 시작했다. 7일이 지나자 혼돈은 죽고 말았다. 널리 알려진 이야기다. 선조는 인간이 자연에 지나치게 인위적인 조작을 가하지 않아야 한다는 말을 하고 있는 것이다. 또한 은혈을 파헤치면 인심이 죽는다는 것은 무슨 말인가. 은은 매우 값이 높은 물건이다. 순도가 높은 은광을 개발하면 다시 농사를 짓고 싶은 생각이 없어진다. 그러므로 은혈을 파헤치면 인심이 죽는다고 했던 것이다.

성호는 선조의 생각에 깊이 공감한다. "아! 훌륭하신 말씀이여! 그 염려하신 생각이 심원深遠하도다. 뭇 신하들은 거기에 생각이 미치지 못했던 것이다."[8] 어떤가. 우리는 땅속의 돈이 될 만한 것을 '지하자원'이라 부르고 이것을 얻으려 날마다 땅을 뚫는다. 땅이 오염이 되거나 말거나, 그곳의 생명이 죽거나 말거나, 후손의 몫이 남거나 말거나 말이다. 이것을 무엇이라 부르는가. 사람들은 그것을

---

8) 제5권 「만물문」, '은광 銀鑛'

'개발'이라 부르지만, 나는 그것을 '탐욕'이라 부른다.

三.

붕당과 전쟁

닭보다도 못한 정당

부국강병론의 귀결처

주전과 주화

전쟁과 패망은
스스로 초래하는 것

이순신과 수군

닭보다도 못한 정당

　　닭은 먹이를 찾느라고 다투며 쏘다닌다. 때로는 밥상이나 의자에 마구 몰려들기도 하고, 때로는 지팡이와 신발을 더럽히기도 한다. 몰아내 보지만, 그때뿐이다. 화가 나서 지팡이를 휘둘러본다. 간혹 맞아 다치는 닭도 있지만, 맞을 때 아픔은 잠깐이고 모이가 더 좋기에 다시 몰려든다. 쫓아보지만 물러가는 척하다가 다시 또 몰려든다. 성호의 '닭을 길러보고 당쟁의 이치를 알다祝鷄知偏黨'[1]의 첫 부분이다. 성호는 닭의 행태를 보고 거기서 당쟁의 이치를 깨달았다며 이런 제목을 붙였다.

　　근자에 『정조실록正祖實錄』을 통독할 기회가 있었다. 상대 당파 아무개의 이름을 들면서 역적을 처단하여 나라를 바로잡으라는 얘기가 없는 날이 없다. 그야말로 조정과 나라를 생각하는 우국충정이 넘친다. 정말이지 당쟁을 이끌었던 당파의 맹장들이 쓴 글을 보면 논리정연하기 짝이 없다. 거기에 동원된 고전古典과 현란한 수사법은 입을 다물기 어려울 정도로 빼어나다. 하지만 그렇게 정연하고 아름다운 말은 결국 상대 당파의 사람을 내쫓고 죽이라는 주문이다. 고전과 수사학이 결국 살인을 요구하는 데 이용되고 있는 것이다. 이렇듯 잔혹한 요구를 하는 이유는 무엇인가? 성호는 말한다.

---

1)　제6권「만물문」, '닭을 길러보고 당쟁의 이치를 알다祝鷄知偏黨'

당파가 싸우는 것은 벼슬과 녹봉 때문이다. 때로는 혹 죄를 얻는 자도
있다. 죄로 인해 고통을 겪지만, 오직 바라는 것이 벼슬이기 때문에,
벼슬 얻는 것을 도리어 무겁게 여기고 죄를 짓는 것을 꺼리지 않는다.
만약 벼슬을 끝내 더 얻지 못할 것을 안다면, 비록 죄가 가볍다
하더라도 반드시 죄를 범하지 않을 것이다. 후세 풍속은 대개 자벌레가
몸을 굽혔다가 펼치려고 애쓰는 것과 같다. 정말 죄를 지어도 복(벼슬-
지은이)만 얻을 수 있다면 죽고 죽이는 것 외에는 무엇이든 할 수 있다.
모두 비루하게 엿보기에 겨를이 없다.

偏黨之所爭者, 爵祿也. 時或得罪者有矣. 罪雖苦, 所希得爵, 得爵反重,
罪有所不憚. 苟知爵終不加, 則雖罪輕, 必不犯矣. 後俗, 大抵蠖屈而求伸也.
苟可以罪獲福, 殺死之外, 無不沾沾覬覦之不暇.

(닭을 길러보고 당쟁의 이치를 알다 祝鷄知偏黨 | 제6권 「만물문」)

성호는 단정한다. 어떤 당파를 옳다 하고 싸움에 나서는 것은, 오로지
벼슬과 녹봉, 곧 권력과 재물을 손에 넣기 위한 것이라고. 당파가
상쟁하는 과정에서 패배할 경우 매를 맞고 귀양을 가는 일도 허다하다.
아니, 보편적이다.『조선왕조실록』에는 누구라도 귀양을 보내지
않는 날이 없고, 어지간한 벼슬아치라면 귀양살이를 하지 않은 적이
없으니까 말이다. 하지만 아무도 그 고통을 꺼리지 않는다. 관직에
대한 욕망이 그 고통을 잊게 만드는 것이다. 성호는 죄를 지어도
벼슬만 얻을 수 있다면, '죽이고 죽는 것'을 제외하고는 무엇이든 할 수
있다고 말하지만 이조차 성호의 수사적 표현일 뿐이다. 왜냐? 당쟁은
숱한 사람을 죽이지 않았던가. 죽을 위험에도 불구하고 상소문을
올리고 상대방을 탄핵하며 관직을 향해 몰려드는 인간의 모습이
모이를 향해 몰려드는 닭과 같다고 성호는 생각했다.

하지만 인간은 닭만도 못하다. 닭은 먹을 것을 다툴 때 날개를 퍼덕이기도 하고, 달리기도 하고 못하는 짓이 없다. 하지만 싸우다가도 먹는 일이 끝나면 언제 싸웠냐는 듯 여전히 좋게 지낸다. 사람은 그렇지 않다. 이긴 자도 진 자도 분노가 가슴속에서 들끓는다. 상대를 영원히 제거하고자 하여, 다시 말해 죽여버리고자 하여 기회가 오면 잘못과 약점을 들추며 공격한다.

성호는 '쉽게 벼슬에 나아가는 사람易進之人'[2)]에서 소인배의 속성을 정확하게 지적한 바 있다. "소인배는 자신과 나라를 저울질해보고, 이익이 자신에게 있지 않으면 잔인하게도 나라를 저버린다." 구한말 매국인사들은 매국하는 것이 자신에게 이익이 된다고 판단한 순간 서슴없이 나라를 팔았다. 이것이 소인배의 정체다. 성호는 이 말, 곧 소인배가 자기 이익을 위해 나라도 저버릴 수 있다는 발언을 한 뒤, 이렇게 덧붙인다. "이것을 붕당에 맞추어보면 더욱 분명해진다. 붕당은 부귀를 누리고자 하는 의도에서 나온 짓거리다. 붕당을 만들어도 이익이 없다면 무슨 붕당이 생기겠는가?" 아무리 그럴싸한 명분을 내세워도 붕당은 결국 권력을 쥐고 부귀공명을 누리자는 술책에서 나온 것이다. 하지만 붕당의 결과는 백성에게는 재앙이 된다. 성호는 '당쟁의 습관은 난리를 부른다黨習召亂'[3)]에서 임진왜란을 경험했던 윤국형尹國馨(1543~1611)의 말을 인용한다. "동인·서인으로 당을 나누어 서로 흥망을 거듭하면서 마치 대대로 원수인 것처럼 여겨 서로 협조하는 미덕이 없었기에, 나라 형편은 쇠락하고 풍속은 경박해졌다. 마침내는 밖으로부터 왜적이 침범하여

---

2) 제10권 「인사문」, '쉽게 벼슬에 나아가는 사람易進之人'
3) 제8권 「인사문」, '당쟁의 습관은 난리를 부른다黨習召亂'

종묘와 사직이 폐허가 되고 말았던 것이다." 당파는 자기 당파의
이익에 몰두할 뿐, 국가와 백성의 운명에는 결코 관심을 두지 않는다.
이것이 성호가 윤국형의 판단에 동의하지 않을 수 없는 이유다.

당파는 오직 자기 당파의 이익을 진리로 삼을 뿐이다. 합리적인
판단이 들어갈 여지가 없다. 성호는 '국시國是'에서 이 점을 비판한다.

여기에 한 사람이 있다 하자. 나라 사람의 반은 그를 좋아하고,
반은 미워한다. 갑을 주장하는 자가 "이것이 국시다"라고 하면,
사의私意에 끌려 판단력을 잃고 그냥 옳다고 하는 자가 많을 것이다.
을을 주장하는 자가 "이것은 국시가 아니다"라고 하면 사의에 끌려
판단력을 잃고 그냥 아니라고 하는 자가 많을 것이다. 이렇게 한
사람이 억지주장을 하여 결정해버리면, 흡사 누런 잎사귀를 먹은
자벌레가 누렇게 되고 푸른 잎사귀를 먹은 자벌레가 푸르게 되는
것처럼 천만 사람이 부화뇌동하게 된다.

열 사람이 옳다 해도 한 사람이 그르다 하면 국시가 될 수 없거늘,
하물며 옳다는 사람이 열 명도 안 되는 경우야 말해 무엇하랴? 게다가
붕당이 풍속을 선동하여 흑·백이 일정하게 고정되어 있지 않은
상황이다. 흡사 배를 타고 빙빙 돌며 남쪽 북쪽 위치를 바꾸는 것
같으니, 장차 어디로 따라가야 할 것인가. 때문에 스스로 '국시'라고
외치는 것은, 나라를 망치는 주장인 것이다.

此有一人. 半國好之, 半國惡之. 主甲者曰: "此國是也." 私意所蔽, 但見是者多也.
主乙者曰: "此國非也." 私意所蔽, 但見非者多也. 一人臆決, 千萬和附,
如尺蠖食黃則黃, 食蒼則蒼. 雖十是而一非, 不得爲國是, 況未必十是耶?
又況朋比煽俗, 白黑無主. 如乘舟回轉, 南北易位, 將何以適從. 故自倡曰: "國是者."
凶國之論也.

(국시國是 | 제16권 「인사문」)

국시란 것은 모든 사람이 동의하는 가치가 아니다. 당파의 권력을 쥐고 있는 우두머리의 외골수 생각일 뿐이다. 우두머리가 옳다고 하면 나머지는 무조건 옳다며 따르고, 그르다 하면 그저 그르다며 따를 뿐이다. 일개 당파의 우두머리의 사욕에 의해 나라와 사회가 나아갈 방향이 정해지는 것이다. 이런 사회에는 희망이 있을 수 없다. 결국 이렇게 된다. "당쟁의 습관이 고질이 되자, 자기 당 사람이면 아무리 멍청해도 관중管仲이나 제갈량인 양 여기고 가렴주구로 백성의 가죽을 벗겨도 공수龔遂나 황패黃霸[4)]처럼 생각한다. 하지만 자기 당이 아니라면 모두 반대로 평가한다."[5)] 자기 당파 사람은 아무리 어리석어도 관중이나 제갈량 같은 천재로 여기고 가렴주구로 백성을 착취하는 자도 양심적 목민관의 대명사였던 공수와 황패로 치켜세운다. 반대당이라면 물론 반대로 평가하기 마련이다.

　당쟁은 소수 지배세력 내부의 문제가 아니다. 그것은 결국 백성과 나라를 병들게 하기 때문이다. "한 번 벼슬에 나아가고 한 번 벼슬에서 물러나는 사이에, 자기 당파를 심는 데만 전적으로 마음을 기울이고 정치의 올바른 이치는 관심 밖이니, 백성이 어찌 살 수가 있으며 나라가 어찌 다스려질 수 있으랴?"[6)] 당파의 이익을 위한 당쟁의 피해는 고스란히 백성과 나라에 돌아갈 뿐이다.

　오늘날 대한민국 국민은 당쟁을 이미 오래전에 사라진, 전근대

---

4)　공수龔遂·황패黃霸: 한나라 때의 양심적이고 유능한 지방관.
5)　제8권 「인사문」, '당쟁의 습관은 난리를 부른다黨習召亂'
6)　제8권 「인사문」, '당쟁의 습관은 난리를 부른다黨習召亂'

사회 지배층의 권력투쟁으로만 알고 있다. 하지만 유구한 민족의 전통(?)은 오늘날에도 계속된다. 붕당이 사라진 것으로 알지만, 오늘날 대한민국의 거대 정당은 정확히 붕당의 속성을 갖고 있다. 엄밀히 말하자면 대의제는 국민 대다수의 이익이 아닌, 정치인의 이익을 대변할 뿐이다. 정치인의 절대다수는 국민 대다수를 위한 정치적 이상을 펼치기 위해서가 아니라, 개인의 권력욕을 충족하기 위해 정치에 뛰어든다. 국민의 정치적 권리는 일상에서가 아니라 몇 년에 한 번 돌아오는 투표에서만 형식적으로 집행될 뿐이다. 그들은 권력을 잡는 데는 더할 수 없이 기민하고 교활하지만 정작 정치에는 무능하여 대중에게 정치 혐오증을 불러일으킨다. 정치 혐오증은 국민들로 하여금 정치를 외면하게 하려는 거대 정당들이 침묵으로 합의한 카르텔의 산물이다. 한국의 거대 정당은 붕당이 했던 일을 반복한다. 이성적 판단은 팽개치고 오직 권력을 쥔 자기 정당 혹은 정파의 구호만을 추종한다. 논리적 모순, 사실 왜곡은 다반사이며 자기 정당 구성원이 저지른 범죄는 변명과 침묵으로 일관한다.

치명적인 것은, 한국의 거대 정당은 붕당처럼 정치적 상상력이 존재하지 않는다는 데 있다. 누구를 위해 어떤 사회를 구성할 것인가에 대한 철학이 없다. 만약 오늘날의 정당에 철학 혹은 이상이란 것이 있다면, 지금처럼 거대 정당과 그 정당을 지지하는 계급의 이익이 영원히 보장되는 사회일 것이다. 문제는 대의제 자체에 있다. 몇 년마다 한 표를 행사하고는 다시 정치에 관여할 수 없는 시스템이야말로 닭보다 못한 현대적 붕당의 존속을 가능케 하는 것이다.

부국강병론의 귀결처

부유하고 강력한 국가! 부국강병론은 국가가 우리 머릿속에 설치한 가장 강력한 프로그램이다. 아마도 부유하고 강력한 국가라는 이미지는 현재의 강대국과 동일할 것이다. 한데 한국의 역사에서 제국을 이룰 정도의 부국강병을 의식적으로 추구한 일은 드문 것 같다. 고구려가 그래도 제법 넓은 땅덩이를 가지고 있었고, 중국과 승부를 겨룬 적도 있었으니 좀 유별했다고 하겠다. 하지만 그런 고구려도 '강병'의 이미지에는 어울릴지언정 '부국'의 이미지에는 어울리지 않는다. 찬찬히 음미해보면 부유하고 강력한 강대국에 대한 열망은 20세기 이후의 산물로 보인다. 곧 한국이 식민지로 전락하게 된 상황이 역으로 부국강병을 갈망하게 만들었다.

    대한민국 국민들은 교육과정을 통해서 식민지였던 과거에 대한 기억을 공유한다. 그 기억 속 대한민국은 언제나 약소국이다. 하지만 기억의 저 한편에는 학교와 사회에서 끊임없이 설파한 영웅서사시, 강력한 고대국가의 이미지가 내면화되어 있다. 이 모순된 양자가 '부국강병'을 정당화하는 근거로 작용한다. 국민 소득과 무역 규모를 주워섬기며 세계 몇 위의 경제대국이라 떠들거나, 각종 국제대회의 메달 순위에 열광하는 것은, 다름 아닌 부국강병론의 변주인 것이다. 하지만 부국강병책의 결과로 강대국이 되는 것이 인간이 추구해야 할 가치인가에 대해서는 적지 않게 회의적이다.

    성호는 '상앙이 진나라를 망쳤다商鞅亡秦'에서 강대국 진나라가 어떻게 망했는지를 진단한다. 이 글을 읽어보자.

나라를 부유하게 만들고 군대를 강력하게 만드는 것이 어찌 좋은 일이
아니겠는가마는, 필경에는 사리私利의 제목題目이 될 뿐이다.
富國强兵, 豈非善事, 畢竟是私利之題目.
(상앙이 진나라를 망쳤다商鞅亡秦 | 제26권「경사문」)

가난한 것보다 부유한 것, 허약한 군대보다 강력한 군대의 존재는
상식적으로 좋은 것으로 인식된다. 국가가 가난하고 허약하면
외침에 시달리고 식민지가 되기 때문이다. 하지만 성호가 말하고자
하는 골자는 뒤의 문장에 있다. 부국강병은 필연적으로 '사리' 곧
사적인 이익을 추구하는 수단이 되고 만다는 것이다. 풀어 말하자면
국가권력을 움켜쥔 개인이나 소수집단의 이익이 되고 만다는 뜻이다.
왜 사적 이익, 곧 개인적 이익의 도구가 된다고 말하는 것인가.
　성호에게 중요한 것은 국부의 증가와 군사력의 강화 자체가
아니라, 그 부와 군사력의 속성이다. 성호는 이렇게 말한다. "국부와
강한 군대를 말할 때 인의仁義는 그림자도 보이지 않지만, 인의를
들어 말하면 국부와 강한 군대가 그 속에 절로 있게 되는 것이다."
보통 부국강병만을 주장할 때 '인의'라는 윤리적 속성은 사라지고
만다. 예컨대 자본주의 국가의 그 '자본'은 부를 낳고 쌓는 원리지만,
그 과정에 윤리적 배려가 들어갈 공간은 없다(한국의 자본주의에 윤리가
스며 있다면 세상은 이 꼴이 아닐 터이다). 강병을 위해 첨단무기를 사들이고
핵무기를 만들 때, 인간의 생명에 대한 배려가 있을 수 있을 것인가.
하지만 거꾸로 '인의'의 추구를 목적으로 삼을 경우, 인의의 실현을
위한 일정한 부와 강함이 자연스럽게 수반된다. 성호는 국부와 강한

군대는 사회에 윤리적 원칙을 관철하기 위한 수단으로서만 존재해야
한다고 말하고 있는 것이다.
 그렇지 않을 경우 강대국은 필연적으로 멸망한다. 그 증거가
상앙이다.

 상앙은 부국강병에 뜻을 두었고, 끝내는 그것을 이루었으니,
진나라에 공이 있다고 할 만하다. 하지만 최종적으로 진나라를 망친
자는 상앙이다. 그가 인의仁義를 외면했기 때문이다. 진나라가
기주岐周(주나라의 최초 건국지-지은이)의 옛터를 어루만지고 다시
문왕文王의 정치를 펼쳤다면 천하의 왕이 되지 못할 것이 없었을
것이다.
商鞅志富強, 而終成之, 可謂有功於秦. 然其終也, 亡秦者鞅也, 以其外仁義也.
使秦按岐周故基, 復修文王之政, 亦未必不王天下矣.
(상앙이 진나라를 망쳤다商鞅亡秦 | 제26권 「경사문」)

 상앙은 진나라 효공孝公에게 과거의 법을 모두 버리고 새로운 법을
만들자는 아이디어, 곧 '변법變法'을 제안한다. 과거의 관습에 기초한
낡고 물렁한 법은 내다버리고 강력한 새로운 법을 제정하여 엄격하게
실행하자는 것이었다. 일부의 저항이 있었지만, 효공은 상앙의
아이디어를 받아들인다. 먼저 백성을 열 집, 다섯 집 단위로 묶어
서로 감시하게 하고, 연좌제를 실시하여 백성을 완벽하게 통제한다.
상공업에 종사하거나 게으른 자는 모두 관청의 노비로 삼고, 곡식과
피륙을 많이 생산하는 농부는 세금을 감면해주었다. 개인적인
싸움을 벌이는 자는 처벌하고, 군공軍功에 따라 사회적 대우를 다르게
했다. 전쟁에 나가서 적의 목을 많이 베어오면 그 수에 따라 대우를

달리해주었다. 군공이 있는 사람은 영예를 누리지만, 군공이 없는 사람은 아무리 부유해도 영예를 누릴 수가 없었다.

상앙의.변법은 보다 강력한 국가권력의 집행을 의미했고, 그것은 궁극적으로 전 사회의 군사화를 지향했다. 상앙의 구상대로 군사력을 강화한 진나라는 과연 초楚·연燕·한韓·조趙·위魏·제나라를 멸망시키고 천하를 통일한다. 진나라는 부와 군사력을 갖춘 강대국이 된 것이다. 한데, 성호가 상앙이 진나라를 망친 사람이라 지적하는 것은 왜인가?

성호는 상앙이 한 일 중 가장 인상 깊은 일로 정전제井田制의 폐지를 든다.

맹자는 상앙과 같은 시대를 살았다. 그 당시 제나라, 등나라 사이에 정전제는 흔적도 남지 않았다. 오직 상앙만이 천맥阡陌을 열어 없앴다 하니, 당시 진나라에는 그때까지 성인의 유제遺制가 남아 있었던 것이다. 이것, 곧 천맥을 열어 정전제를 없앤 것이 그의 정책이 인의와 배치된 하나의 증거라 하겠다.

孟子與軮並世. 是時, 齊滕之間, 井牧無痕. 惟軮則決裂阡陌, 盖尙有聖人之遺制也. 此, 其與仁義背馳之一驗.

(상앙이 진나라를 망쳤다商軮亡秦 | 제26권 「경사문」)

상앙과 같은 시기를 살았던 맹자에 의하면, 정전제야말로 가장 이상적인 토지제도다. 정전의 원리는 참으로 간단하다. 경작지를 우물 '정井'자의 형태로 나누어 모두 아홉 구역으로 만든다. 이 아홉 구역 중 여덟 가족이 1백 무畝씩 차지하여 경작하고, 가운데 있는 1백 무는 여덟 가족이 공동으로 경작하여 세금으로 낸다. 성호에 의하면 상앙과 맹자가 살던 시대에는 오직 진나라에만 정전의 유제가 있었던 모양이다. 정전에서 남북으로 난 길을 '천阡' 동서로 난 길을 '맥陌'이라 부르는바, 천맥을 열었다는 것은 정전제를 없애버렸다는 뜻이다. 천맥을 없앤 것은 지금으로 말하면 토지의 생산력을 높이려는 경지 정리다.

성호가 정전제에 주목한 것은 그것이 인의의 정치를 표방한 주나라의 유제였기 때문이다. 곧 상앙이 정전을 무너뜨린 것은 곧 과거 주나라의 유제로부터의 결별이며, 인의와의 결별이다. 인의라는 말은 지금 세상에 쓰이기 어려운 낡은 말이다. 나 역시 인의란 말을 꺼내고 싶지 않다. 인의라는 말에서 유가와 조선 시대 양반의 '위선'이 떠오르기 때문이다. 입만 벌리면 인의를 들먹이던 조선의 사대부들이 얼마나 반인의적反仁義的 행태를 벌였던 것인지! 하지만 성호가 말하는 인의는 곧 인간에 대한 윤리적 배려를 의미한다.

성호는 상앙의 윤리성을 배제한 정책이 결과적으로 부국강병을 이룩했지만, 그것이 곧 패망의 원인이 되었다고 지적한다. 상앙의 부국강병책의 결과를 보자.

마침내 패업霸業이 이루어지자, 국부는 도를 넘어서 사치가 되고, 군대의 강함은 도를 넘어서 교만이 되었다. 사치는 반드시 무거운 세금을 긁어 들이게 되고, 교만은 반드시 사람을 학대하게 된다. 그러다 시황제에 이르러 더할 수 없는 지경에 도달했으니, 그것은 모두 상앙이 남긴 해독의 결과였다. 하루아침에 일어난 일이 아니었던 것이다.

及其霸成, 富過而奢, 强過而驕. 奢必重斂, 驕必虐人. 馴至始皇, 而極焉. 此皆鞅之餘烈, 非一朝夕之故也.

(상앙이 진나라를 망쳤다商鞅亡秦 | 제26권 「경사문」)

진나라는 마침내 패업을 이루지만, 그들이 이룩한 국부는 사치로 탕진된다. 강력한 군대가 있으니 교만해지기 마련이다. 진나라의 사치는 무엇이었던가. 진시황은 아방궁을 짓고, 거대한 지하무덤을 만들고, 만리장성을 쌓는다. 이 짓을 하자면 세금을 더 거두어야 한다. 백성을 비틀고 쥐어짠다. 강력한 군대, 곧 폭력을 가지고 있으니, 어떤 인간도 마음대로 동원할 수 있다. 폭력 앞에 무력한 인간은 거대한 토목공사에 오직 노동력을 제공하는 도구로 동원될 뿐이다. 그리하여 얼마나 많은 사람이 고향을 떠나 노동에 시달리다 죽었던가. 결과야 빤하다. 인간에 대한 배려, 윤리성이 결여된 강대국 진나라가 결국 천하로부터 외면을 받아 통일 이후 불과 16년 만에 망한 것은 누구나 다 아는 이야기일 터이다.

성호의 부국강병이 필경 사리의 제목이 되고 만다는 이야기는 지금도 통한다. 윤리성을 결여한 부국강병론은 국가 자체를 위한 것이고, 동시에 국가권력을 장악한 세력의 이익을 위한 것이지, 인간 대다수의 행복을 위한 것이 아니다. 지금 지구상의 초강대국인 미국을 보라. 그 강력한 국가 파워를 미국의 어떤 계급이 소유하고 있는지, 또 그 국가 파워가 세계에 어떻게 작용하고 있는지. 하지만 그 강대국에는 의료 혜택을 받지 못하는 사람이 수천만 명이다. 이 모순을 어떻게 이해해야 할 것인가.

부국강병론은 현재도 한국인을 세뇌하고 있는 중이다. 눈만 뜨면 들리고 보이나니, 무엇이 세계 몇 위란 소리와 이미지다. 그것은 부국강병론의 변주다. 하지만 그 부국강병론이 국민 개개인의 삶에 어떤 행복을 가져다주는지에 대해서는 성찰이 드물다. 윤리성 없는 부국강병론은 결국 나라를 망치고 인간을 망치는 길임에도 우리는 부국강병론에서 빠져나오지 못하고 있다.

주전과 주화

옛글을 읽다 보면 종종 실소할 때가 있다. 예컨대 이웃나라에서 군대가 쳐들어올 판이다. 국력과 군사력을 헤아려보면 싸워서 이길 승산이 없다. 그런데 주전파主戰派는 전쟁을 해야 한다고 우긴다. 전쟁에 반대하는 주화파主和派는 비겁한 자, 비루한 인간이 되고 만다. 그렇게 전쟁이 지난간 뒤의 결과는? 결국 처참한 몰골로 얼어붙은 땅에 꿇어앉아 머리를 조아리고 항복을 하고 만다. 기묘한 것은 거센 목소리로 주전主戰과 척화斥和를 외쳤던 자들의 당파와 그 후손은 전쟁을 초래한 책임을 지기는커녕 승승장구하면서 영원히 권세를 누린다는 것이다. 반면에 주화파의 후손은 몰락하여 흔적이 없다. 무슨 이야기냐고? 병자호란 때의 이야기다.

    실학자 성호는 어느 쪽인가. 주전인가, 주화인가. 우선 그의 전쟁에 대한 소견 한 토막을 들어보자.

나는 전쟁이 날 경우, 화친을 통해 문제를 해결할 수 있다면 화친하고, 항복을 하여 문제를 해결할 수 있으면 항복해야 한다고 생각한다. 나라가 땅이 깎이고 약해지는 것은 돌아볼 겨를이 없는 것이다. 왜냐? 집에 대대로 전해져오는, 큰 값이 나가는 보배가 있다고 하자. 남이 와서 그것을 빼앗으려 한다. 싸운다면 사랑하는 내 자식이 죽을 것이고, 주면 아비와 자식이 그나마 편안하게 살게 된다. 그러니 사랑하는 자식의 목숨을 집안에서 물려온 보배와 바꾸어야 할까?

아니면, 내 힘이 상대와 상대가 되지 않는 것을 헤아려보고 그의
요구를 순순히 들어주어야 할까?

　　나는 오월왕吳越王 전씨錢氏가 했던 일에서 무언가 깨닫는 바가
있다. 그는 부득이한 상황이 되자 항복하였으니 이것은 백성들을 위한
것이었고, 나라를 이롭게 하자는 것이 아니었던 것이다.

余則曰兵革之事, 乞和可已則和, 乞降可已則降. 國之削弱, 有不可恤. 何也?
家有世傳重寶, 人將來劫. 爭之則愛子必死, 與之則父子粗安. 其可曰以愛子之命,
易家傳之寶乎? 將度其形勢之不可較, 而順受其意乎? 吾於吳越錢王, 竊有取焉.
至不得已而降, 則是爲民, 非利國也.

(화친과 항복을 빌다乞和乞降 | 제13권 「인사문」)

전쟁이 날 것 같으면 화친, 곧 외교적인 해결이 최선이고, 힘이
모자라면 싸우려 들지 말고 항복하는 것이 최선의 방책이라고
한다. 좀 비겁해 보이지만 그렇지 않다. 맞서서 다툴 경우 '사랑하는
자식이 죽는다.' 비겁해 보이지만 생명보다 소중한 것은 없다. 보화를
내어주면 부자가 모두 소중한 생명을 보존할 수 있다.

　　성호는 역사에서 그 전례를 찾는다. 오대五代 때 항주 일대에
있었던 오월국吳越國의 왕 전숙錢俶은 송나라가 천하를 석권하자 버틸
수 없음을 알고 미리 항복하여 전쟁을 피한다. 이런 생각에서였다.
'백성의 생명을 생각하자. 나라가 중요한 것이 아니다.' 여기서 번지는
생각이다. 사람의 생명이 중요한가, 국가가 중요한가. 근대 국민국가의
국가주의 교육은 워낙 개인의 대뇌뿐 아니라 신체의 밑바닥까지
침투해 있거니와, 국가가 없으면 국민도 없다는 생각이 편만하다.
'조국과 민족'을 위해 한 목숨을 버린다는 이야기는 지금도 드라마와
영화, 소설, 이야기 등을 통해 전파되고 있는 중이다. 하지만 과연

그럴까? 한 인간이 죽을 경우 그에게 우주의 모든 존재가 지워진다. 개인의 죽음 앞에 도대체 국가란 무엇이란 말인가. 성호에게는 무엇보다 인간 개체의 생명이 우선이다. 그다음이 백성, 지금으로 치면 국민이고, 그다음이 국가다. 아마 왕은 또 그다음일 것이다.

'화친과 전쟁和戰'[1]에서 성호는 이웃에 있는 적국과의 관계 설정은 단 두 가지뿐이라고 말한다. '화친할 만하면 화친하고' '외교를 단절할 만하면 단절하는 것'이 그것이다. 곤란한 것은 '그 중간의 어중간한 태도를 취하는 것'이다. '단절하는 길'은 곧 전쟁이다. 여기에도 두 가지 길이 있다. '단절하면 반드시 노해야 하고, 노하면 반드시 침공해야 하는' 것이다. 즉, 먼저 침공하는 경우다. 만약 단절했을 경우 상대방이 먼저 침공하면 어떻게 할 것인가. 자신의 힘을 헤아려 막을 수 있으면 막고, 만약 자신의 힘으로 대적할 수 없어 막을 수가 없으면 패배하여 멸망을 당해도 후회하지 않는 것이다. 간명하다. 성호는 냉정하게 판단하건대 이외에는 다른 방법이 없다고 한다. 곧 "약한 입장에서 강한 자를 대처하는 데 다른 어떤 방법도 찾을 수가 없다"고 말한다. 생각해보라. 인적이 없는 어두운 밤에 총을 든 강도를 만났다. 그 압도적인 폭력 앞에서 무엇을 할 수 있을까.

가장 곤란한 경우는 다음과 같은 경우다.

막지 못할 것을 이미 잘 알건만, 패배하여 멸망당하는 것은 싫다. 걱정과 두려움이 마음속에 가득하건만, 겉으로는 상대를 무시하는 오만한 태도를 보여 반드시 피비린내 나는 살육을 당하고서야 화친을 빌고 항복을 비니, 그것이 무모한 짓거리임은 두말할 필요가 없다.

1) 제13권 「인사문」, '화친과 전쟁和戰'

옛날 추鄒나라 목공穆公이 노魯나라와 싸워 지고서도 뉘우칠 줄 모르고 백성을 많이 죽여 이기고자 하였으니, 자신의 역량을 살피지 못하는 것이 이와 같다.

旣知其不能禦, 又惡夫殘敗滅亡, 內實憂怯, 而外示侮慢, 必待其 劉創殺, 然後乞和乞降, 多見其無謀矣. 昔鄒穆公與魯戰敗, 猶不知悔, 乃欲多殺民而求勝, 不自量如此.

(화친과 전쟁和戰 | 제13권 「인사문」)

　　워낙 힘의 차이가 나서 이길 수 없는 상대가 있다. 싸우면 반드시 패배한다. 하지만 지기는 싫다. 겁도 나지만 드러낼 수가 없다. 때문에 큰소리를 치다가 피비린내 나는 살육을 당한 뒤에야 비로소 항복한다. 성호는 그 예로 『맹자』 「양혜왕梁惠王」 하편에 실린 추나라 목공의 경우를 든다. 추나라는 약소국의 대명사로 불릴 정도로 작은 나라다. 이웃에는 노나라가 있다. 싸움이 붙었지만 상대가 되지 않는다. 목공은 맹자에게 묻는다. 내 부하들이 서른세 명이나 죽었다. 하지만 백성들은 아무도 죽은 자가 없으니 괘씸하기 짝이 없다. 이들을 죽이자니 다 죽일 수가 없고, 살려두자니 그들이 자기 윗사람이 죽는 것을 고소하게 여기며 도와주지 않은 것이 미워서 견딜 수 없다. 어찌하면 좋겠는가? 졌다면 왜 졌는가 자신을 돌아볼 만도 한데, 반성할 줄 모르고 백성 탓을 한다. 맹자는 답한다. "평소에 백성을 굶기고 학대했으니, 그 백성이 당신의 전쟁을 돕겠는가?
　　성호는 아마 병자호란 때를 상상했을 것이다. 이 글의 서두에서 말한 그 사태다. 욱일승천하는 기세의 청나라 군대를 막을 도리가 없다. 마음속에는 공포가 들끓고 걱정이 가득하다. 하지만 밖으로는 오만한 태도를 보이며 죽기까지 싸우자고 큰소리를 친다. 결과는? 말할 필요조차 없다. 남한산성 안에서 굶다가 견디다 못해 항복을 자청한다. 얼어붙은 땅에 인조가 머리를 찧으며 살려줄 것을 애걸하고 말았다. 수많은 여자와 아이들이 청나라로 끌려갔다. 큰소리를 치면서 싸우자 했던 자들은 어디로 갔는가? 나는 그들이 스스로 반성했다는 말은 본 적도 들은 적도 없다!

성호는 『맹자』의 「양혜왕」 상편 한 구절을 인용한다. "작은 것은 큰 것을, 적은 것은 많은 것을, 약한 것은 강한 것을 대적할 수 없다." 작은 것이, 적은 것이, 약한 것이 크고 많고 강한 것을 이겼다는 이야기는 어쩌다 있는 예외일 뿐이다. 다윗이 골리앗을 이겼던 것은 아마도 단 한 번의 희귀한 사례일 뿐이다. 이길 수 있을 때 싸워야 하고, 이기는 싸움을 해야 하는 법이다. 이순신이 적은 수의 함대로 떼로 몰려드는 왜의 수군을 이긴 것은, 배후에 지리와 인화, 전술 그리고 운이 있었기 때문이다. 한데 물정 모르는 강경론자들은 늘 영웅적인 투쟁을 들먹이면서 싸움과 전쟁을 지껄인다. 성호는 그 철없는 강경론자를 비판한다.

사마귀가 팔뚝을 휘둘러 수레바퀴를 막는 것처럼 허풍이나 치고 우쭐거리다가 요행히 멸망하지 않으면, 헐떡이던 숨이 조금 가라앉자마자 언제 그랬냐는 듯 이내 전에 내뱉었던 말을 다시 입에 올리고는 짐짓 노여워하면서 큰소리를 쳐대는데, 말만 꺼내면 군대요 전쟁 이야기다. 이것이 저 시장 바닥에서 얻어터지고는 집에 돌아와 캄캄한 방 안에서 혼자 용기를 부리는 것과 무엇이 다르랴?

虛矯矜伐, 奮螳臂以拒轍, 幸而不殄, 喘息俄定, 旋騰口舌, 飾怒壯威, 談兵說鬪. 是何異被毆於都市, 賈勇於暗室哉?

(화친과 전쟁和戰 | 제13권 「인사문」)

아마 이 대목에서 성호는, 입만 열면 북벌을 외치는 노론들을 떠올렸을 것이다.

요즘도 전쟁을 말하기 좋아하는 사람들이 있다. 특히 같은 민족 간에 전쟁을 벌여야 한다는 말을 너무 쉽게 내뱉는다. 그런 사람들에게 성호의 다음 말을 들려주고 싶다.

당나라 사람의 시에 이런 구절이 있다. "한 장수가 공을 이루면 만 사람의 뼈가 마른다." 정말 뼈에 사무치는 말이다. 맹자는 "땅을 다투고 성을 다투어 사람을 죽여 죽은 사람이 성에 가득하다면 이것이야말로 큰 죄다"라고 하였다.

다만 외적의 침입은 막지 않을 수 없다. 생각지도 않게 강한 외적이 쳐들어온다면, 그것을 막을 방도가 있어야 할 것이다. 그런데 나라는 스스로 막는 것이 아니라 백성의 힘에 의지해야 하는 법이다. 만약 평소 백성을 후한 정치로 길러놓지 않았다면, 난리가 났을 때 어떻게 백성의 힘을 얻을 수 있겠는가?

唐人詩曰: "一將功成萬骨枯." 此刺骨之談也. 孟子曰: "爭地爭城, 殺人盈城, 是爲大罪也." 然, 外侮不可不禦. 强敵之來, 或値意慮之外, 我將有以禦之. 則國非自禦, 賴民力也. 若不於平常之時, 養之厚而結其心, 臨亂, 將何以得力?

(화친과 항복을 빌다乞和乞降 | 제13권 「인사문」)

한 사람의 전쟁 영웅의 이름 뒤에는 무수한 범인들의 죽음이 있다. 한니발과 나폴레옹과 광개토대왕과 연개소문과 맥아더의 이름 뒤에는 소중한 생명을 잃은 원귀들이 있는 것이다. 전쟁은 백성과 국민의 목숨을 요구하지만 그것으로 생기는 이익을 차지하는 사람은 따로 있다. 그것은 아마도 조국과 민족과 국가의 이름으로 전쟁을 부추긴 자들일 것이다.

다시 물어보자. 성호는 주전파인가, 주화파인가? 나는 성호를 오직 개인과 백성의 생명을 위했던 생명파라고 부르고 싶다.

전쟁과 패망은
스스로 초래하는 것

1127년 금金나라 군대는 송宋나라의 수도 개봉開封을 함락하고, 상황上皇인 휘종徽宗과 황제 흠종欽宗을 잡아간다. 이른바 '정강靖康의 변變'이다. 흠종의 동생인 강왕康王(뒤에 고종高宗이 됨)은 항주杭州로 달아나 그곳을 도읍으로 정하고 나라를 이어간다. 이것이 남송이다. 망한 송나라는 북송이라 부른다.

 황제 둘이 산 채로 끌려가 만주 땅 오국성五國城에서 죽은 사건은 중국 역사에 없던 기변奇變이었다. 왜 북송은 이렇게 허망하게 망했던 것인가. 물론 요遼나라와 금나라 같은 강력한 이민족 국가가 북방에 존재했던 데 그 일단의 원인이 있겠지만, 내부적으로 다른 국가의 침공을 방어할 능력이 없었다는 것이 더 큰 이유였다. 그 이유란 구체적으로 말해 어떤 것인가? '송나라는 스스로 망한 것宋亡自取'에서 성호는 말한다.

송나라 시절에는 오랑캐만 창궐했던 것이 아니다. 송나라 내부에 멸망을 초래한 원인이 있었다. 국가의 안위는 민생의 고락에 달려 있고, 민생의 고락은 재정의 빈부에 달려 있으며, 재정의 빈부는 정치의 사치와 검소에 달려 있다. 나라의 정치가 사치스러운데도 백성이 부유해진 경우는 없었다. 백성이 곤궁하면 외적이 엿보는 것은 사리상 필연적인 일이다.
當宋之世, 不但戎狄猖獗. 其在內者, 有以致之也. 國之安危, 繫於民生之苦樂,

苦樂繫於財用之貧富, 貧富繫於政之奢儉. 未有國奢而民富者也. 民窮則敵窺,
其勢必然.

(송나라는 스스로 망한 것宋亡自取 | 제22권「경사문」)

지배계급의 사치는 백성이 생산한 물자를 착취함으로써 가능하다.
지배계급의 사치는 곧 백성의 궁핍을 의미한다. 굶주려 허약한
백성으로 가득 찬 나라는 이웃에 있는 강대국의 먹잇감이다. 당연하지
않은가. 궁핍에 시달리는 백성은 국가의 안위에 관심이 없다. 아니,
안위에 관심을 보일 여력이 없다. 성호는 멸망의 원인이었던 송의
사치에 대해 이렇게 지적한다.

변도汴都(북송의 수도-지은이) 시절에는 교례郊禮(천자가 하늘에 지내는
제사-지은이)를 지내고 나면 참여한 사람들이 수만금의 상을 받았다.
인종仁宗은 황녀가 태어나자 비단 8000필을 가져다 썼다. 궁중에서
내린 은사물恩賜物은 여기에 들지도 않았다. 재인才人(후궁의 한
부류-지은이) 한 사람의 월봉이 중간 정도 사는 1백 집안의 세금에
해당하였다. 이런 것들이 그 사치의 한 증거라고 하겠다. 『서경』에,
"부디 검소한 덕을 더욱 닦아 장구히 이어갈 계획을 세우소서"
하였으니, 송나라의 경우는 정말 장구한 계획을 세운 것이 아닌
것이다.
汴都之時, 郊禮而受數萬之賞. 仁宗皇女生, 而取綾羅八千匹. 內降恩澤, 不與焉.
一才人之月奉, 直中戶百家之賦. 此其一段也. 書曰: "愼乃儉德, 惟懷永圖." 若宋者,
定非長久之圖也.

(송나라는 스스로 망한 것宋亡自取 | 제22권「경사문」)

성호의 지적은 모두 내력이 있다. 교례를 지내면 수만금의 상을 받았다는 말은, 사마광司馬光이 신종에게 올린 글에서 나오는 말이다(사마광의 글에는 '數萬'이 아니라, '數百萬'으로 되어 있다). 인종의 황녀가 태어나자 비단 8000필을 가져다 썼다는 말은 구양수歐陽修가 인종에게 올린 글에 나온다. 마지막 재인 운운하는 말 역시 범사도范師道가 인종에게 올린 글이 그 출처다. 모두 사치를 말리는 말이다.

인종·신종 때의 사치는 당연히 정강 때까지 이어진다. '정강'은 흠종의 연호다. 한데 문제는 흠종에 있는 것이 아니라 휘종에 있었다. 알다시피 휘종은 금나라의 침공이란 문제를 회피하려고 아들 흠종에게 제위를 떠맡긴다. 휘종은 원체화院體畵를 대표하는 대단한 서화가이자 예술가였지만, 실제 황제로서의 그는 극도의 음락淫樂과 사치에 젖어 산 쓰레기 같은 인간이었다. 소설『수호지水滸誌』는 뇌물로 얼룩진 선화宣和 연간의 송나라 관료사회를 묘사하고 있는바, 선화는 휘종 말기의 연호다.『수호지』는 공연히 휘종 시기를 타락의 시대로 다룬 것이 아니다. 이처럼 부패한 지배층이 통치하는 나라는 외적을 막을 능력이 당연히 없다.

역사는 반복된다. 인간은 역사를 쓰고 또 역사를 거울로 삼고자 하지만, 역사에서 배우는 것이 없다. 명나라는 송나라와 같은 방식으로 멸망의 역사를 반복한다. 성호는 '숭정제崇禎帝'[1]에서 명나라의 멸망에 대해 동일한 주장을 펼친다. 그는 명나라의 마지막 황제인 숭정제가 죽기 직전 "내가 망국지주亡國之主가 아니라, 여러 신하들이 바로 망국지신亡國之臣이다"라고 내뱉은 말이 잘못이라고 지적한다. 왜인가?

---

1) 제22권「경사문」, '숭정제崇禎帝'

즉, 숭정제는 명나라가 멸망한 이유를 정확하게 통찰하지 못했다는 것이다. 성호가 보기에 명나라의 멸망 원인 또한 지배층의 잔혹한 통치와 백성에 대한 무한한 착취, 또 그것에 기초한 지배계급의 과도한 사치에 있었다.

명나라 중엽 이후 환관이 권력을 잡자 가렴주구가 날이 갈수록 심해졌다. 비유컨대 수령이 멍청하고 못난 인물이면 서리들이 제멋대로 백성을 학대하는 것과 같았다. 그러므로 황제는 위에서 아무것도 모른 채 있고, 뭇 간신들은 황제의 위세를 빌려 혹독한 법을 마음대로 휘둘러대었으니, 어떻게 나라를 잃지 않을 수 있었겠는가?
中葉以來, 宦寺秉權, 割剝日慘. 比如守宰昏劣, 則胥徒肆虐, 故主暗于上, 羣奸借威, 肆之以酷烈之法, 如何不喪?
(숭정제崇禎帝 | 제22권 「경사문」)

명나라는 무종武宗(1506~1521) 이후 활기를 잃어버린다. 황제는 정사에 관심이 없었고 환관이 대신 권력을 쥐었다. 환관은 성조成祖 영락제永樂帝 때 설치한 비밀경찰기관인 동창東廠을 장악하여 사대부들을 감시하고 국가권력을 손에 넣었다. 이를 통해 환관이 축재를 한 것은 두말할 나위도 없다. 성호는 환관이 모은 재산을 낱낱이 열거하고 있는데, 지금으로서는 감이 잡히지 않을 만한 규모다. 차라리 성호의 결론을 들어보자. "천하의 재보財寶는 백성에게도 있지 않고, 나라에도 있지 않았다. 그것은 깡그리 환관들의 차지가 되고 말았다."[2] 성호는 축재한 자가 한둘이 아니라고 지적한다. 발각되지

---

2) 제22권 「경사문」, '숭정제崇禎帝'

않았을 뿐이지 국가권력을 사유화하여 동일한 방식으로 축재한 사람들이 부지기수였던 것이다. 성호는 이런 이유로 "사해四海가 물이 끓어오르듯 사방에서 다투어 봉기한 것인데도 숭정제는 여전히 알아차리지 못했다"고 말한 것이다.

영원한 국가는 없다. 기세 좋게 세워진 국가도 언젠가는 망하는 법이다. 하지만 그 국가의 권력을 요리하면서 사익을 누리던 집단들은 국가가 왜 망했는지 성찰하는 법이 없다. 조선이 일제의 식민지가 되었을 때 권세를 누렸던 양반들이 망국의 이유를 진지하게 성찰했다는 말을 나는 아직 들어본 적이 없다.

조선은 임진왜란으로 망할 뻔했다가 겨우 살아났다. 조선은 왜 임진왜란이란 초유의 비극을 맞이했던가. 박동량朴東亮(1569~1635)의 『기재사초寄齋史草』 하권의 한 부분을 인용한다.

시전 상인들이 너도나도 도성 안팎 산에서 술과 풍악을 갖추고 몰려들어 해가 저물도록 노래하고 춤추며 놀다가 집으로 돌아갔는데, 봄과 가을에 더욱 성행하였다. 경인년(1590), 신묘년(1591) 어림에 "얼마 안 있어 세상이 바뀔 것이니, 살아생전 취하고 배불리 먹는 것이 낫다"는 말이 도성에 나돌았고, 서로 질세라 놀고 즐기며 가산을 거덜내는 사람까지 있었다. 식자들은 좋은 징조가 아니라고 하였다.
市民於都城內外山, 具酒樂以會, 抵暮歌舞而還, 春秋盛行焉. 庚寅·辛卯之間, 京師傳言: "不久當易世. 不如生前醉飽." 競事遊衍, 或至破産. 識者以爲不祥.

우연한 현상이 아니다. 1392년 조선 건국 이후 2세기 동안 유래 없이 장구한 평화를 경험한다. 안락에 빠진 지배층은 스스로 분열한다. 그것이 이른바 당쟁이다. 당쟁은 권력투쟁이다. 나라나 백성의 삶을 윤택하게 하려는 정책 차이로 대립하는 것도 아니고, 별 시답잖은 이유로 패거리를 만들어 상대방을 비난한다. 말의 꼬투리를 잡아 고의로 오해하고, 옥사를 벌여 피를 보고 귀양을 보내고 사람을 죽인다. 임진왜란이 일어나기 불과 4년 전에 이른바 '정여립鄭汝立 모반 사건'이 있었다. 그다지 역모라고 할 것도 없는 사건을 부풀리고 또 부풀려, 죽이고 또 죽이지 않았던가(동인 1000여 명이 화를 입었다). 속내야 정치권력을 제 손아귀에 넣겠다는 것이지만, 겉으로는 온갖 거룩한 명분을 갖다 댄다. 왕은 왕대로 자기 권력을 빼앗길까 노심초사하며 당쟁을 이용했다.

성호는 당쟁이야말로 전쟁을 불러일으킨 결정적인 이유라고 말한다.

풍신수길豊臣秀吉은 필부匹夫로 심부름꾼을 하다가 발신하여, 순식간에 66주州를 차지하고 만사를 제 마음먹은 대로 처리하였다. 그때 우리나라는 문신과 무신이 모두 노닥이며 세월만 보내었고, 당쟁의 화禍는 날이 갈수록 심해지고 있었다. (……) 풍신수길은 '명나라를 집어삼키겠다'고 큰소리를 쳐 명나라를 묶어 조선을 돌아보지 못하게 만든 뒤, 우리나라가 당쟁으로 싸우는 것을 기회로 삼았다. 일거에 제 뜻대로 두 나라를 합쳐 하나로 만든다면, 처음에는 손해를 보더라도 나중에는 큰 이익을 얻을 수 있다는 심산이었다. 가등청정加藤淸正은 수길의 심복인데, 그를 중용하여 일을 이룬 것이었다.

秀吉匹夫, 從徒中起, 奄有六十六州, 無不如志. 是時, 我邦文武恬憘, 黨禍日甚. (……) 其意以爲倡言, 薦食上國, 以綴明人之勢, 使不得東顧, 幸我國內之鬨. 謂可以一擧得志, 合兩邦以爲一, 庶幾失之東隅, 收之桑楡. 淸正卽其腹心, 而慫慂成之.

(풍신수길이 상국을 범하다 秀吉犯上國 | 제23권 「경사문」)

풍신수길, 즉 도요토미 히데요시는 조선 지배층의 분열, 곧 당쟁을 기화로 하여 조선을 침략했다는 것이다. 성호는 이렇게 전쟁은 '풍신수길이 아니라 우리 스스로가 불러들인 것'이라고 말한다. 만약 "임금과 신하가 사이가 벌어지지 않고, 정령政令이 치밀하였더라면, 바다 바깥의 뱀이나 돼지 같은 무리들이 감히 침략할 마음을 먹지 못하였을 것"이라는 것이다.

왜군에게 쫓기는 신세가 되자 선조는 당쟁을 나무랐다. 선조가 지었다는 시다.

나랏일 경황이 없는 오늘
뉘라서 이·곽³⁾의 충성을 바치랴?
한양을 떠나는 것은 앞으로 큰 계책을 생각해서고
땅을 되찾는 것은 여러분에게 의지할 뿐이다.
관산關山의 달을 보면 통곡을 하게 되고
압록강 바람에도 마음이 서글퍼지네.
조정 신하들은 오늘 이후에도
또다시 서인이니 동인이니 들먹일 것인가.
國事蒼黃日, 誰能李郭忠. 去邠存大計, 恢復仗諸公.
痛哭關山月, 傷心鴨水風. 朝臣今日後, 寧復更西東.

3) 이·곽이란 안사安史의 난을 평정하는 데 혁혁한 공을 세웠던 이광필李光弼과 곽자의郭子儀를 말한다.

선조의 이 시를 읽을 때마다 절로 한심하다는 생각이 든다. 당쟁을 일삼은 신하들은 물론이거니와, 선조 역시 한심하다는 말이다. 그가 과연 이런 말을 할 자격이나 있었을까?

선조조의 당쟁을 보면, 내부의 분열이 전쟁을 초래했다는 성호의 말에 고개를 끄덕이게 된다. 하지만 더욱 한심한 것은, 당쟁으로 인해 전쟁을 초래한 것을 알고도 당쟁에 대해 반성하지 않았다는 것이다. 성호의 말이다. "한스러운 것은 처참한 패배 뒤에 처음으로 평양에서 한 번 이기고부터 당쟁이 다시 치열해진 것이다." 한양을 버리고 달아날 때는 당쟁을 계속할 겨를이 없었지만, 한번 승리를 거두자 다시 집안싸움을 벌였던 것이다. 역사에서 도대체 무엇을 배웠단 말인가.

이순신과 수군

전쟁은 영웅을 낳는다. 임진왜란 역시 예외는 아니어서 이순신(1545~1598)이란 걸출한 인물을 낳았다. 만약 임진왜란이 아니었다면 이순신은 그냥 평범한 무인으로 『조선왕조실록』의 인사 발령 관계 자료에 이름 세 글자만 남겼을 것이다.

성호는 『성호사설』 여러 곳에서 이순신의 공을 기리고 있다. '석성石星'[1]에서 성호는, 명의 파병을 가능하게 했던 석성石星을 제외한다면 이순신이 임진왜란 최대의 공로자라고 말한다. 이순신이 전쟁 초기에 해전에서 연전연승하여 일본 수군이 남해안을 돌아 서해로 올라오지 못하게 막음으로써 평양성에 왜군을 묶어놓고, 이어 이여송 군대가 왜군을 평양에서 몰아냈으니 이순신의 공로는 더할 수 없이 큰 것이다.

특히 성호는 일본이 전쟁 중 결정적인 승기를 잡지 못한 것은 모두 이순신의 해전에서의 승리 때문이라고 평가한다. 1597년 7월 칠천량해전漆川梁海戰에서 원균의 수군이 전몰한 뒤 재기용되어 명량해전에서 일본 수군에 대승한 것을 평가하는 부분을 보자.

이해 7월에 원균이 패배하자 이순신은 다시 수군을 거느렸고 명량鳴梁에서 승리하여 바닷길을 막아버리자 왜적은 수륙水陸으로

---

1) 제23권 「경사문」, '석성石星'

같이 진격할 기세를 잃어버렸다. 게다가 명나라 군대가 또 크게
출동하였다. 추측건대 가등청정 등은 우선 남해로 물러나 있다가
본국과 연락하면서 재차 동병할 계획이었던 것으로 보인다. 그래서
해생海生 등 네 장수가 그 뒤를 밟아 약간의 참획斬獲이 있었던 것이다.

是年七月, 元均敗, 李舜臣再領水軍, 有鳴梁之捷, 遮截海路, 倭失水陸並進之勢.
而天兵又大出. 意者, 淸正等姑退居南海, 與本國通聞, 爲再動之計. 而解生四將,
躡其後, 略有斬獲耳.

(양호楊鎬 | 제25권 「경사문」)

이순신의 명량대첩으로 인해 왜군이 다시 바다와 육지로 한꺼번에
공진功進할 기회를 상실했으니, 이순신은 전쟁의 방향을 완전히
틀어버렸던 것이다. 성호는 이것을 근거로 하여, 전쟁 초기 평양의
지척에 있는 의주를 왜병이 계속 공략할 수 없었던 것 또한 수군의
패배에서 그 이유를 찾았다.[2]

성호는 이순신이 모함으로 파직되고 백의종군한 것에 대해서도
지적을 남기고 있다. '남의 공을 시기함忌功'[3]에서 성호는 희한한 말을
한다.

대저 대장이 공을 이루는 방법은 말을 달려 돌격하고 활을 쏘아
적을 죽이는 데 있지 않다. 칼날을 부닥치고 사로잡고 죽이고 하는
것은, 결국 군교軍校의 힘에 달린 것이다. 군교가 아무리 용기와 힘이
있다 해도 윗사람을 피붙이처럼 여겨 그를 위해 죽고자 하지 않으면

2) 제25권 「경사문」, '양호楊鎬'
3) 제23권 「경사문」, '남의 공을 시기함忌功'

패배하기 마련이다. 이치가 이렇다면 무사할 때 인심을 후하게 얻는 사람이 바로 장수의 재목인 것이다.

그런 사람을 변방에서도 시험해보고 한양 군영에서도 시험해보되, 아랫사람을 어루만지며 거느리는 것이 마땅함을 얻고, 많은 사람들이 그에게 보답할 방도를 생각한다면 어찌 적에게 승리를 거두는 방법이 아니랴? 그런데 적정敵情을 엿보아 임시변통하기도 하고 이런저런 기이한 계책을 내는 문제라면 끝내 예측할 수 없는 것이다.

따라서 만약 전쟁이 연달아 일어날 경우, 심원한 지략은 반드시 편비偏裨(보좌관-지은이)로부터 나오는 법이다. 평소 높은 벼슬에 있으면서 후한 녹을 먹는 사람은 그런 지략을 내는 사람이 아니다. 하지만 이렇게 심원한 지략을 내는 사람은 남을 참소하는 인간들에게 질시를 받기 마련이다. 일이 이루어지고 공이 높아지기 때문이다. 공이 높아지면 질투가 일어나고, 권세가 무거워지면 의심을 받는다. 이럴 경우 막아낼 방도가 없다.

夫大將之功成, 不在馳突射殪. 其接刃擒殺, 終賴軍校之力. 雖使軍校勇力, 而苟不親上死長, 則亦將敗失. 然則當無事之時, 厚得人心者, 是將才也. 試之於邊徼, 試之於京營, 撫循得其宜, 衆思報效, 豈非勝敵之道乎? 至於窺敵制變, 參倍出奇, 則終不可以預度. 故若至兵禍連結, 深謀遠略, 必拔於偏裨之間. 而常日崇爵厚祿, 非其人也. 然此等人, 必爲讒賊所嫉. 事成而功高故也. 功高則妬, 權重則疑. 此無可防之術.

(남의 공을 시기함忌功 | 제23권 「경사문」)

가슴을 치게 만드는 글이다. 장수의 능력이란 직접 전투를 잘하는 데 달려 있지 않고, 평소 전투를 수행하는 군사의 마음을 얻는 데 있다. 한양에 있어도 경상도에 있어도 내직에 있어도 외직에 있어도, 그가 거느린 사람은 모두 한결같이 그를 따른다. 이런 사람은 이런저런 현장에서 다양하고 풍부한 경험을 갖는다. 전쟁이 나면 이런 사람이 심원한 지략을 낸다. 하지만 조정의 요직을 골라 거치며 높은 자리에 오른 사람은 평소 그 지위를 누리는 데 열중하여 전쟁이 무엇인지도 모른다. 위기를 타개할 능력이 전혀 없는 것이다. 멀리 갈 것 없이, 이 글을 읽는 여러분이 소속되어 있는 조직을 한번 생각해보라. 그런 사람이 있는지 없는지 말이다.

이 높으신 나리들은 위기의 순간 자신들의 무능이 폭로되었다는 사실이 창피하고 짜증스럽다. 반면 전에 하찮게 여겼던 사람이 전쟁을 통해 공을 세우는 것이 너무나도 불쾌하다. 전쟁의 위기를 극복하는 방법을 모색하는 것이 아니라, 공을 세운 사람을 몰아내는 방법을 찾는 데 혈안이 된다. 성호는 그것을 이렇게 간명하게 정리한다. "미천한 처지에서 일어난 사람이면 그 사람이 미천한 출신이라고 미워하고, 그가 세운 공이 크면 공이 큰 것을 미워하고, 인심을 얻으면 인심을 얻었다고 헐뜯는다."[4] 구체적인 예는 당연히 이순신이다. "이충무공은 이미 큰 공을 세웠지만, 형벌을 받고 귀양을 가야만 했다. 유서애柳西厓(柳成龍) 같은 분이 굳은 결심으로 발탁하지 않았더라면 저 도랑 속에서 굶주려 죽는 신세에 지나지 않았을 것이다."[5]

이순신 같은 사람들은 그런 사실을 몰랐을까? 아니다. 그 역시 조정이 돌아가는 판세를 정확히 읽었을 것이다. 성호는 '두예와 이순신杜預李舜臣'[6]에서 그 점에 대해 언급한다. 먼저 두예는 진晉나라의

---

4) 제23권「경사문」, '남의 공을 시기함忌功'
5) 제23권「경사문」, '남의 공을 시기함忌功'
6) 제25권「경사문」, '두예와 이순신杜預李舜臣'

명장이고 학자다. 그의 『좌씨경전집해左氏經傳集解』는 지금도
좌전학左傳學에서 빼놓을 수 없는 최고의 저작이다. 문무를 겸비했던
두예는 군중軍中에 있으면서도 도성의 고관대작들에게 자주 선물을
보냈다. 누가 이유를 물었다. "저들이 해를 끼칠까 두려워서 그렇다네.
내 이익을 바라서가 아니네." 선물을 보내는 이유는 오직 소인배들의
훼방을 피하기 위해서다. 성호는 이순신의 경우도 소개한다.

우리나라의 충무공 이순신 같은 분도 임진년 난리 때 수군을
통제하면서, 또한 틈만 나면 공인工人을 모아놓고 부채 같은 물건을
만들어 경재卿宰들에게 두루 선물로 보내었고, 마침내 중흥의 공을
이루었다. 이것은 천고 이후 지사들이 눈물을 쏟게 하는 일이다.
我邦李忠武舜臣, 當壬辰之亂, 統制水軍, 亦以間隙鳩工, 造扇箑之類, 遍遺卿宰,
卒成中興之勳. 此可以淚千古之志士矣.

(두예와 이순신杜預李舜臣 | 제25권「경사문」)

전 조선의 수군을 지휘하는 장수가 수하에 있는 수공업자를 모아 부채
따위를 만들게 하고, 조정의 요직을 차지한 벼슬아치들에게 선물로
보낸다. 출세를 위해서가 아니다. 이렇게라도 하지 않으면 시기하는
소인배들이 어떤 해코지를 할지 알기 때문이었다. 하지만 그래도
모함을 받아 백의가 되는 것을 면하지 못했던 것이니, 한심스런 일이라
하겠다.
　　전쟁을 유리하게 이끌었던 이순신의 조선 수군은 뒷날 어떻게
되었던가. 성호는 '수군水軍'[7]에서 이 문제를 거론하고 있다. 조선은

---

7)　제16권「인사문」,'수군水軍'

땅이 그리 넓지 않지만 삼면이 바다라 5000리가 되는 해안선을 갖고 있어 해방海防이 가장 큰 걱정거리라는 것이다. 한데, 실상은 어떤가? 임진왜란의 참화도 결코 교훈이 되지 않았다. 성호는 말한다. "우리나라 사람은 평소 먼 앞날을 걱정하는 법이 없으니, 만약 시간이 흘러 상황이 달라지고 세상이 바뀐다면 장차 어떻게 대처할 것인가? (……) 이제 평화가 오래 지속된 나머지 수군을 통솔하는 자들이 군사들의 살을 바르고 거죽을 벗겨 뇌물로 바치고 자신의 살을 찌울 뿐이다." 그래, 그 버릇이 어디 가겠는가.

성호의 대책은 이렇다. 섬과 연안에 거주하는, 물에 익숙한 어민들이 많으니, 적절한 방법만 쓴다면 수군으로 만들 수 있다. 어민 중에는 관청의 일용 잡비에 충당되는 잡세의 징수에 시달려 일정한 거주지가 없는 사람이 허다하다. 이들은 농사지을 땅도 거주할 집도 마땅히 없다. 이들에게 수군으로 징병할 대상이라는 문서를 주고 관청에서 잡세를 거두지 않는다면 금방 수천 명의 군사를 얻을 수 있을 것이니, 수시로 훈련을 시켜 바다를 방어하게 하면 될 것이라는 뜻이다. 하지만 성호의 대책은 대책일 뿐이었다.

성호는 '기병騎兵'[8]에서 "듣건대, 왜倭는 큰 바다 한가운데 있으면서 사방으로 통하지 않는 곳이 없고, 기계, 곧 무기의 정교함도 새로 배워 익히지 않은 것이 없으니 감당할 수 없는 존재가 되었다"고 한다. 나는 이 말이 1876년 개항 이후 일본에게 시달리다가 마침내 식민지가 되고 만 조선의 운명을 예고하는 말처럼 들린다. 도대체 그 강력했던, 연전연승하던 이순신의 수군은 어디로 갔단 말인가?

---

8) 제17권 「인사문」, '기병騎兵'

四.

외교와 이산자들

고려의 생존술, 사대

몽고와 고려

석성의 총희와 홍순언

전쟁이 낳은 이산자의 증언

전쟁과 인간의 뒤섞임, 혼종

고려의 생존술, 사대

고려는 강력한 국가가 아니었다. 하지만 이웃에는 강력한 국가가 있었다. 발해를 멸망시킨 거란이 중국의 북방을 지배하는 거대한 국가, 요遼나라를 세웠고, 이어 여진족은 금金나라를 세워 요나라를 멸망시키면서 그 자리를 대신 차지했다. 하지만 이내 금나라를 쓸어버리고 송나라까지 멸망시킨 몽고의 원元나라가 등장해 세계사에 다시없는 거대한 제국을 건설한다. 한족漢族의 송나라는 이들 북방 민족이 세운 국가에 시달리며 힘 한번 써보지 못한 약체의 국가였다. 고려가 존속했던 시기야말로 북방의 민족들이 절정을 구가한 시대였다고 하겠다.

    희한한 것은 고려가 거대 제국의 틈바구니에서 소멸하지 않고, 국가를 유지하면서 생존했다는 사실이다. 고려는 살아남아 송나라와 요나라, 금나라와 원나라가 세계사의 무대에서 사라지는 것을 차례로 목도했으니 참으로 불가사의한 일이 아닐 수 없다. 고려는 국내 정치도 안정되어 있지 않았다. 성호는 이렇게 말한다.

고려 때에는 권간權奸들이 번갈아 우두머리가 되어 임금을 폐하고 세우는 짓을 내키는 대로 하였다. 하지만 고려는 32대를 전해 내려왔고, 누린 햇수는 475년이었다. 면면히 이어오면서 나라를 잃지 않은 이유는 무엇인가?

勝國之世, 權奸相雄, 廢立在握. 然傳世三十二, 歷年四百七十五. 能綿祚不喪者,何也?

(고려의 사대高麗事大 | 제22권 「경사문」)

강신强臣이 왕의 폐립을 마음대로 하는 나라가 어떻게 32대, 475년을 존속할 수 있었던가. 성호는 이에 대해 "사대한 힘으로 그렇게 되었다"고 답한다. 사대라니! 중국 대륙의 강대국을 섬겼기 때문이라는 말이다. 성호의 주장을 따라가 보자.

우리나라는 고려 때부터 요·금·원 세 대국을 번갈아 섬겼다. 거의 스스로 생존할 수 없었던 형편이었으나, 다행하게도 사대事大하는 정성 덕에 겨우 멸망을 면했을 뿐이다. 어디 한 번이라도 위엄을 펼쳐 승리한 적이 있었던가? 저 세 대국은 중국도 두려워 떨었던 나라들이었다. 고려처럼 작은 나라가 감히 덤빌 수 있었을 것인가. 가령 한때 이겨 제 뜻대로 할 수 있다 해도 그 후환을 어떻게 감당할 것인가.

    원나라 때에는 나라 이름을 없애고, 행성行省을 설치하고, 머리를 깎고, 관복冠服 제도를 바꾸려 들었는데, 손이야 발이야 애걸한 끝에 겨우 면하였다. 또한 잘 섬기겠다는 것을 구실로 삼았으므로, 그들이 기뻐하면 다행으로 여기고 화를 내면 몸 둘 곳을 모르는 것처럼 굴었다. 명나라 태조 때에 철령위鐵嶺衛를 설치하고자 했지만, 사신이 말을 잘한 덕분에 그만두게 되었다. 세상이 크게 변할 때마다 이런 일은 꼭 한 번씩 생겼다.

我國高麗時, 迭事遼·金·元三大邦. 殆若不能自存, 賴事大之誠, 僅免覆亡.
何嘗一番, 宣威取勝乎? 彼三大邦者, 中華之所嘗讋服, 小國其敢耶?
假使一時抄略得志, 奈後患何? 元時, 嘗欲去國號, 立行省矣, 欲剃頭髮, 易冠服矣,百般哀乞而免. 亦以善事爲藉口, 故其喜也, 受以爲幸; 怒也, 若無所容. 至明祖時, 將設鐵嶺衛, 只賴行人善辭而止. 滄桑屢變, 此必一有.

(한공이 피눈물을 쏟다韓公泣血 | 제17권 「인사문」)

요·금·원은 중국, 곧 송나라도 두려워했던 강대국이다. 그들과 한때 싸워 이겼다고 하자. 하지만 그 후환을 어떻게 할 것인가. 살아남는 길은 오로지 외교밖에 없다. 그 외교는 덩치 큰 강대국을 상대하기에 '사대事大'라 부른다. 성호의 답은 이것이다. 약자의 생존술은 오직 외교에 있고, 사대에 있다.

성호는 외교적 생존술로서 사대를 『성호사설』 곳곳에서 역설한다. 그는 '앞의 실패를 거울삼지 않다前覆不戒'[1]에서 태조 왕건이 요나라를 배척하고 돌아보지 않은 것을 역사가가 실책이라 지적했다고 말한다. 알려져 있다시피 왕건은 고려태조 25년(942)에 거란이 낙타 50필을 보내오자 국교를 끊고 사신 30명을 섬으로 귀양을 보낸 뒤 낙타를 만부교萬夫橋 아래 묶어 방치해두어 굶겨 죽인다. 여기에 대한 사씨史氏, 곧 역사가의 평이란 안정복安鼎福의 『동사강목東史綱目』에 실려 있는 최부崔溥의 평을 말하는 것이다. 최부는 "나라와 군사가 부강하여 중원中原을 석권할 뜻이 있었"던 거란과의 외교를 단절한 것이 전쟁의 참화를 초래했다고 평가한다. 과연 거란은 성종 12년(993) 소손녕蕭遜寧의 80만 대군의 1차 침입부터 1010년의 2차, 1018년의 3차 침입까지 세 차례나 고려의 국토를 유린했다.

왕건으로서야 발해 멸망 이후 귀순한 발해 유민의 도움으로 후삼국을 평정했으니 그들을 의식하지 않을 수 없었겠지만,

---

1) 제21권 「경사문」, '앞의 실패를 거울삼지 않다前覆不戒'

「훈요십조訓要十條」에 "거란은 금수의 나라로 풍속이 같지 않고 언어도 다르니 의관 제도를 본받지 말라고 못 박은 것"은 심하다 하지 않을 수 없다.

'앞의 실패를 거울삼지 않다'에서 성호는 금나라와의 관계에 대해서도 언급한다. 금나라 건국 직후 아골타阿骨打의 형제지의兄弟之誼를 맺자는 요청을 고려의 대신들은 극력 반대한다. 오직 어사중승御史中丞 김부철金富轍만이 성종成宗 때 요나라의 침입을 받았던 전례를 상기시키며, 화친을 하자고 주장해 조소 거리가 되었다. 인종 원년(1126), 인종은 금나라에 대한 사대 문제를 회의에 부쳤는데, 대부분 반대했으나 오직 이자겸李資謙과 척준경拓俊京이 금나라가 북송과 요를 멸망시킨 강대국임을 이유로 들며 사대할 것을 주장했고, 인종은 그 견해를 따라 금에 대해 신사臣事하는 표문을 보낸다. 인종은 당시 권력자 이자겸과 척준경의 정세 판단을 따르지 않을 수 없었을 것이다. 현실주의자 성호는 인종의 이런 처사를 높이 평가하여 인종의 결정으로 인해 "변방 지역에 걱정이 없게 되었다"고 평가한다.

'작은 나라가 큰 나라를 섬기다小事大' [2]에서 성호는 인종이 계속해서 현실적 판단을 내리고 있음에 주목한다. 금나라를 섬기기로 결정한 지 석 달 뒤였다. 송나라가 금나라를 협격狹擊할 것을 요청했으나, 왕은 단호히 거부한다. 이어 "송나라 군대가 금나라 군대를 이겼다"는 보고가 올라오자 정지상鄭知常 등은 송나라를 도와서 공을 이루자고 청한다. 그 공이 중국의 역사에 실려 만세에 전해질 것이라는 듣기 좋은 말도 덧붙인다. 인종이 김인존金仁存에게 의견을 묻자, 김인존은 "전해 듣는 말은 사실과 어긋나는 경우가 허다합니다.

2) 제21권 「경사문」, '작은 나라가 큰 나라를 섬기다小事大'

근거 없는 말을 듣고 군사를 일으켜 강한 적의 화를 돋우는 것은 마땅치 않습니다"라고 답한다. 과연 그 보고는 헛소문이었다. 곧 고려가 진중했기에 후환을 막을 수 있었다는 것이 성호의 평가다.

김부철은 김부의金富儀(1079~1136)다. 부철은 초명이다. 김부의는 저 유명한 『삼국사기三國史記』의 편찬자인 김부식의 동생이다. 그의 가문은 고려 전기 문벌귀족사회 최고의 명문이다. 그들은 사대주의자, 중화주의자로 낙인이 찍혀 있다. 이에 반해 정지상은 서경(평양의 옛 이름)을 중심으로 하는 서경파로 고구려의 고토 회복을 원하는 민족주의자로 알려져 있다. 하지만 어떤가. 정지상의 주장을 따라 망해가는 송나라를 도와 금나라를 공격했다면 고려는 아마 결딴이 나지 않았을까?

현실주의자 성호는 '앞의 실패를 거울삼지 않다'에서 몽고와 고려의 관계에 대해서는 이렇게 말한다. 즉, 고려는 몽고가 강성할 때도 그들에게 주는 예물과 폐백을 모두 추포麤布(품질이 나쁜 베)로 하는 등 박례薄禮로 일관했고, 사신이 오면 퉁명스럽게 "전에 온 사신도 응접할 겨를이 없는데 하물며 뒤에 온 사신이야 말해 무엇 하랴?"고 하면서 동북면병마사東北面兵馬使를 시켜 위유慰諭해 돌려보내게 했던바, 이에 모두 무언가 불길한 일이 일어날 거라고 예견했다는 것이다. 과연 몽고는 고려 땅을 휩쓸었다. 송도(개성의 옛 이름)가 피바다가 되려고 할 즈음 최씨 무인정권의 수장인 최우崔瑀는 고종을 협박해 강화도로 들어간다. 이에 반대한 사람이 유승조兪升朝다. 유승조의 반대 논리는 이러하다. "작은 나라가 큰 나라를 섬기는 것이 올바른 도리다. 예禮로 갖추어 섬기고 신의로 사귀면 저들이 무슨 명분으로 우리를 곤란하게 할 것인가? 쥐새끼처럼 섬으로 들어가 숨어 구차하게 세월을 끈다면 장정은 칼과 화살에 깡그리 죽고 노약자는 끌려가 종이 될 것이다. 섬에 들어가는 것은 좋은 계책이 아니다."
그러나 최우는 듣지 않았다. 그는 강화에 성과 궁궐을 쌓고 버텼지만 그 결과 백성들만 골병이 들었다.

몽고와 고려

강화도로 들어간 것은 수십 년이었지만, 그 해독은 열 대에 걸쳐
미쳤다. 원나라의 공주는 안에서 권세를 움켜쥐고, 정동행성은 밖에서
자기 세력을 펼쳐 임금을 꽁꽁 묶어 귀양을 보내기를 마치 가벼운 털을
불고 마른 나뭇가지를 꺾는 것처럼 했지만 끽소리는커녕 흘겨보지도
못했으니, 이는 모두 역적 최우의 잘못된 계산, 망령된 생각에서
비롯된 것이다.

遍國入海數紀, 流毒十世. 卒至公主內據, 行省外張, 縛君竄君, 如吹輕毛拉枯枝,
人不敢出聲忤視, 此都自瑀賊之錯料妄攖始也.

(앞의 실패를 거울삼지 않다 前覆不戒 | 제21권 「경사문」)

20세기 이후 한국의 역사학은 최씨 무인정권이 주도한 전쟁을 민족의
위대하고 끈질긴 저항성을 찬양하는 도구로 삼는다. 하지만 그 당시
전쟁으로 죽어간 숱한 사람들에게 그 저항이 무슨 의미가 있을 것인가.
또 잿더미로 변한 나라는 무슨 의미가 있을 것인가. 성호는 이렇게
결론을 내린다. "거란에서 몽고까지 무릇 세상이 세 번이나 변했는데,
앞에 가던 수레가 엎어진 것을 보고 조심하지 않고 뒤에서도 빠지게
되었으니, 정말 이상하다 하겠다." 그렇구나. 나는 오늘날 한국이
고려와 조선, 구한말의 역사에서 배우지 않는 것이 너무나 이상하다고
생각한다.

대중의 머릿속에는 몽고에 대한 수십 년의 항쟁이 민족사의

영웅적 투쟁으로 깊이 각인되어 있다. 우리가 배우고 자란 국사 교과서가 이러한 인상을 만든 것이다. 하지만 과연 그럴까? 앞의 '고려의 생존술, 사대'에서 검토했듯 성호의 해석은 판이하게 다르다.

몽고는 세계사에서 가장 큰 제국을 이루었다. 몽고가 지나간 땅에는 어김없이 검붉은 피가 강을 이루었다. 몽고 관련 저작물을 보면 몽고가 벌인 전쟁이 잔혹하다는 느낌을 지울 수 없다. 어떤 학자는 그것이 서구 역사학의 관점이 배어 있는 것이며, 전근대나 근대 이후 할 것 없이 전쟁은 모두 잔혹한 것이었으니 몽고라고 해서 특별히 더 잔혹했던 것은 아니라 하지만, 그래도 문헌에서 확인되는 몽고 군대의 잔혹함은 유별난 것 같다. 흥미로운 사실은, 몽고가 점령한 지역의 국가들은 이름을 잃고 모두 소멸하고 말았는데 유독 고려는 속국이 되기는 했지만 국호를 보존하고 잔혹한 대우는 덜 받았던 것 같다는 것이다. 왜인가? 성호는 이 역시 외교, 곧 사대의 공으로 돌린다.

세조世祖가 황제로 즉위하기 전 남쪽으로 송나라를 치고자 양양襄陽에서 군대의 위세를 펼쳐 보일 적에 그의 아우 아리크부카阿里孛哥가 막북漠北에서 변란을 일으키자, 제후들이 우려하며 주저하고 있었다. 이때 원종元宗이 세자가 되어 원元나라로 가서 항복을 청하였다. 그리고는 연몽燕蒙에서 출발해 서리와 이슬을 맞으며 5000리 길을 건너 변량汴梁에 이르렀고, 길에서 세조를 맞이했다. 세조는 기뻐하며 "하늘이 나를 돕는구나" 하였다.
世祖之未立, 南伐宋, 觀兵襄陽, 其介弟阿里孛哥, 煽變漠北, 諸侯憂疑.
元宗時爲世子, 如元請降. 於是自燕蒙, 犯霜露, 跋涉五千里, 直至汴梁, 迎于道.
世祖喜曰: "天贊我也."
(고려의 사대高麗事大 | 제22권 「경사문」)

원의 세조(1215~1294)는 칭기즈칸의 손자 쿠빌라이忽必烈다. 헌종憲宗, 곧 몽케칸(蒙哥汗, 1208~1259)이 죽자, 쿠빌라이와 아리크부카 사이에 왕위 계승 전쟁이 벌어졌고, 쿠빌라이는 1260년 3월 개평부開平府에서 황제로 즉위한다.

『원사元史』「세조본기」에는 원종이 직접 쿠빌라이를 만났다는 기록은 없다. 이제현李齊賢의 「정동성에 올리는 글上征東省書」에 "〔원종이〕곧장 변량으로 가서 길에서〔세조를〕맞으니, 세조께서 멀리서 바라보시고 놀라 기뻐하며 '고려는 아득히 먼 나라인데 이제 내가 북방으로 돌아가 대통을 이으려 할 때 세자가 스스로 찾아와 내게 복속하니 하늘이 나를 돕는 것이로구나' 하였습니다"라고 말하고 있어 고려 쪽의 기록만 원종과 세조의 만남을 기록하고 있을 뿐이다.

「세조본기」에 실린 기록은 이렇다. 섬서선무사陝西宣撫使 염희헌廉希憲은 세조에게 이런 의견을 올린다. "고려의 세자(원종)가 들어와 머문 지 3년인데, 이제 부왕의 사망 전갈을 듣고 돌아가려고 합니다. 세자를 후히 대접해 보내면 은덕으로 생각할 것이고, 우리는 따로 번거롭게 군대를 동원하지 않아도 나라 하나를 얻게 될 것입니다." 이 의견을 따라 세조는 원종을 후히 대해 보냈다. 만약 원종이 이때 항복하지 않았다면 고려라는 이름은 역사에서 사라졌을 것이고, 우리는 그 시기를 공백으로 비워두어야 할 것이다.

원종의 맏아들은 충렬왕이다. 충렬왕은 세조의 딸 제국대장공주齊國大長公主와 결혼하여 세조의 부마가 된다. 성호는 고려의 왕이 원 황제의 부마가 된 것이 고려로서는 엄청나게 다행한 일이라고 평가한다. 곧 "충렬왕은 왕위를 계승하고 세조의 총애하는 사위가 되자 그의 말은 무슨 말이든지 따랐고, 고려 안에서도 아무도 감히 마음대로 날뛰는 자가 없었다"[1]고 한다. 과연 그랬던 것인가?

『고려사高麗史』에 그 증거가 있다.

　『고려사』에 의하면, 세조는 고려를 특별히 대우했다고 한다. 원종 원년(1260) 8월, 원에 파견되었던 장계열張季烈과 신윤화辛允和는 귀국하여 세조의 말을 전한다. 세조의 말이다. "짐이 즉위한 뒤 너희 나라가 가장 먼저 와서 축하하였으니, 너무나도 기쁘다." 세조는 가장 먼저 찾아온 고려 사신이 퍽 만족스러웠던 모양이다. 세조는 또 자신이 주최한 연회에서 장계열과 신윤화에게 "너희 나라가 사대事大한 지 40년이다. 지금 조회朝會한 나라가 80여 나라가 되지만, 너희들이 보기에도 예우하는 것이 너희 나라와 같은 나라가 있는가?" 세조는 고려에 내리는 조서에서도 "의관은 본국의 풍속을 그대로 따르고 조금도 바꿀 것이 없다"라고 말한다. 고려는 자기의 문화를 그대로 유지하게 된 것이다.

　세계를 석권했던 몽고의 지배 아래에서 고려는 국호를 유지하고 문화와 전통을 유지할 수 있게 되었으니, 그것은 항쟁한 덕분이 아니라, 곧 적절한 시기에 항복했기 때문이었다. 이 역시 외교의 성과라고 할 것이다.

　성호는 이 점을 높이 평가하여 거듭 강조한다.

뒤에 충선왕과 충혜왕은 비록 연달아 구속되어 스스로 떨칠 수가 없었지만, 찬탈의 화를 면할 수 있었던 것은 원나라를 두렵게 여겼기 때문이었다. 그 당시 동진東眞(금나라 잔존 세력이 두만강 유역에 세운 나라-지은이)이 큰 소리로 으르대면서도 감히 움직이지 못하고 일본이 늘 엿보면서도 감히 침입하지 못한 것은, 모두 원나라의 힘을 의지하고

1)　제22권 「경사문」, '고려의 사대高麗事大'

있었기 때문이었다. 비유컨대 오래 병을 앓은 사람이 원기는 이미
사그라졌지만, 객열客熱로 시일을 끌어나가는 것과 같았다.
後忠宣·忠惠, 雖相繼被拘, 莫能自振, 其免乎簒奪之禍者, 畏元故也. 方其時也,
東眞啁喝而不敢動, 日本窺覘而不敢入, 莫非賴其力也. 比如久病人, 元氣已澌,
客熱乘之.

(고려의 사대高麗事大ㅣ제22권「경사문」)

물론 고려가 떳떳한 독립국이라 할 수는 없었다. 성호가
위에서 밝혔듯 충선왕은 충숙왕 7년(1320) 원나라의 환관
임파이엔토그스任伯顔秃古思의 참소로 토번으로 귀양을 갔다가
풀려난 일이 있었고, 충혜왕 역시 학정虐政을 일삼았다고는 하지만
정동행성에 의해 체포되어 게양현揭陽縣으로 귀양 가는 도중
악양현岳陽縣에서 죽었으니, 이런 사례로 미루어볼 때 고려가 주체적인
독립국이었다고는 말하기 어렵다. 하지만 몽고의 전성기에 세계에
주체적인 독립국이 몇이나 있었던가. 그나마 국호를 달고 나라를
길이 유지한 것만 해도 다행이었다. 성호의 해석을 더 들어보자.
"고려 충렬왕이 원나라 세조의 딸(공주)과 결혼해 세조의 총애하는
사위가 되었으므로 그가 말하는 것이라면 세조는 모두 들어주었다.
비록 나라를 다스리는 것이야 제 주장대로 할 수는 없었지만, 국운이
장구했던 것은 그 힘이 아님이 없었다."[2]
    성호의 해석 중 가장 눈길을 끄는 것은, 고려가 원에 사대함으로써
동진과 일본의 침입을 면했다는 부분이다. 그는 자신이 구해 읽은
『일본외사日本外史』에 일본인 스스로 "거의 무너져 패망할 뻔했는데

---

[2]   제14권「인사문」, '왜구의 시말倭寇始末'

다행히도 태풍의 덕으로 모면할 수 있었다"라고 쓴 것을 발견하고는 몽고의 일본 정벌이 일본에 엄청난 충격을 주어 고려를 침입할 생각을 갖지 못하게 하는 효과를 가져왔다고 주장한다. 고려 말기에 왜구가 고려를 침입한 것 역시 원나라가 쇠약해진 다음이었던 것이다.

명나라가 성립하자 고려는 원나라와 외교 관계를 끊는다. 성호는 이에 대해서도 독특한 해석을 내린다. 1386년 명나라 홍무 원년에 경신제庚申帝가 도읍을 북쪽으로 옮겼다는 소문을 듣고 고려가 북원北元과의 외교를 단절하고 명나라로 귀의하려고 한 것이 아주 큰 실책이었다는 것이다.

성호는 이렇게 말한다. "당시 요동에는 아직 원나라가 웅거해 있었고, 고려와 국경을 맞대고 있었으니, 원나라가 고려를 쳤다면 어떻게 되었을 것인가. 또 저들이 이적夷狄이라 하더라도 이미 군신의 관계를 맺은 지 100년인데, 하루아침에 배반하는 것은 옳지 않다. 만약 명나라가 원나라를 섬기는 것을 문책한다 해도, 역시 원나라를 하루아침에 배반하는 것은 옳지 않다 말하고, 앞으로 그 신의로 명나라를 섬기겠다고 하는 것이 옳았다"는 것이다. 현실과 명분의 절묘한 조화다. 이런 점에 입각해 그는 정몽주鄭夢周(1337~1392)조차 비판한다. "다른 사람은 비판할 거리도 못 되지만, 포은圃隱(정몽주)처럼 현명한 분도 오직 공리功利를 따지는 주장을 펼쳤으니 정말 안타까운 일이다."[3]

---

3) 제22권 「경사문」, '북원과 외교를 단절하다絶北元'

석성의 총희와 홍순언

임진왜란 때 명나라의 개입이 없었다면 조선은 참으로 난처한 처지가 되었을 것이다. 4월 13일 부산에 도착한 왜군은 5월 3일 한양에 무혈입성했고, 선조는 한양을 버리고 의주까지 달아났다. 여차하면 압록강을 건너 중국으로 달아날 참이었다. 이즈음에 명군이 개입하지 않았다면 그 결과는 짐작할 수 있는 일 아닌가. 명군의 원조야말로 조선이 왜군을 물리치는 데 결정적인 역할을 했던 것이다. 조선이 이후 명나라의 도움을 '재조지은再造之恩', 곧 다시 살려준 은혜라고 표현했던 것은 그만한 이유가 있는 것이다.

다만 명나라가 처음부터 적극적으로 파병을 고려했던 것은 아니다. 남의 나라 전쟁에 무엇 때문에 돈을 들여 군사를 보낸단 말인가. 명나라가 조선에 군대를 파견하는 데 결정적인 역할을 했던 사람은 당시 명나라의 병부상서 석성(?~1597)이었다. 성호는 '임진재조壬辰再造'[1]에서 임진왜란의 최대의 공로자로 석성을 꼽는다. 이순신李舜臣은 그다음이고, 이여송李如松과 심유경沈惟敬이 또 그다음이다.

왜 석성이 첫째인가. 성호에 의하면 석성이 아니었으면 명나라가 군대를 파견하지 않았을 것인바, 처음부터 끝까지 조선의 일을 힘써 주장한 사람이 바로 석성이었기 때문이다. 두 번째 공로자 이순신은

1) 제17권 「인사문」, '임진재조壬辰再造'

해전에서 일본 수군을 꺾는다. 이에 보급이 어려워진 왜군이, 주춤하여 평양성에 머무를 수밖에 없었다. 곧 이순신의 승전은 선조가 있는 불과 이틀 거리의 의주로 왜군이 진격하는 것을 막았던 것이다. 이여송은 평양성 전투에서 승리하여 왜군을 밀어냈으니 세 번째 공로자가 되는 것은 당연한 일이다.

    심유경은 혈혈단신 평양성으로 들어가 왜군과 담판을 짓는다. 그 결과 자신이 황제에게 보고하여 결과를 얻어올 때까지 50일 동안 평양성 밖으로 나오지 않겠다는 약속을 받아냈다. 이 틈에 이여송의 부대가 도착해 왜군을 평양성에서 밀어낸다. 그 뒤 삼남三南이 여전히 왜군의 손에 있을 때 심유경은 명나라가 다시 군대를 동원해 서해를 거쳐 충청도로 들어와 왜군의 귀환로를 끊을 것이라고 소서행장小西行長을 속인다.[2] 이로 인해 왜군은 삼남에서 철수하여 남쪽 바닷가로 물러간다. 곧 삼남이 병화를 면한 것은 모두 심유경의 힘이었다는 것이다. 요컨대 심유경 또한 적지 않은 공을 세운 사람이다. 한데 애초 심유경이 일본 사정에 밝은 사람이라 하여 신종에게 추천한 사람 역시 석성이었으니, 이순신을 제외한다면 심유경과 이여송의 공 또한 석성에게서 유래한 것이라 하겠다.

    성호는 명나라가 조선에 파병하지 않았을 수도 있었다고 한다. 당시 중국 조정에는 "외번外藩을 위해 재력을 쏟아부을 수는 없으니, 조선을 둘로 나누고 적을 막을 만한 사람을 찾아서 그에게 맡기면 충분하다"[3]는 의견이 있었다. 즉 왜병의 점령지는 그대로 두고, 왜병을 막을 적임자를 골라서 그에게 비점령지를 맡기면 충분하다는 것이다.

---

2) 제17권 「인사문」, '임진재조壬辰再造'
3) 제23권 「경사문」, '석성石星'

이 의견을 극력 반대했던 이가 석성이었다. 만약 석성이 아니었다면 조선은 그 계획대로 반분되고 말았을 것이다. 또 '조선이 왜병을 끌어들여 중국을 침략하려는 것'이라는 주장도 당시 많은 사람에게 설득력이 있었지만, 석성이 그렇지 않음을 역설하여 명나라의 군대가 조선에 출병할 수 있었다. 성호에 의하면, 임진왜란 때 명나라는 절浙·섬陝·호湖·천川·운雲·귀貴·면緬 등 남북 지방의 군사 21만 명을 동원했고, 883만 냥이 넘는 은銀을 전비로 썼다.[4] 이 때문에 중국 남부 지방의 재력이 바닥이 난다(명은 이로 인해 멸망의 길로 접어든다). 성호는 이 거대한 동병動兵이 조선의 한두 신하가 하소연한 결과가 아니라, 모두 '석성의 힘'이라고 말한다.

석성은 왜 파병을 극력 주장했던가. 왜군의 조선 침략, 점령, 그리고 예상되는 북경 공략은 명나라로서는 참으로 난처한 일이 아닐 수 없었을 것이고, 석성은 그 점을 설득력 있게 주장했다. 하지만 이런 공식적 해석 뒤에는 비공식적 해석이 따라붙는다. 뭔가? 성호는 '홍순언洪純彦'[5]에서 석성이 조선을 도운 이면의 희한한 이야기를 전한다. 홍순언(1530~1598)은 조선 시대 최고의 역관으로 꼽히는 인물이다. 그는 종계변무宗系辨誣를 해결하는 데 공을 세워 역관으로서 광국공신光國功臣이 되고 당릉군唐陵君에 봉해진 인물이다. 종계변무란 명나라의 『대명회전大明會典』 등 국가 공식 기록에 태조 이성계가 고려의 권신權臣 이인임李仁任의 아들로 되어 있는 것을 바로잡아달라는 요청을 말한다. 태조 때부터 계속 요청하여 선조 때 해결되었던바, 홍순언은 그 과정에서 큰 역할을 했던 것이다. 각설하고,

4) 제23권 「경사문」, '석성石星'
5) 제9권 「인사문」, '홍순언洪純彦'

홍순언과 석성의 관계란 대체 어떤 것인가.

홍순언의 젊은 시절 이야기다. 북경에 갔더니 하룻밤에 엄청난 값을 부르는 창녀가 있었다. 호기심에 그 여자를 만나보니, 아름답기 짝이 없는 젊은 여성으로 부모의 장례를 치를 비용이 없어 자신의 몸을 팔게 되었노라는 사연이 있었다. 홍순언은 그 창녀, 아니 그 처녀를 딱히 여겨 가졌던 거액을 털어준다. 관계는 맺지 않았다. 그 처녀는 뒷날 석성의 총희寵姬가 되었고, 그를 설득해 자신의 은인인 홍순언의 나라를 도와주라고 했다는 것이다.

홍순언과 석성의 총희 이야기는 여러 문헌에서 다른 버전으로 전하고, 심지어 『이장백전李長白傳』이란 소설로까지 만들어졌다. 너무나도 흥미로운 이야기지만 사실 여부는 알 수 없다. 신중한 성호는 역시 "무릇 역관으로서 광국공신이 된 데는 반드시 그럴 만한 이유가 있을 것이며, 임진왜란 때 명나라가 도와준 것이 석성의 총희 때문이란 것도 아주 근거 없는 말은 아닌 것 같다"[6]라고 조심스럽게 추측할 뿐이다. 물론 어느 정도 합리적인 추측도 가능하다. 홍순언은 명나라에 원병을 청하러 갔을 때 통역을 수행했고, 이여송과 선조 사이에서 통역을 담당했던 사람이다. 임진왜란 때도 막중한 역할을 수행했던 것이다. 그런 그였으니, 석성을 만나는 것도 당연지사다. 석성이 파병 쪽으로 생각하게 한 데도 홍순언의 역할이 작지 않았을 것이다.

성호는 같은 글에서 홍순언에 관한 세간의 또 다른 전설을 옮겨놓고 있다. 홍순언이 그 뒤 북경을 다시 찾자, 예의 처녀가 금과 비단을 잔뜩 싣고 와서 바친다. 홍순언은 당연히 거절한다. "이렇게 하면 내가 이익을 바란 것밖에 더 되오?" 하자 여자는 울며 비단은

---

[6] 제9권 「인사문」, '홍순언洪純彦'

자신이 손수 짠 것이라면서 굳이 받기를 청한다. 하는 수 없이
받아보니, 비단에 놓인 수가 모두 '보은단報恩緞'이란 세 글자다.
한양에 와서 어찌 소문이 안 날 수 있으랴. 홍순언이 사는 동네는
졸지에 '보은단골'이 되고 말았다. 여기까지가 성호의 전언이다. 한데
보은단골은 뒤에 고운담골로 바뀌고, 또 줄여 곤담골로 바뀌었다.
한자로 표기하면 고운담은 '미장美墻'이 되고, 동네는 미장동美墻洞이
되고, 다시 줄여 미동美洞이 된다. 지금 소공동 롯데호텔 자리가
그곳이다.

석성은 일본과의 강화를 추진했던바, 정유재란이 일어나 전쟁이
재연되자 강화 실패와 조선 출병의 필요성을 과장해 막대한 전비를
소모케 만들었다는 죄목으로 투옥되고, 마침내 옥사한다. 조선의
조야朝野는 그의 투옥과 죽음을 동정해 마지않았지만, 끝내 석성을
구원하는 구체적인 행동은 없었다. 이항복李恒福이 북경에 갔을 때
석성의 문인門人 양씨楊氏라는 사람이 찾아와 "귀국에서 말 한마디라도
올려 구원해주기를 바란다"고 간청했지만, 조선은 "웃으면서 방관했을
뿐이고, 사신 한 사람을 보내어 그의 원통함을 변명하려고 하지
않았다"고 한다.[7] 성호는 이 점을 비판한다.

석성의 죄란 봉공封貢 문제를 성사시키지 못한 것에 지나지 않았고,
조선이 석성을 허물한 것은 또 뒤에 그가 강화를 주장했다는 데
지나지 않았다. 전쟁에서 대승을 거둘 수 없는 상황이라면, 일본이
봉공을 청하는 것을 기회로 삼아 빨리 강화하고 전쟁을 끝내는 것이
우리나라 입장에서도 다행이 아닐 수 없다. 하지만 우리나라는 전쟁의

---

7) 제23권 「경사문」, '석성石星'

근심을 물리칠 수도 없으면서 남이 죽을힘을 다해 도와주지 않는 데
노여워하였으니, 우리에게 끼친 큰 은덕을 잊고 작은 원망을 생각한 데
가까운 것이 아니겠는가?

星之爲罪, 不過封貢不成, 而我國咎星者, 又不過後來主和. 旣不能大克,
則因其請貢, 許和罷兵, 亦未必不爲我國之幸. 然我不能自攘其患,
而怒人之不致死力, 不幾於忘我大德, 思我小怨乎哉?

(석성石星 | 제23권 「경사문」)

성호의 판단이 전적으로 옳은 것은 아니다. 선조를 비롯하여 조정의
신하들은 석성에게 감사하는 마음을 가지고 있었다. 그를 위해 글을
올리려고도 했다. 다만 실행하지 못했을 뿐이니, 그 결과는 성호가
말한 바와 같았던 것이다. 어쨌거나 조선은 배은망덕한 나라가 되고
말았다.

전쟁이 낳은 이산자의 증언

 전쟁은 인간의 일상적 삶을 산산조각 낸다. 개인은 자신이 살던 맥락에서 떨어져 나와 의미 없는 파편이 된다. 파편은 의지 가지 없는 사물이 되어 상상조차 하지 못한 나락으로 떨어진다. 어느 날 오후 불쑥 나타난 왜군의 포로가 되어 일본 땅에 떨어져 낯선 삶을 강요받는 것이다. 조완벽趙完璧은 일본 교토로 갔다가 베트남으로, 필리핀으로, 유구琉球를 떠돌다가 조선으로 돌아온다. 하지만 안토니오 코레아처럼 일본으로, 인도로, 그리고 최후로는 이탈리아까지 흘러가서 영원히 돌아오지 못한 사람도 있다. 이들의 경험은 이야기로 떠돌다가 문인의 붓끝에서 기록으로, 때로는 다시 변전變轉을 거듭하여 소설로 남기도 했다. 여기서는 성호가 '양부하梁敷河'[1]에서 전하는, '양부하'란 인물의 희한한 임진왜란 체험담을 들어보기로 하자.
 '양부하'는 양부하의 자전적 체험을 한문으로 옮긴 것인데, 옮긴 주체는 성호가 아니다. 임상원任相元(1638~1697)이 양부하를 만나 그의 일본에서의 체험을 듣고 그것을 제재로 삼아 「동래양부하전東萊梁敷河傳」을 쓰게 되었던바, 성호는 다시 이 전傳을 『성호사설』에 옮겨 싣고 있으니, 곧 위에서 말한 '양부하'다. 성호의 원작은 아니지만, 성호가 『성호사설』에 옮기고 있고, 또 성호의 견해도 붙어 있으니, 여기서 다룬다 해도 그리 잘못된 일은 아니리라. 이제 이

---

1) 제14권 「인사문」, '양부하梁敷河'

四. 외교와 이산자들

희한한 이야기를 한번 들어보자.

'양부하'는 두 가지 이야기로 이루어져 있다. 앞의 이야기는 도요토미 히데요시의 죽음에 관한 것이고, 두 번째 이야기는 에도막부江戶幕府를 여는 결정적인 고비가 된 도쿠가와 이에야스德川家康의 동군과 이시다 미쓰나리石田三成의 서군의 전투, 곧 세키가하라 전투에 관한 것이다. 두 번째 것은 너무나도 유명한 역사적 사건이니 췌언을 요하지 않지만, 앞의 이야기는 '양부하'에 처음 나오는 것이다. 이제 이야기를 따라가 보자.

양부하는 자신이 동래부 양가良家 출신으로 조부는 양조한梁朝漢, 작은 조부는 양통한梁通漢인데, 임진년 4월 동래가 함락될 때 두 사람 모두 송상현과 죽었으나, 송상현의 비석에는 단지 양통한의 이름만 거두고 있다고 한다. 양부하를 잡은 일본인은 그가 양인인 줄 알고(곧 천인이 아니라는 말이다) 관백關白, 곧 도요토미 히데요시에게 보낸다. 히데요시는 열두 살 양부하를 찬찬히 보더니 뜬금없이 "조선 아이도 일본 아이랑 똑같이 생겼구나" 한다. 양부하는 고개를 숙인 채 눈물만 흘릴 뿐이었다. 물어도 답을 하지 않으니, 히데요시는 통역에게 "네게 이 아이를 맡길 터이니 일본말을 가르쳐라. 제대로 가르치지 못하면 네놈을 죽일 것이야" 하였다. 통역은 겁에 질려 밤새도록 양부하를 가르쳤다. "네가 힘써 배우지 않으면 너와 나는 모두 죽는다." 다음날 히데요시가 양부하를 불러 몇 마디 일본말로 물어보자 양부하는 척척 대답을 하였다. 히데요시는 더 가르치라 명했고, 석 달이 지나자 양부하는 일본말에 능통하였다.

조선은 칼과 창에 찔리고 총에 맞은 인간의 비명과 그들이 흘린 피로 아수라장이 되어 있었지만, 히데요시는 평온한 나날을 보내고 있었다. 히데요시는 근신近臣을 불러 옛날이야기를 시키고, 흥이 나면 손뼉을 치며 즐거워했다. 양부하도 천인이 아니란 이유로 특별히 사랑하여 늘 좌우에 머물게 했다.

　만약 이야기가 여기서 끝났다면, 그것은 조선인 아이의 희귀한 체험으로 그치고 말았을 것이다. 하지만 양부하에게 한 번 더 역사의 큰 그림자가 드리워진다. 1596년 가을 심유경沈惟敬이 책봉부사冊封副使로 일본에 온다. 심유경은 명의 황제가 히데요시를 일본 국왕으로 봉한다고 통보했는데, 이에 히데요시는 크게 분노해 다시 조선 침략의 명을 내린다. 정유재란丁酉再亂(1597)이 발발했던 것이다. 복잡하기 짝이 없는, 속고 속이는 명과 조선, 일본의 외교전이 그 이면에 있지만 여기서 그 얘기는 일단 접어두자.

　희한한 것은 조선 사신과 중국 사신이 왔다는 말을 듣고 양부하가 히데요시에게 그들을 만나게 해달라고 해서 허락을 얻었다는 사실이다. 이제부터 이야기는 '신불신信不信'의 미지의 영역으로 들어간다. 무언가? 심유경이 히데요시를 독살했다는 것이다. 양부하가 전하는 이야기는 이렇다. 심유경이 처음 히데요시를 만났을 때 웬 환약 하나를 꺼내 먹는다. 다음 회담 때도 역시 약을 꺼내 삼킨다. 히데요시가 이상하게 여겨 물었다.

　"무슨 약이기에 만날 때마다 먹는가?"

　"만 리 바닷길을 건너오느라 습기에 몸이 상해 병이 났는데, 이 약을 먹으면 늘 기운이 통하고 몸이 가볍습니다."

　"그대가 나를 속이는 것은 아니겠지?"

　"감히 그럴 리가 있겠습니까?"

　"나 역시 지난번 섬에서 돌아와 기운이 자못 줄어들었으니, 나도 먹을 수 있겠는가?"

　"당연하지요."

심유경은 즉시 주머니에서 약을 꺼내주었다. 히데요시는 양부하에게 받아오라 하고, 손바닥에 올린 뒤 한참을 뚫어지게 보았다. 환약에는 가느다란 글씨가 쓰여 있었다.

"일본에서 큰 글씨를 잘 쓰는 것만 못해."

이쑤시개로 반을 잘라 심유경에게 주자, 심유경이 받아 삼켰다. 히데요시는 심유경을 한참 뚫어지게 보았다. 심유경은 약을 삼키고는 몸을 펴 기지개를 켰다. 히데요시는 그제야 물을 가져오라 하고는 약을 삼키는 것이었다. 그 다음날에도 히데요시는 심유경을 만나자 약을 달라고 해서 먹었다.

사실 그 약은 독약이었다. 심유경은 사신관使臣館에 돌아와 즉시 해독약을 먹었던 것이다. 사정을 모르는 히데요시는 얼마 안 있어 몸에 윤기가 빠지더니 사지가 꼬챙이처럼 말랐다. 의원을 불러보았으나 효과가 없었다. 침을 놓았지만 피가 나오지 않았다. 히데요시가 괴이하게 여겨 물었다.

"어떻게 사람이 진액이 없을 수 있단 말이냐? 뜸을 떠 보겠다."

히데요시가 내실로 들어가 희첩姬妾에게 쑥을 말아서 붙이게 하더니 갑자기 몸을 뒤집고 웃는 것이었다. 웃는 이유를 묻는 희첩에게 히데요시는 "나는 이제 일어나지 못할 것이다" 하고, 말총 몇 줌과 깨끗한 물 한 독을 준비했다가 자신이 죽은 뒤 배를 갈라 창자를 들어낸 뒤 깨끗이 씻고 말총으로 꿰매 시신을 술독에 담가두라고 명했다. 희첩들이 히데요시의 말을 따라 그대로 했지만, 냄새를 숨기지 못해 이내 히데요시가 죽었노라고 알릴 수밖에 없었다. 결국 심유경이 건네준 독약이 히데요시를 죽였던 것이다. 정말 믿거나 말거나.

절대권력자의 죽음은 비슷한 구석이 있다. 히데요시의 죽음은 제환공齊桓公이나 진시황의 죽음과 닮아있다. 절대 권력자의 사인이 정확히 밝혀지는 법은 드무니 말이다. 히데요시가 성병으로 죽었다는 말도 있다. 양부하는 히데요시가 죽을 때 곁에 있지 않았다. 그는 히데요시가 내실에 거처하면서부터 그를 가까이에서 모실 수 없었고, 히데요시의 죽음에 관한 이야기는 혼인闇人(문지기)으로부터 들었다고 한다.

양부하는 뒤에 다섯 명의 대로大老 중 모리 데루모토毛利輝元를 섬겼는데, 주지하다시피 모리는 세키가하라 전투 때 서군 대장이었지만, 이 눈치 저 눈치 보느라 제대로 싸우지도 못하고 패장이 된다. 양부하가 모리에게 조선으로 돌아가겠다고 청하자, 도쿠가와에게 목숨을 건졌지만 감봉을 크게 당해 의기소침해 있던 모리는 자신은 땅이 깎이고 먹을 것이 줄어들어 많은 부하를 거느릴 수 없다며 허락해준다. 이에 양부하는 돌아가고자 하는 조선인 82명을 데리고 대마도를 거쳐서 부산포로 돌아온다. 이때 그의 나이 39세였다. 처음에는 히데요시를, 나중에는 모리를 섬겼던바, 모두 19년이었다. 양부하는 한문을 몰랐던 사람이다. 그가 95세 때 임상원에게 자신의 이야기를 글로 남겨달라면서 증언한 것이 곧 「동래양부하전」으로 남게 되었다.

성호는 양부하의 이야기가, 다른 사람은 본 적이 없지만 밤낮 가까이서 모셨던 부하가 기억하여 잊지 않은 것이니 "아마도 허황한 말은 아닐 것"이라고 말한다. 그는 심유경이 독약으로 히데요시를 죽였기에 부산에 있던 왜적이 철수하고 다시 평화가 찾아왔던 것이니, 심유경이 큰 공을 세운 것이라 평가한다. 심유경이 이 일을 비밀로 한 것은, 그것이 군사기밀이었기 때문이라는 것이다.

과연 그럴까? 역사는 늘 큰 줄기만을 그려낸다. 그 속에 미세한 우연을 우리는 믿지 못한다. 하지만 그 미세한 우연이 역사를 만들기도

할 것이다. 이래서 양부하의 말을 굳이 거짓으로 돌릴 필요는 없다. 이 말 역시 믿거나 말거나다.

전쟁과 인간의 뒤섞임, 혼종

전쟁은 사람을 뒤섞는다. 베트남전에 참전했던 한국인과 베트남 여성 사이에서 태어난 '라이따이한'의 존재가 그렇거니와 전쟁은 언제나 많은 것을 뒤섞는다. 무기보다는 사람에 의존하던 전근대의 전쟁은 특히 그 정도가 심하다. 대규모의 이주를 초래했기 때문이다.

성호는 '풍기의 유전風氣流傳'[1])에서 그 뒤섞임, 혼종의 역사를 개관한다. 예컨대 영남지방은 중국 진秦의 백성이 들어와서 산 곳이고, 그 증거로 경주의 원전轅田(구획이 곧은 밭)은 상앙이 구획을 지은 농지의 흔적이라고 한다. 개성의 삿갓과 타래머리 역시 은殷나라 백성이 낙양에 살 때 풍속으로 기자箕子를 따라 들어온 것이라고 한다. 앞의 진나라 백성 운운하는 것은, 『삼국사기』「신라본기新羅本紀」의 '박혁거세 38년'조에 실린 기록, 곧 "중국 사람들이 진나라 때의 난리를 괴로워하여 동쪽으로 와서 변한 동쪽에 많이 살았고, 진한과도 어울려 살았다"는 자료에 근거한 것이다. 다만 경주에 남은 밭의 모양이 직선으로 된 것이, 상앙의 원전轅田(구획이 곧은 밭)의 유허라는 것은 믿기 어렵다. 또 은나라 백성의 삿갓 운운하는 말 역시 근거를 찾기 어렵다.

하지만 명백한 증거를 가진 것도 있다. 요遼나라가 멸망한 뒤 요나라의 유민을 받아들여 살게 했던바, 그 집단 거주지를

---

1) 제1권 「천지문」, '풍기의 유전風氣流傳'

四. 외교와 이산자들

'거란장'이라 불렸던 것은 널리 알려진 사실이다. 또 성호는 고려 충렬왕 때 원나라에서 남만 지방의 해귀족海鬼族 출신인 만자군蠻子軍 1만 4000명을 보내 해주海州·염주鹽州·백주白州 3개 주에 주둔하게 했던 것도 한반도에 외국인이 살았던 사례로 든다. 다만 무과 시험에서 황해도 출신이 강궁强弓에 발군의 솜씨를 발휘한 것도 아마 황해도 사람이 만자군의 후손이라서 그런 것이 아닌가 하는 성호의 추측은 신빙성이 없다.

사람이 가장 크게 뒤섞인 시기는 임진왜란 때였다. 임진왜란은 중국, 일본이 참가한 국제적인 전쟁이었기에 자연 중국인과 일본인의 대량 이주라는 결과를 가져왔다. 특히 이때 다수의 일본인 정착민이 생겼던 것으로 보인다. 한국인이 단일민족임을 내세우는 민족주의자들은 불쾌하게 생각할지 몰라도, 일본인의 피가 내 몸속 어딘가에는 비록 양은 적을지 몰라도 흐르고 있다. 하지만 기분 나쁘게 여길 필요는 없다. 그것은 한국만이 아니라 세계인이 모두 경험하는 일이기 때문이다. '순수한 민족'이라는 것은 근대에 만들어낸 환상에 불과하다.

이제 한국인 내부의 일본인을 찾아가 보자. 성호는 '삼포왜三浦倭'[2)]에서 『국조정토록國朝征討錄』이란 책을 인용하고 있는데, 이 책에 의하면 조선이 대마도를 정벌한 뒤 왜인 60호가 제포薺浦·부산포釜山浦·염포鹽浦 등지에 와서 살고자 하므로 조정에서 허락을 해주었다고 한다. 물론 이때만 이주를 허락했던 것은 아니다. 조선전기의 『왕조실록』에는 일본인이 조선으로 들어와 사는 경우에 관한 기록이 적지 않다. 이 경우는 대마도 정벌 이후 특별히 한꺼번에

2)   제19권「경사문」, '삼포왜三浦倭'

많은 호수가 정착했기에 기록하고 있을 뿐이다. 중종 5년 4월에 이들은 대마도의 일본인들을 끌어들여 폭동을 일으키는데, 이른바 삼포왜란이다. 일본인의 연안 침범에 골머리를 앓았던 조선 조정은 강온양책을 구사했으니, 대마도 정벌이 강경책이라면 삼포에 일본인의 거주와 면세를 허락한 것은 온건책이었다. 한데 중종 즉위 이후 면세를 철회하고 정해진 인원 이상의 거주를 불허하자 폭동이 일어난 것이었다.

  삼포왜란 이후 일본인이 조선 땅에 전혀 살지 않았느냐 하면 결코 아니다. 성호의 지적처럼 "삼포의 왜적을 토벌한 뒤에도 남은 종자가 여전히 많아 지금도 바닷가에 향화촌向化村이라 부르는 곳이 무수"했다.3) '지금도'라는 말을 쓰고 있는 것을 보건대, 이는 임진왜란 이후의 정황으로 보인다. 왜냐하면 임진왜란 후 항왜降倭들이 대량으로 이주했기 때문이다. 『난중잡록亂中雜錄』과 『일월록日月錄』 등의 자료에 의하면, 1593~1594년 어림에 영남지방에 주둔하고 있던 왜군 중에는 오랫동안 군대에서 시달리는 것이 싫어서 조선에 항복하는 자가 많았다고 한다. 그중 김응서金應瑞가 항복을 받은 사람이 100명 가까이 되었는데, 이들 중에는 조선군이 되어 공을 세운 자도 있었다. 김향의金向義란 항왜가 이끈 부대는 전공이 많아 가선대부嘉善大夫에 이르렀다 한다. 이야기가 옆으로 새지만, 김향의란 이름도 재미있지 않은가. '향의向義'라, 옳은 쪽을 향한다는 말이니, 조선을 옳은 나라라고 생각했던 것이다. 이로부터 항왜들은 경상도 밀양에 정착하여 농사를 짓고 살았다. 그들의 마을은 항왜촌, 혹은 항왜진降倭鎭이라 불렀다. 항왜 중 별다른 공이 없는 자들은 속아내

---

3) 제14권 「인사문」, '왜구의 시말倭寇始末'

서북지방에 살게 했는데, 이들은 뒷날 이괄李适의 부대에 소속되었고, 이괄이 난을 일으켰다가 실패하자 모두 죽임을 당한다.

    어쨌거나 전쟁통에 이런저런 이유로 돌아가기를 거부한 자들은 모두 조선에 남았고, 특히 왜인은 전쟁 끝에 마지막으로 머물렀던 해안지방에 많이 남았을 것이다. 이것이 앞서 성호가 '향화촌'이라고 불렀던 곳일 터다. 그런데 성호에 의하면, 이들은 좀처럼 조선 사람과 섞이지 않았던 것으로 보인다.

지금 바닷가 여러 고을에는 제 나라로 돌아가지 않고 눌러 사는 왜인들이 아주 많다. 그들을 '향화向化'라고 부르는데, 우리나라 사람과는 혼인을 하지 않고 따로 마을을 이루어 사는데 점점 그 수가 불어났다. 조정에서는 예조禮曹에 맡겨 아전들에게 세금을 마음대로 받게 한다.
今沿海諸郡, 倭之不歸者, 塵居極多, 名曰向化, 不與國人通其婚媾, 自作別村, 生産漸繁. 朝廷委諸禮曹, 使胥徒任其揪斂.

(풍기의 유전風氣流傳 | 제1권 「천지문」)

일본인들은 일종의 격리된 상태로 살았던 것인데, '삼포왜'에 의하면 조선 사람들이 그들을 천하게 여겨 그들과 통혼을 하지 않았다고 한다. 이해할 수 있는 일이다. 조선 쪽에서는 임진왜란 때 당한 쓰라린 상처가 있고, 또 17세기 이후로는 혈통을 중시하는 친족의식이 강력하게 작동하고 있었기 때문에 일본인과의 통혼이란 거의 불가능했을 것이다. 성호는 이 부분을 걱정한다. 즉 그들이 정착해 살고는 있지만 일본의 풍속을 그대로 유지하고 있으니, 만약 일본이 다시 쳐들어올 경우 반드시 기회를 보아 배반할 것이니 미리 대책을

세워야 한다는 것이다.[4] 성호는 임진왜란이 끝난 지 약 80년 뒤에
태어났고 그가 활동한 것은 18세기 중반이었으니, 거의 한 세기
반이 지나서도 일본인의 마을은 조선 사람과 섞이지 않았던 것으로
보인다. 개인적으로 어떤 분에게 들은 이야기가 생각난다. 충청도에도
예전부터 일본인 마을이 있었는데, 3·1운동이 났을 때 그 마을만은
만세운동이 없었다는 것이다. 믿거나 말거나지만 그게 사실이라면
성호의 예언이 그대로 실현된 것이 아닌가.

    성호의 대책은 이렇다.

중국의 벌열閥閱과 씨족氏族도 그 근원을 따져보자면 오랑캐에서 나온
경우가 어찌 한정이 있을 것인가. 지금 왜인도 전해 내려온 대수가
오래되고 중국으로 가서 중국인이 된 지 오래된 경우도 있을 것이다.
그러니 어찌 유독 우리나라의 왜인만 모질게 대우하는 것인가? 지금
왜관倭館에서는 간통하는 남자와 여자는 죽인다 하니, 이것은 정말
좋은 법이다. 귀화한 지 오래된 사람은 각 고을에서 일을 맡겨 부릴
만한 우수한 사람을 가려내 현달하게 만들어주고, 차츰 우리나라
사람들과 어울려 살게 해주어야 속내를 털어놓게 될 것이다.

中華之閥閱族姓, 原出胡貊者, 何限. 今倭人, 傳世旣遠, 進而中國之者, 久矣.
獨何甚哉? 今倭館, 男女相通者誅, 此固善法. 而其向化久遠者, 宜令諸郡揀閱任使,
拔其尤而顯之, 稍稍與國人混居, 方始委曲耳.

(삼포왜三浦倭 | 제19권 「경사문」)

요컨대 귀화한 일본인을 차별하지 말고 똑같은 백성으로 대우해야

---

4)   제1권 「천지문」, '풍기의 유전風氣流傳'

저들도 마음을 털어놓고 진정한 백성이 될 것이라는 말이다.

성호의 말은 외국인 노동자와 관련하여 곱씹어볼 만한 가치가 있다. 한국말을 하면서 한국에서 일하고 한국에서 살면 한국인이다. 다른 조건이 필요한 것이 아니다. 재일교포의 차별에 대해 그토록 분노하던 한국인이 어찌 외국인 노동자에 대해서는 그렇게 야박한가. 국가란 인간이 태어나 자신의 의지와 상관없이 둘러쓰는 형식에 지나지 않는다. 대한민국 인구도 줄어든다는데 외국 출신 한국인들을 차별하고 박대하다니, 정말 어찌할 것인가. '다문화가정'이란 말조차 쓰지 말았으면 한다. 그저 사람일 뿐이다. 새로 들어온 식구, 이내 곧 한 식구가 될 사람이라 생각하면 될 것이 아닌가.